21世纪高等院校
力资源管理精品教材
Elaborate Textbooks on HRM for Higher Education

招聘与配置

第四版

Recruitment and Staffing

4th edition

姚裕群 姚清 主编

东北财经大学出版社
Dongbei University of Finance & Economics Press
大连

图书在版编目（CIP）数据

招聘与配置 / 姚裕群，姚清主编．—4版．—大连：东北财经大学出版社，2019.2（2020.4重印）
（21世纪高等院校人力资源管理精品教材）
ISBN 978-7-5654-3447-1

Ⅰ．招… Ⅱ．①姚… ②姚… Ⅲ．人力资源管理-高等学校-教材 Ⅳ．F243

中国版本图书馆CIP数据核字（2019）第021543号

东北财经大学出版社出版
（大连市黑石礁尖山街217号 邮政编码 116025）
网 址：http：//www.dufep.cn
读者信箱：dufep@dufe.edu.cn
大连图腾彩色印刷有限公司印刷 东北财经大学出版社发行

幅面尺寸：185mm×260mm 字数：380千字 印张：18.75 插页：1
2019年2月第4版 2020年4月第8次印刷

责任编辑：石真珍 孙晓梅 周 晗 责任校对：周晓珍
封面设计：冀贵收 版式设计：钟福建

定价：39.00元

教学支持 售后服务 联系电话：（0411）84710309

如有印装质量问题，请联系营销部：（0411）84710711

总　序

改革开放以来，我国经济和社会发展取得了举世瞩目的巨大成就。从人力资源开发的角度来看，我国改革开放的一切成就无不得益于人性解放所爆发出的社会与经济能量。正是在市场经济条件下，人力资源向人力资本转化并不断积聚和集中，从而形成巨大的物质力量，推动了中国经济社会的强劲发展。确立建设人力资源强国战略和持续投入人力资本，是进一步推动国家发展、社会进步、人民生活水平提高的不竭动力。纵观历史，劳动力转化为商品、人力资源转化为人力资本的当代，是人类历史上最为辉煌的时代。从世界范围来看，所有发达国家都高度重视人力资本的投入，发展最快的发展中国家都处在人力资源利用效率最高的历史时期。展望未来30年，世界经济的竞争将是人力资本的较量，支撑中国和平崛起的根本动力是人力资源开发所释放出来的巨大能量。

新中国成立70年尤其是改革开放40多年的历史，是一部转变人的分工角色、社会身份的历史，是不断解放人的思想、调整分配关系、提高人力资源利用效率的历史。因此，无论是短期设计还是从长计议，都必须深入贯彻以人为本的发展观，大幅度提高社会保障度，大幅度提高劳动者的工资，积极转变人们的社会身份，把世界上最丰富的人力资源转化为人力资本，迅速增加人力资本的存量和总量，大力推进人力资源管理向人力资本经营转化。显然，人力资源开发与管理的理论研究和实际应用，是一项充满挑战和希望的伟大事业；建立具有中国特色、与国际接轨的人力资源开发与管理体系，是我们追求的宏大目标。

目前，我国高水平的人力资源管理专业人才与经济社会发展的需求之间存在很大缺口，编撰一套好的教材是推进人力资源管理专业发展和提升我国人力资源开发与管理水平的需要。为此，东北财经大学出版社组织多所知名高校人力资源管理专业的资深教师，联合打造了“21世纪高等院校人力资源管理精品教材”。本系列中各本书的主编均为学有成就的“211”工程院校的教授和博士生导师，他们丰硕的科研成果和教学经验，足以保证这套教材达到精品水平。

有优秀作者的大力支持，有策划者的努力付出，有良好的财经教育出版平台，相信本套教材的出版能创造很好的社会价值，对我国人力资源管理实践的发展、人力资源管理学科的发展和人力资源管理专业人才的培养产生积极的作用。

中国人力资源开发研究会　会长 刘福垣

第四版前言

招聘与配置，是人力资源管理各项工作中极为重要的第一环节，而且成为企事业单位战略管理的重要内容。不言而喻，招聘具有“牵一发而动全身”的重要作用，找到了企业所需要的人才，就有了发展事业的操作人员和推动力量。国家要“汇聚天下英才”，各企事业机关单位也要努力汇聚人才，而“汇聚”正是从招聘与配置开始。当组织高度重视人力资源，但是不能采用有效的招聘方法、不能准确把握应聘人员的素质时，组织的发展就无从谈起。即使是正确地进行了招聘，获取了重要的人力资源，不少企业仍然存在着不能合理、有效地配置人员的问题。招聘与配置构成现实经济管理的重大问题，为企业家和经营管理人员、更为HR人员所高度关注，特别是对于力图把人力资源开发作为核心竞争力的企业来说，招聘与配置更是举足轻重。

本书是“21世纪高等院校人力资源管理精品教材”系列中的一本，2009年初版问世，2012年、2016年相继做了修订。经过3年的使用，本次修订我们对全书的章节结构进行了重新调整，对内容做了进一步修改和更新。本书的写作特点是：

第一，本书从大环境——“就业市场”——的角度出发思考组织的招聘和配置问题，具有宏观视角，避免陷入“只见树木不见森林”的误区，使读者加深对招聘与配置的全面认识。

第二，本书努力成为一本既有战略人力资源管理视角，又有人力资源操作实务的教材，通过全新的体系、丰富的理论、实用的方法和翔实的内容，适应现代组织对人力资源工作者招聘与配置工作素质的要求，有利于培养高水平的应用型人力资源管理人才。

第三，本书站在“人力资源总监”和“招聘经理”的角度来思考问题，把握宏观趋势、外部环境，进而专注于企业内部的招聘设计与操作，使组织的招聘与配置工作更加理性并获得长期效益。

第四，参与本书编写的作者，既有高校的资深教授、实力教师，又有著名企业的人力资源管理专家，理论与实践结合紧密，体现出特色、创新和高质量。

第五，本书体例新颖，配套教学资源丰富，书中的栏目设计包括引发思考的开章引例，正文中的“学以致用”案例和“知识链接”，章后的案例分析、推荐阅读资料和网上资源，还配备了包含教学大纲、电子课件、各章知识点、试题库等10多项内容的“课程资源包”（请登录东北财经大学出版社网站www.dufep.cn查询和下载），为教师的“教”与学生的“学”提供便利。

第六，融入互联网+教学方式，在每一章的最后以“即测即评”的形式进行基本训练，检测读者对本章基础知识的掌握情况，读者扫码即可在线答题并查看正确答案。

本书由中国人民大学劳动人事学院姚裕群教授与北京物资学院刘家珉教授进行总体设计。第四版由姚裕群、姚清担任主编。参加第四版教材和课程资源包编写工作的有（按姓氏笔画为序）：卫锦垣、马龙、王冬、刘家珉、李苑凌、李骞、杨晶、庞彦翔、姚清、姚裕群、原喜泽。我们把此书奉献给学习人力资源管理相关专业的大学生、从事人力资源管理教学研究工作的教师和从事人力资源管理实务工作的人士。

东北财经大学出版社的工作人员对本书的立项、编写、修订给予了大力支持，在此我们表示衷心的感谢。在本书的编写过程中，我们参阅了有关的教材、著作和论文，在此一并向所有作者表示衷心的感谢。由于编者水平有限，本书的内容还存在很多不足，欢迎同行、专家批评指正，也欢迎广大读者提出宝贵意见。

新时代要有新思维，新时代要做新管理。让我们共同努力，推动人力资源管理理论与实务的发展，让招聘与配置工作、人力资源管理工作为我国的现代化建设发挥更大的促进作用。期待我们的祖国在面临国内外巨大挑战的年代顺利完成转型，更加繁荣昌盛，早日实现全面建成富强民主文明和谐美丽的社会主义现代化强国、推动构建人类命运共同体的宏伟目标。

姚裕群

2019年1月

目　录

第1篇　招聘与配置总论

第3篇 员工配置

第1篇　招聘与配置总论

第1章　绪　论
第2章　组织招聘与配置基本原理
第3章　招聘与配置的外部环境

第1章 绪论

学习目标

✓理解招聘的概念及招聘工作的重要性；
✓掌握招聘需要遵循的原则；
✓了解人力资源配置的定义和基本思路；
✓理解人力资源配置的概念、形式与原则；
✓理解人力资源配置中存在的问题；
✓理解招聘与配置工作的地位；
✓了解招聘、配置与其他人力资源工作的关系。

引例

谋划在前，精心选配

——华为公司的招聘与配置

人力资源是事业保障

大名鼎鼎的华为公司，是一家生产销售通信设备的民营通信科技公司，其产品主要涉及通信网络中的交换网络、传输网络、无线及有线固定接入网络和数据通信网络及无线终端产品，为世界各地通信运营商及专业网络拥有者提供硬件设备、软件、服务和解决方案。2016年8月25日，全国工商联发布“2016中国民营企业500强”榜单，华为公司以3 950亿元的年营业收入，成为500强的榜首。时至2018年，华为公司保持了500强的三连冠。在手机扫码技术迅速普及的时代，2016年11月22日，华为公司首次成为全球利润最高的安卓（Android）智能机厂商。2018年10月，在中美贸易冲突期间，芯片成为最核心的焦点问题之一，华为公司恰恰在此时推出了自己研发的昇腾芯片910，达到了7nm的高水平；还有麒麟芯片980，成为安卓系统平台应用的冠军。时隔不久，在11月份，华为进而推出了麒麟芯片990，成为5G应用的领先者。

华为公司是成功的，应当说，该公司科学的人力资源招聘与配置是其事业成功的重要保障。

人才储备的理念

华为公司认为，要想在同行的激烈竞争中脱颖而出，就必须懂得适当储备人才，即对人才的遴选不能仅限于公司目前空缺的职位，还必须结合公司发展的速度，考虑公司总体的发展规划，对现有员工的能力及退休离职现象进行综合评估，确定企业需要储备的人才数量。另外，华为公司认为高校的应届生刚刚离开学校，具有很大的潜力和很强的可塑性，可以为整个企业注入新鲜血液，若加以培养，日后定能为企业的发展做出巨大的贡献。

适时调整招聘模式

华为公司认为招聘模式应该随着企业战略目标的改变而改变，只有这样，企业的招聘才能与发展目标相一致，才能推动企业战略的实施。

用人部门和人力资源管理部门的合作

一般的企业招聘，都是由用人部门提交具体的计划给人力资源管理部门，人力资源管理部门按照计划实施。实际上，在实施的过程中，由于人力资源管理部门的工作人员可能并不具有相关领域的专业知识，招聘结果可能不尽如人意，出现人员与职位不匹配、不适合的现象。在华为公司，注重用人部门和人力资源管理部门的合作，用人部门参与到整个招聘过程中，这大大提高了工作效率，也使得所招聘到的人员与职位的匹配程度较高，很少出现“大材小用”或“小材大用”的现象，此举大大节省了公司的人力、物力和财力。

注重员工的创新能力

华为公司现在之所以发展如此迅速，原因之一是其具有很强的创新能力，而企业的创新与个人创新更是密不可分，正是因为华为公司有许多富有创新能力的员工，其才能在市场竞争中处于不败之地。

注重员工对企业文化的认同

一个人只有认同一个组织的文化，才会找到自己的归属感和价值所在。现代企业不仅注重员工个人能力，其团队合作能力更是必不可少的。寻求一帮志同道合的员工对企业来说绝对是一笔不可估量的财富。华为公司在招聘过程中崇尚互相尊重并且进行双向选择。华为公司为了避免信息不对称对员工入职后造成的心理落差，在招聘时就会对员工详尽介绍公司的情况，与员工进行坦诚的交流。

招聘配置后的人才培养

很多公司在发展过程中都会出现现有员工不能满足岗位需求的现象，这是因为它们忽略了对员工进行后续的培养，但华为公司做到了。首先，制定一系列的考评制度，比如承诺制度和末位淘汰制度等。具体来说，承诺制度就是华为领导层在任职前签订保证书，若考核结果与之相差甚远，就会被解聘；末位淘汰制度就是对考核成绩靠后的员工进行淘汰。这些考评制度可以激励员工努力工作，提高自身能力。其次，给予员工培训机会来提升能力。例如，华为公司的新员工一般入职3个月后就能很好地融入公司，像正式员工一样工作。以战代训、训战结合是华为公司员工培训的特点。

招聘配置后的动态适应

华为公司认为，随着时间推移，岗位需求与员工能力都会发生变化，因而要就此适时进行考察和评估，本着对员工负责的态度，把不合适、不匹配的人员与岗位进行重新调配，这样才能满足公司发展的需求。

资料来源　佚名．对华为招聘与配置人力资源的研究［EB/OL］．［2018-12-28］．http://www.doc88.com/p-1985679136381.html.

1.1 招聘概述

1.1.1 招聘的概念

招聘是指为了实现企业目标和完成任务，由人力资源管理部门和其他部门按照科学的方法，运用先进的手段，选拔岗位所需要的人力资源的过程。企业在发展过程中，有多种原因需要从外部招聘新员工。

人力资源管理是从个体、群体和组织的角度，研究如何在组织管理中提高员工工作效率和生活质量的人的因素和管理对策的学科。在企业的人力资源管理中，人员招聘成为其中首要且重要的一环。在当今时代，招聘对于企业发展具有重要的意义，直接关乎企业的兴衰和成败。应当注意的是，对于不同岗位、不同行业和不同地区，招聘具有不同的重要性。

1.招聘的岗位重要性

对于不同的岗位，招聘具有不同的意义，即一个组织中不同的空缺岗位，其招聘的重要性和必要性是有所不同的。一些岗位，如技术岗位、管理岗位，特别是技术岗位，招聘具有特殊重要性。一位专门技术人才须具有良好的先天素质基础，如果企业要自己进行培养，可能需要花费大量时间和高额成本，这往往不是企业内部力量所能胜任的，因此对这类人才应进行外部招聘。但另外一些岗位，如对知识技能要求不高的内部辅助性或服务性岗位，如门卫、清洁工等，招聘的意义就小得多，可以采取工作外包或短期合同等形式获得该类人员。企业中的中高级管理人才岗位当然很重要，但大多数中高级管理人才主要靠内部培养与晋升提拔而来，即内部招聘。在企业大规模扩充发展时，或者本组织现有的人才与空缺岗位要求差距较大时，对中高级管理人才也采取外部招聘的办法。

2.招聘的行业重要性

我们可以发现，在不同行业，招聘的重要性并不一致。通常，在高科技行业，招聘具有更强的重要性，尤其是在计算机硬件与软件、通信、电子等产品更新迅速、人才流动性较大的高科技领域，招聘具有异常重要的地位。而在大多数服务业，如食品服务业，以及在技术含量低、技术比较稳定的工业领域，如制衣业、家具制造业，招聘的重要性就不那么明显。

3.招聘的地区重要性

一般来说，经济较发达、人力资源流入多和流动率较大的地区，空缺岗位可能较多，其招聘的数量与规模就大；反之，经济欠发达、人力资源流出多和流动率较小的地区，空缺岗位就较少，其招聘的数量与规模就小。从成本的观点出发，企业通常要在招聘与培训之间进行权衡。有些国家或地区，如美国，不同专业、不同层次劳动者的劳动力市场价格差距较大，企业在人才短缺时可能宁愿通过培训原有员工来满足需要。但在中国这样劳动分配平均化色彩比较浓厚的国家，高素质劳动者的市场价格并不比低素质劳动者高很多，而且我国的劳动力过剩情况明显，因此有的企业认为招聘新员工比培训老员工合算。

1.1.2 招聘对组织管理的作用

1.招聘是提高员工素质迅速而有效的方法

由于招聘对象的广泛性和可选择性较强，高起点招聘可以在比较短的时间内提高员工的平均素质水平，如果配合减员手段，则提高员工整体素质的效果更加明显。

2.招聘有助于改善员工结构

企业在发展过程中，由于员工知识的老化、企业产品结构的调整与产品升级、组织的变革，势必会发生员工的年龄、性别、专业结构与企业发展的要求不相一致的情况，而通过目标明确的招聘活动，可以在比较短的时间内改善员工的结构。

3.招聘影响到培训开发的费用和时间

员工学习能力的高低、原有的知识与能力基础对于日后培训的成效、成本和周期都有显著的影响。招聘进既有良好基础又有较大开发潜力的员工，固然可能增加获得成本，但这些成本也可能会被提高了的人力资源开发效益所冲销。

4.招聘可以减少不必要的人员流失

人员流失意味着企业在员工身上进行的人力资本投资的丧失，包括招聘费用、培训费用、员工更替费用等。同时，人员的流失对继续留在企业工作的员工也有不好的影响。那么，如何减少不必要的人员流失呢？很多企业的实践都证明，做好招聘工作，慎重选择员工，对控制人员流失有重要意义。[①]

1.1.3 招聘的原则

对员工的招聘活动既是一项经济活动，也是一项社会性、政策性很强的活动，在任何组织中，不管是招聘高级管理人员还是普通员工，无论招聘的人员数量是多还是少，也不论是由组织内部的人力资源部门来完成招聘工作还是外包给专业机构，为了最大限度地保证招聘工作的有效性，都必须遵循下列基本原则：

1.合法原则

合法原则即遵守国家法律法规的原则。任何组织在招聘过程中都要遵守国家关于平等就业的相关法律、法规和劳动政策，包括劳动法、劳动合同法等劳动法规。实行公平竞争、平等就业，反对种族歧视、性别歧视、年龄歧视、信仰歧视甚至容貌歧视和身高歧视，保护未成年人及妇女的权益，关注农民工等弱势群体、少数民族和残疾人群体的就业现状。

---

① 王丽娟. 员工招募与配置［M］. 上海：复旦大学出版社，2006.

2.公开原则

公开原则指把招聘的职位、种类、数量，应聘的资格、条件，考试的方法、科目和时间均面向社会通告，公开进行招聘。一方面，给予社会上人才以公平竞争的机会，达到广招人才的目的；另一方面，使招聘工作置于社会的公开监督之下，防止不正之风。

3.平等原则

平等原则指对所有应聘者一视同仁，不得人为地制造不平等的限制或条件（如性别歧视、年龄歧视），以及各种不平等的优先优惠政策。要平等地对待所有的应聘者，达到择优选聘、优胜劣汰的目的；同时，也给予社会上各种人才一个公平竞争的机会，充分挖掘全社会的人力资源。

4.竞争原则

人员招聘需要采用各种测试方法来考核和鉴别人才，根据测试结果的优劣来选拔人才。靠领导的目测或凭印象，往往带有很大的主观片面性和不确定性，因此必须制定科学的考核程序、录用标准，才能真正选到良才。为了达到竞争的目的，要严格考核程序和手段，科学地录取人选，杜绝“拉关系”“走后门”“裙带风”以及贪污受贿和徇私舞弊等现象发生。通过激烈而公平的竞争，选择优秀人才。

5.全面原则

全面原则指对应聘人员从品德、知识、能力、智力、心理、过去工作的经验和业绩进行全面测试、考核。这是因为一个人能否胜任某项工作或者发展前途如何是由多方面因素决定的，特别是非智力因素对其将来的作为起决定性作用。

6.量才原则

招聘录用时，必须做到“人适其位，才适其用”，做到能力和岗位的匹配，即让最适合的人在最恰当的时间位于最合适的位置，注意避免“低才高就”和“高才低就”的现象。招聘到最优的人才并不是最终目的，而只是手段，最终的目的是每一个岗位上用的都是最合适、成本又最低的人员，达到组织整体效益最优。

7.效率优先原则

这一原则指尽可能以最低的招聘费用，录用到高素质、适合组织需要的人员。效率优先原则表现为，在招聘工作中根据不同的招聘要求，灵活地选用不同的招聘形式，在保证所聘员工素质要求的情况下，尽可能地降低招聘成本。

1.1.4 招聘的程序

招聘工作是一项严肃而重要的工作，其基础工作是人力资源管理中的岗位分析。广义的招聘过程包括以下几个步骤：

1.制订招聘计划

企业要进行招聘，初始步骤是根据本组织目前的人力资源分布情况及未来某个时期内组织目标的变化（比如上新的生产线，或者开发新产品，或者由单一经营变为多元经营），来分析从何时起本组织将会出现人力资源的缺口，是数量上的缺口还是层次上需要提升。进一步的工作是分析这些缺口分布在哪些部门、数量分布如何、层次分布是怎样的。根据对未来情况的预测和对目前情况的调查，就可以开始制订招聘计划。正如计划能为管理指明方向一样，一个完整的招聘计划往往能起到事半功倍的良好效果。完整的招聘计划应包括招聘的时间、地点，欲招聘人员的类型、数量、条件，具体职位的具体要求、任务，以及应聘后的职务标准及薪资等。一般来说，企业可以在每年年底制订下一年的招聘计划，对于大型企业来说，可以提前制订未来3~5年的招聘计划，并逐年调整。

2.建立专门的招聘小组

对于许多企业来说，招聘工作是周期性或临时性的工作，因此应该有专人来负责此项工作，在每次招聘时成立一个专门的临时招聘小组。招聘小组的组成是否合理将决定招聘工作是否有效。该小组一般应由招聘单位的人事主管以及用人部门的相关人员组成。对专业技术人员的招聘还必须有有关专家参加，如果是招聘高级管理人才，一般还应有心理学等相关方面的专家参加，以保证全面而科学地考查应聘人员的综合素质及专项素质。招聘工作开始前应对有关工作人员进行培训，使其掌握政策、标准以及有关技巧，并明确职责分工，协同工作。

3.进行岗位分析

要弄清楚且准确知道一份工作的要求，并不是一件容易的事情，因为不同的工作有不同的要求，而且企业内有不同的部门、不同的职级、不同的工种以及不同的环境，即使是相同的工作岗位也会因客观条件的变化而产生不同的工作范围、表现水平及产出标准，所以岗位分析（也称工作分析）在整个招聘过程中的地位与作用是非常突出的。

传统意义上的岗位分析主要是确定空缺职位所包含的一系列特定任务和职责，它能使员工明白这个工作岗位期待他们去做的究竟是什么。而现代意义上的岗位分析则有两个主要目的：

①确定岗位所需的关键才能或胜任特征，为拟定人员招聘条件提供依据。

②为整个筛选工作科学、有序地进行提供依据。

4.发布招聘信息

发布招聘信息就是向可能应聘的人群传递组织将要招聘的信息。招聘信息的发布直接关系到申请者的质和量，因此必须根据组织和职位的需要来精心设计，并有针对性地投入才能达到最佳效果。

发布招聘信息需要考虑以下3个要素：

①覆盖面。接收到招聘信息的人越多，前来求职的人也会越多，招聘到合适人选的概率也会相应有所保证。

②及时。在条件许可的情况下，招聘信息应该尽早向人们发布，这样可有效缩短招聘进程，并增加应聘人数。

③针对性。拟招聘的人员往往都是处在社会的某一层次上的，要根据组织及招聘岗位的特点，向特定层次的人员发布招聘信息，这样有助于提升招聘的效率和

效益。

企业还应根据其所在行业、所招聘岗位特点、目标应聘者的特征等采用不同的招聘渠道，如中高级管理人才可从通过内部提拔、猎头公司或高层次人才招聘会等渠道招聘，软件开发人员适宜网络招聘，操作工人适合在劳动力市场招聘等，从而提高招聘的针对性。同时，还可以采用内部员工推荐的形式（当然对内部员工推荐人员录用与否，最终要通过公平竞争，由用人部门和招聘部门决定），减少招聘的盲目性。

5.人员筛选

人员筛选的过程实际上是由个人简历/申请表筛选、背景调查、面试、测试、评估等环节组成的。需要说明的是，这些内容的顺序并不是固定不变的。例如，有的组织招聘就没有申请表筛选这一项，申请者提交个人简历即可。又如，有的组织根本不做背景调查，或将其放在测试之后进行。因此，招聘者应根据各自组织的实际情况量体裁衣。

6.做出雇用决定：雇用还是辞谢

整个招聘工作以做出雇用决定而宣告完结。无论是雇用某人还是对某人发出辞谢通知，组织都应该本着“诚信”的原则来进行有关操作，并且应及时送达通知，否则就可能在激烈的人才竞争中丧失先机或损害形象。

1.2 配置概述

1.2.1 配置的定义

资源配置即在一定的范围内，社会对其所拥有的各种资源在不同用途之间的分配。资源配置是经济管理的理论与实践都非常重视的基本范畴。

美国学者赫尼曼（Herbert G. Heneman Ⅲ）、贾奇（Timothy A. Judge）认为，人力资源配置是为了创造组织效能的有利条件而从事的获取、运用和留任足够质量和数量劳动力队伍的过程。

笔者认为，人力资源配置指的是将人力资源投入到各个局部的工作岗位，使之与物质资源相结合，形成现实的经济运动的过程。人力资源的科学配置，是人力资源生产与开发之后的关键环节，也是人力资源经济运动的核心。

综合来看，可以这样定义人力资源配置：组织为实现组织战略，提高组织效率，在人力资源管理战略的指导下，有效地获取劳动力，并根据组织和岗位的特征和要求，分配和使用劳动力的过程。

1.2.2 人力资源配置思路

1.以企业战略为指导

企业的整个人力资源管理活动都必须服务于企业战略，同样人力资源配置活动作为战略性人力资源管理的一部分，也必须致力于组织战略的实现。要根据组织战略的不同，制定相应的人力资源配置规划。组织的人力资源配置活动的目的很明确，即提高组织效能，实现组织目标，达成组织战略。

2.获取与分配

任何组织都必须具有人员配置系统，从而为组织有效运行提供人力资源保障。人力资源的获取活动包括内部人员配置和外部人员配置。外部人员配置管辖的是组织新进入人员的最初入口。它是指按照人力资源规划对劳动力的数量和质量的要求，结合给定的人力资源政策，有效获取劳动力的过程。

分配活动指的是将新雇用员工根据组织特征和岗位要求，以及员工个人的知识、技能、能力和其他特征（knowledge，skill，ability and other characteristics，KSAO），安置在不同工作岗位上的管理活动。分配活动也包含指导现有员工的流动，即晋升、轮岗和降职等内部人员配置系统。内部人员配置系统在许多方面与外部人员配置系统相似，例如晋升的规划、职位空缺的发布、岗位的分析和对员工的评价。

3.数量和质量

配置组织人员需要关注获取的劳动力的数量要素和质量要素两个方面。数量要素指的是按照人力资源规划，获取足够数量的劳动力；质量要素指按照人力资源规划，根据岗位要求，获取具有相应的KSAO特征的劳动力。高效的配置活动，既要有数量保证，又必须有较高的质量水平。

4.能动性与双向性

人员配置与其他资源的配置不同，具有其特殊性：

第一，能动性。物质资源作为配置的对象，其自身没有能动性，完全是被动地服从配置主体的安排，而人员作为配置的对象，虽然其是作为配置的客体而存在的，但是其本身具有能动性，正是这种能动性使得人员配置比物质资源配置要困难得多。

第二，双向性。因为物质资源的配置是单向的，要实现物质资源配置的优化仅仅从资源配置主体方面努力就能实现，而人员配置是双向的，配置的主体和客体都是人，都具有主观能动性，如果主、客体的主观能动性基本正确，并基本适应，则将实现人员配置的优化，否则相反。

1.2.3 人力资源配置的形式

人力资源配置工作，不仅涉及企业外部，更多的、更困难的工作存在于企业内部。从目前的实际情况来看，主要有以下3种人力资源配置形式：

1.人岗关系型

这种配置类型主要是通过人力资源管理过程中的各个环节来保证企业内各部门、各岗位的人力资源质量。它是根据员工与岗位的对应关系进行配置的一种形式。就企业内部来说，目前这种配置类型大体有如下几种方式：招聘、轮换、试用、竞争上岗、末位淘汰（当企业内的员工数多于岗位数时，或者为了保持一定的竞争力，在试用过程或竞争上岗过程中，对能力最差者实行下岗分流，这便是一种末位淘汰的配置方式）、双向选择（当企业内的员工数与岗位数相当时，往往先公布岗位要求，然后让员工自由选择，最后以岗选人，这便是一种双向选择的配置方式）。

2.移动配置型

这是一种对员工相对岗位的移动进行配置的类型。它通过人员相对上下左右岗位的移动来保证企业内的每个岗位人力资源的质量。这种配置的具体表现形式大致有3种：晋升、降职和调动。

3.流动配置型

这是一种对员工相对企业的流动进行配置的类型。它通过人员相对企业的内外流动来保证企业内每个部门与岗位人力资源的质量。这种配置的具体形式有3种：安置、调整和辞退。

1.2.4 人力资源配置的原则

1.充分投入原则

对人力资源要给予充分的投入和运用，以达到供给和需求一致的目标，即尽量达到社会人力资源能够充分就业和“人尽其才、才尽其用”的状态。

2.合理运用原则

人力资源的合理运用，首先是指人力资源投入的最高产出率，还包括经济上的投入方向及配置合理，效率与公平的关系等。这包括人的潜能的发挥、人的社会地位的提高，以及有关劳动的多种社会关系的协调，有着一定的社会效益。

3.良性结构原则

为了在总体上达到人力资源的良性结构，需要对现有各个局部的人力资源进行调节，并将追加的人力资源投入到不同方向，以形成良性的人力资源使用结构，主要应体现为各个经济产业、部门、行业的协调和各地区经济发展的协调。

在企、事业单位和机关等微观用人单位，也应当注意达到人力资源的良性结构，这包括不同层次和不同职业岗位员工的比例协调。

4.提高效益原则

“有效劳动”和“无效劳动”是一对重要的经济概念。有效劳动即人力资源的投入取得了经济效益，无效劳动即人力资源的投入未取得经济效益。

有效劳动还可以分为高效劳动与低效劳动，无效劳动也可以分为零效劳动与负效劳动。高效劳动的产出大大高于投入；低效劳动的产出在较低的程度上大于投入；零效劳动的产出等于投入，即没有取得效益，浪费了资源，等于做了“无用功”；负效劳动的产出小于投入，效益为负数，产生了坏的后果。因此，将人力资源配置到具体岗位上，应考虑如何提高效益，增加有效劳动，减少无效劳动。

1.3 招聘与配置的地位与任务

1.3.1 招聘配置与人力资源工作的关系

人力资源开发与管理系统包括人力资源获取、整合、调控、奖酬与激励、开发等功能。招聘是获取人才的主要途径，是人力资源开发与管理的第一个环节的工作，它与人力资源管理其他工作的关系非常密切（如图1-1所示）。下面从7个方面分析招聘配置在人力资源开发与管理中的地位与作用。

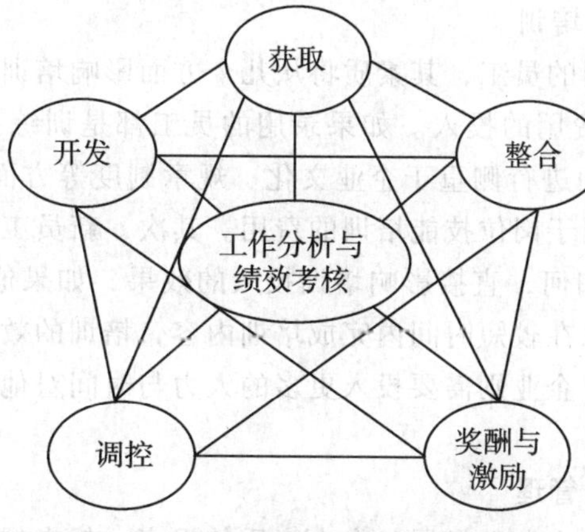

图1-1 人力资源管理主要功能关系模型

1. 招聘配置与工作分析

工作分析是招聘与配置工作的基础。工作分析在明确岗位工作性质、内容、职责、权限、难度与环境等的基础上，提出了承担岗位工作人员的任职资格。任职资格主要包括教育、知识、技能、经验、健康等维度。根据任职资格，企业可以制定每个岗位应聘人员的条件，包括专业、学历、从事相关工作的年限、知识与技能要求等。从另一方面来讲，工作分析对招聘录用人员的素质、工作胜任情况、当地人力资源市场的供给情况等进行综合分析，以确定岗位任职资格是否合理。如果某岗位长期招聘不到合适的人员，说明任职资格条件可能过高；同样，如果某岗位应聘者过多并且录用人员胜任率低，则说明任职资格条件过低。这些情况的出现要求及时调整相关岗位的任职资格条件。因此，工作分析是招聘、选拔与配置工作的基础，招聘与配置又可以通过实践验证工作分析的适用性，并为工作分析结果的调整提供基础信息。[①]

2. 招聘配置与绩效管理

从逻辑关系的角度来讲，工作分析主要是针对岗位而言的，工作分析的结

① 吴文艳. 组织招聘管理［M］. 大连：东北财经大学出版社，2008。

果——工作说明书——规定了岗位职责与岗位工作标准。企业往往根据岗位职责与岗位工作标准制定岗位考核标准。考核主要针对岗位工作人员。通过招聘与选拔，企业将录用员工安置到相应岗位上，通过定期的绩效考核了解其工作表现、职责履行情况与工作业绩。因此，绩效考核结果可以反映新招聘员工是否胜任岗位工作，以此来判断招聘与选拔工作的质量。如果大部分新招聘员工无法胜任岗位，就应反思招聘过程中的误区。此外，绩效考核的结果还可以反映新员工工作的差距，如果差距是在可接受范围之内，新员工的主管应通过绩效反馈面谈与其探讨改进工作绩效的方式方法，指导新员工提高绩效水平与工作能力，从而帮助新员工胜任岗位工作。由此看来，绩效管理还有助于提高新录用员工的工作胜任能力，并使得新录用的与已有的人力资源的配置合理化。

3. 招聘配置与员工培训

经招聘、选拔录用的员工，其素质将从几个方面影响培训工作。首先，新员工的素质直接影响培训费用的投入。如果录用的员工都是训练有素的“经验型”员工，企业可以只对他们进行侧重于企业文化、规章制度等方面的简单的岗前培训，这样可以为企业节省用于岗位技能培训的费用。其次，新员工的素质会影响培训的效果。新员工的基础如何，直接影响培训投入的效果，如果他们的功底比较扎实，接受能力比较强，可以在较短时间内完成培训内容，培训的效果就较好。但是，如果新员工的基础较差，企业则需要投入更多的人力与时间对他们进行培训，培训效果也较差。

4. 招聘配置与职业管理

随着社会的进步、企业的发展与个人素质的提高，越来越多的员工重视个人的职业发展。为了迎合这种需求特点，越来越多的企业开始重视员工的职业生涯规划与管理，这也是“企业与员工共同发展”的现代人力资源管理理念的体现。如果新录用的员工与岗位的匹配度高，能够胜任工作，则有利于发挥他们的特长，在岗位上有良好的表现与突出的业绩，从而他们会有更多的晋升与发展机会，这对其职业发展将十分有利。如果新录用的员工不能胜任岗位工作，或者所在的岗位不能使其充分发挥特长，对组织来说是低效配置，对个人来说晋升与发展的机会较少，甚至可能被降职或解聘，由此对其职业生涯的发展会产生不利的影响。

5. 招聘配置与薪酬管理

公平合理的薪酬制度应该建立在科学的岗位评价基础之上。岗位评价的维度包括岗位工作的难度、危险度、复杂度以及对任职者的能力要求等，由此确定每个岗位对企业的贡献度，通常用相对价值来表示。每个岗位的相对价值决定了岗位的薪酬水平。因此，岗位薪酬是针对岗位自身的价值而言的。

如果录用的新员工能够胜任岗位的工作需要，他所获取的薪酬与其付出的劳动就是匹配的。但是，如果录用的新员工的能力达不到岗位的需要，不能胜任岗位的工作，实际上就出现了高薪低能的情况，对企业来讲相当于用较高的薪酬雇用了能力较低的员工，这对该岗位的其他员工来讲是不公平的。此外，这样不仅难以完成既定的岗位任务目标，还增加了人力成本。因此，招聘与配置工作的质量将影响企业薪酬管理制度执行中的公平合理性。

6.招聘配置与员工调控

绩效考核可以反映员工的工作表现与业绩，将其与岗位绩效标准进行比较可以了解员工的岗位胜任能力。据此，就可以对他们做出晋升、降职、调整岗位或解聘等调控决策。招聘、选拔工作的质量将决定新员工上岗后工作的变动情况。这本身就是人力资源的合理配置问题。如果配置合理，员工会更加胜任岗位工作，未来发展会更顺畅。它进一步会影响员工的发展和组织的长期资源优化配置问题。

7.招聘配置与人力资源整合

人力资源整合主要是通过灌输企业文化、畅通的沟通渠道及有效的冲突处理等途径将招聘录用的员工由“社会人”变成“企业人”，从而形成人力资源的整体效应。如果员工个人的价值观与企业的价值观比较一致，抱着极大的热情加盟企业，并且喜欢新的工作，则比较容易融入新的企业环境，尽快实现角色的转变，这必将有利于实现企业人力资源的整合。

1.3.2 招聘配置与外部环境

1.招聘配置与市场

一个企业在进行招聘之前，需要做几项重要的基础工作。首先，调查人才市场上人力资源的情况和动向，通过当地的多方面经济信息了解该地区的产业结构和人才结构的调整与变化；从政府的人才政策中研究人才流动环境；从应聘者提供的信息中了解当地的普遍职业心态和企业管理水平，从而把握人才来源的突破口。其次，进行人力资源规划和工作分析，对上述几个方面的情况进行动态跟踪和研究，从企业自身需要的立场去筛选信息，做到心中有数，有的放矢，主动了解各部门的人才需求，适时地补充人才，配合企业生产经营发展的需要。企业的人力资源规划是运用科学的方法对企业人力资源需求和供给进行分析和预测，判断未来企业内部各岗位的人力资源是否达到综合平衡，即在数量、结构和层次上多方面达到平衡。

2.环境的变化

早在2 000多年前，我国汉朝的官员曾试图通过对文职人员编制完备、详细的职位说明书来建立一套科学的程序。结果表明，这些官员的努力并没有奏效，几乎没有哪个新招聘的文职人员的工作达到期望的水平。现在，负责高层职位招聘的管理人员也碰到了同样的难题。他们进行面试、背景调查，有时甚至使用个性心理测试，希望能够由此获取合适的员工，使招聘工作有较好的效果，但真正获取到合格的人选仍然是非常难的。

招聘工作从来都不容易，当今经济形势的迅速变化和技术的快速更新，使这项工作更加困难。企业外部就业市场的发展与成熟，使越来越多的人有了更多的选择，他们可以到新兴企业工作或者自己创业，人才的流动越来越频繁；同时，业务的全球化增加了企业对优秀人员的需求，加剧了对优秀人才的争夺。在传统的、职能性的组织中，每个人都知道首席执行官和高层管理人员的职责，大部分的组织文化也比较具有可比性。但是，随着新的组织形式（比如战略联盟、团队工作方式、自由代理人以及网络化协作）的出现，寻找适合职位的人选变得越来越复杂。针对这些新的企业和岗位到底需要哪些员工的问题，难以给出固定的答案。如果在同一行业招聘两个企业首席执行官，这两个非常类似的岗位可能会需要两个具有完全不同技能和个人风格的人选。这就是说，在经济、技术迅速变化的形势下，在岗位不同、文化不同的情况下，要搞好招聘与配置工作更需要研究组织外部的环境和就业市场。

3. 招聘配置与企业战略

不同的企业在组织设计和组织结构上是不同的，不同的企业在人力资源管理方面也是不同的。根据生产服务方法一般可以将企业战略分为防御型战略、探索型战略和分析型战略。

采取不同战略类型的企业，应采用不同的招聘方法。防御型企业倾向于内部调配，对低层次的职位采用招聘新员工的方法，对高层次的职位则采用从内部提拔的方法。探索型企业倾向于在所有层次的职位上都雇用有经验的员工。分析型企业既采用内部提拔，也注意外聘有经验的员工，对高层次的职位更多采用外聘方法。

实行不同发展战略的企业在招聘主管和经理人员时，必然会招聘不同类型的人，这样才能使员工能够比较好地配合企业的发展战略，减少发生摩擦的可能。经营范围比较狭窄同时发展也稳定的企业，实行的是防御型战略，招聘时应该注意那些有财政金融和生产制造方面的技术背景的人，以利于稳定市场份额。实行探索型战略的企业，在招聘时应该特别注意那些有工程研究和市场开发背景的人，以利于企业开发新产品和新市场。采取分析型战略的企业，由于面对的是复杂的市场，应该在招聘中注意发掘那些具有应用研究才能、市场开发才能和制造才能的人。

本章小结

招聘是获取人才的主要途径，是人力资源开发与管理的第一个环节的工作，它与人力资源管理的其他工作的关系非常密切。招聘是指为了实现企业目标和完成任务，由人力资源管理部门和其他部门按照科学的方法，运用先进的手段，选拔岗位所需要的人力资源的过程。招聘对于企业发展具有重要的意义，直接关乎企业的兴衰和成败。

人力资源配置是对人力资源的使用方向的投入，是企业运营的主要内容之一。人力资源的市场配置，是以劳动要素生产成本（人力投资）以及企业对其劳动产出的预期为基础、以劳动要素供求关系决定的工资为条件，通过供求双方的自由选择而完成的。人力资源配置要以企业战略为指导进行，讲求配置数量和质量的合理与高效，讲求配置的能动性与双向性。

第1章基础知识测评

复习思考题

1.招聘所要遵循的原则有哪些？招聘的程序是什么？

2.结合实际阐述人力资源配置中存在的问题。

3.招聘配置与人力资源管理工作的关系有哪些方面？

4.招聘配置与组织战略应该如何协调？

案例分析题

世界名企招聘剪影

汇丰银行：整理资料

汇丰银行招聘时常常要求应聘者去整理资料，规定他们在一定时间内完成，不接受此项工作或整理得不够彻底的均不予录用。汇丰银行希望借此来了解应聘者是否具有吃苦耐劳的精神和脚踏实地的作风，而且通过此项工作考查应聘者在整理过程中是否分得清资料的轻重缓急，以及今后在处理业务时是否能条理分明、处变不惊。

IBM：没有缺点请离开

IBM公司充分尊重员工个性，同时也承认人性中不可避免会有弱点。他们不信任一个自称没有缺点的人，也不欣赏一个不敢承认自己缺点的人，因此对于此道必答题，应聘者不说自己的缺点或将缺点“技术处理”为优点的人，他们会毫不手软地予以排除。

假日酒店：你会打篮球吗？

假日酒店认为，那些喜爱打篮球的人，性格外向、身体健康，而且充满活力、富有激情。假日酒店作为以服务至上的公司，要求员工具有亲和力、饱满的干劲，朝气蓬勃，认为录用一个缺乏兴趣、死气沉沉的员工既是对公司的不负责，也是对客人的不尊重。

壳牌石油：开鸡尾酒会

壳牌公司组织应聘者参加一个鸡尾酒会，公司高级员工都来参加。在酒会上，这些应聘者与公司员工自由交谈。酒会后，由公司高级员工根据自己的观察和判断，推荐合适的应聘者参加下一轮面试。一般那些现场表现抢眼、气度不凡、有组织能力者会得到下一轮面试机会。

西门子：考查能力占用时间最长

对于吸引、选拔人才，西门子有一套独特的操作模式。公司在招聘人才时，往往是能力考核占40分钟，考查经验花半个小时，而考查知识仅用5分钟就够了。因为，一个人的知识量，两三年的时间就可以改变，经验也会随之改变，但是，能力的持续期可能是二三十年或者一辈子。

微软：奇怪的题目

微软每年在面试中都会出一些“怪题”。比如“为什么下水道井盖是圆形的？”“怎样才能移动富士山？”其实应征者是否能回答出正确的答案并不重要，重要的是答案反映了应征者的综合能力，回答这些问题需要逻辑、推理以及归纳的能力，而这些能力在IT企业的工作中是最基本的。

奔驰：写离职信

德国奔驰公司在面试求职者的同时，会要求求职者当场写一封离职信。通过离职信中所陈述的辞职理由，可以更好地了解求职者应聘的动机，还能增强危机意识，使其在未来的工作中能更好地为公司服务。

摩托罗拉：拒答隐私者被录用

摩托罗拉公司会故意问应聘者几个难堪的问题，如是否结婚、何时要小孩、找男朋友的标准是什么，等等。以问题属于个人隐私为由拒答者，公司持赞赏态度，他们认为这些应聘者不会因个人的眼前利益而屈服于压力，有个性，有尊严，表现在工作上就会少受诱惑、坚持原则，始终以公司利益为先。

日产公司：请你吃饭

日产公司认为，一个人吃饭迅速快捷，一方面说明其肠胃功能好，身强力壮，另一方面说明他往往做事风风火火，富有魄力，而这正是公司所需要的。因此，对每位来应聘的员工，日产公司都要进行一项专门的“用餐速度”考试——招待应聘者一顿难以下咽的饭菜，一般主考官会“好心”叮嘱他们慢慢吃，吃好后再到办公室接受面试，那些慢腾腾吃完饭者得到的都是离开通知单。

亚马逊书店：拉家常

亚马逊书店的考官在面试求职者时经常会问一些与面试看似无关的问题，比如“你家有几口人？”“你父亲和母亲谁在家里对大事做决定比较多？”“你在家做不做家务？”“平常在家喜欢干什么？”感觉就像是拉家常。其实考官就是通过这些轻松随便的问题来考查应聘者的反应能力、知识、素养、品质等。

统一公司：先去扫厕所

统一公司要求员工有吃苦精神以及脚踏实地的作风，凡来公司应聘者，公司会先给他一个拖把叫他去扫厕所。不接受此项工作或只把表面洗干净者均不予录用。他们认为一切利润都是从艰苦劳动中得来的，不敬业的人，就是隐藏在公司内部的“敌人”。

资料来源　黄海珍. 世界名企业独特的招聘方式［J］. 人力资源，2005（6）.

讨论题：

（1）企业确定招聘方式和试题的主要原因是什么？

（2）以上世界知名企业的招聘实例体现了招聘的哪些重要性和间接效益？

第1章案例分析提示

推荐阅读资料

1.万玺．招聘管理［M］．2版．北京：科学出版社，2016．

2.吴文艳．组织招聘管理［M］．2版．大连：东北财经大学出版社，2014．

3.李中斌．招聘管理［M］．北京：中国社会科学出版社，2008．

4.王丽娟．员工招募与配置［M］．2版．上海：复旦大学出版社，2012．

5.谌新民．员工招聘成本收益分析［M］．广州：广东经济出版社，2005．

网上资源

1.栖息谷社区，http：//www.21manager.com。

2.中国人力资源管理网，http：//www.rlzygl.com。

3.人才坐标网，http：//www.hrcina.com。

第2章　组织招聘与配置基本原理

学习目标

- ✓了解劳动需求是引致性需求的性质；
- ✓理解劳动需求是组织招聘与配置之源的思想；
- ✓了解劳动需求的行业性和职业性特点；
- ✓掌握边际法分析微观劳动需求；
- ✓了解技术进步对劳动需求的影响；
- ✓掌握组织招聘的动机；
- ✓掌握“转化力”的含义与理论公式；
- ✓思考宏观劳动需求与微观组织招聘需求的关系。

引例

为什么K公司总是缺人

有一段时间，我在某市的人才交流中心做一项调研工作。在观察求职行为的过程中，我发现了一个有趣的问题。K公司的席位上每天都是那位H先生坐班，每天挂出的招聘广告也相同。那位H先生一天到晚愁眉苦脸。基于人力资源管理专业的背景，我对这个公司产生了兴趣，于是我就主动找他聊天。在知道我的来意后，他告诉了我以下的事实。

他是一家民营建材企业的人力资源部经理，持续不断的招聘已让他感到厌倦，但是企业似乎一直缺人，所以他的业绩总是上不去。其实该企业的环境和待遇都不错，也没有扩张，他就始终不明白为什么企业一直处在缺人和招人的怪圈中。

为了搞清这件事，我应邀走访了他们的企业，也调查了刚从他们企业走出来的在人才市场再次求职的员工们。经过调查，我逐渐发现了问题的真相。

“你们企业预测过人力资源需求吗?”“没有，从来没有。”H先生好奇，因为他们现在的需求都没满足过，何须考虑未来。然而问题就出于此，在这家企业工作或曾工作过的人反映了4个主要问题：第一，招聘目的不明确，许多人在进入企业后的相当一段时间内不知道自己应该做什么；第二，招聘没有计划，员工认为自己没有受到应有的重视；第三，天天在考虑吸纳新员工，给老员工造成巨大压力；第四，频繁流入和频繁流出，使在职员工丧失了安全感和忠诚感，暗自寻找跳槽机会。

此后，H先生开始反思，深悔自己浪费了太多的时间在没有计划的招聘中。

资料来源　姚裕群. 就业市场与招聘［M］. 长沙：湖南师范大学出版社，2007：42.

企业如果处在缺人和招人的怪圈中，总是招不到合适的人才，就需要搞清楚以下问题：有没有分析企业的劳动需求？怎样分析企业的劳动需求，进而制订有效的招聘计划？确定招聘计划后，针对如何满足企业的劳动需求给出具体执行方案。

2.1 劳动需求——组织招聘与配置之源

2.1.1 社会消费——劳动需求的根源

经济学原理认为，凡进行经济活动都必须以要素为前提，都要对人力、物力要素或者资源提出需求。从理论上讲，劳动需求是一种派生性需求，因而也称为"引致性需求"。从直接的角度看，劳动需求是由用人单位的雇用行为所引起的。但用人单位的雇用行为又有其原因，一些企业看到社会对某种产品或劳务具有需求，就从事这种产品或劳务的生产并完成销售，以获得利润。因此说，劳动需求是由社会消费所引起、所派生出来的需求。社会具有真实的、具体的、有效的消费要求，即存在特定的购买力，才会有社会生产；有了生产单位进行的生产组织活动，才有对劳动要素的需求，即对不同职业、工种的劳动要素亦即人力资源进行雇用。由此我们可以看出，通过满足社会消费需求而获得盈利，是生产单位使用劳动要素的动因(见图2-1)。

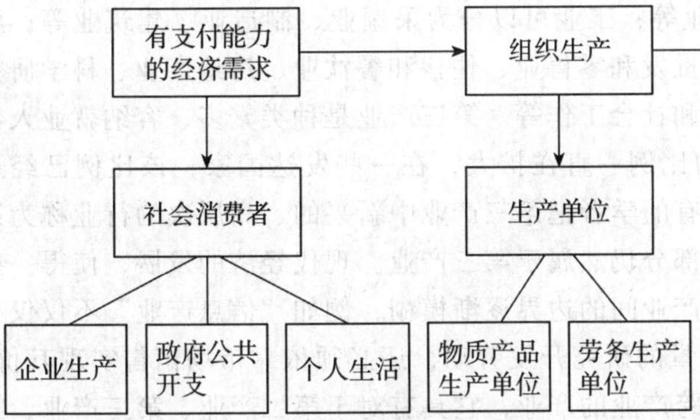

图2-1 劳动需求关系图

2.1.2 劳动需求的存量与增量

劳动需求可以分为原有的需求和追加的需求两部分，我们把原有的劳动需求看作存量部分，把追加的劳动需求看作增量部分。

劳动需求的存量部分一般由原有的劳动供给来满足，其中少量的原有劳动供给会发生变化，例如离职、退休等，需要新增劳动要素予以补充或者以其他经济单位排出的劳动要素填补。但是，当经济条件发生较大变化时，例如企业压缩生产、更新设备、提高劳动生产率、转产或停业，就可能减少原有的需求量，即压缩劳动需求存量、减少就业。

劳动需求的增量源于企业扩大生产、新行业的建立，特别是新兴部门和消费服务部门的大发展。其增量产生的根源则在于社会消费总量的增加、消费结构的变化和消费内容的丰富化。例如，随着旅游业的发展，出现了采摘旅游、体验旅游等很多创新品种，从而刺激社会消费，引致社会对旅游业的需求及劳动需求。

2.1.3　劳动需求的行业性

人们的欲望千姿百态，消费需求也五花八门。要满足社会上不同的消费需求，就要使社会上存在不同的经济活动部门、付出不同种类的劳动，亦即进行劳动分工。劳动分工是社会进步的表现，也是社会财富增加的来源。社会产品越丰富，商品生产越发达，生产规模越大，生产力水平越高，社会劳动分工就越发达。现代经济发达国家存在上万种职业，正是分工发达的表现。

劳动分工一般表现在两个方面：其一，由社会产品种类不同所引起的分工，由此形成不同产业、部门、行业方面对劳动要素的需求；其二，由劳动者所从事工作的具体内容不同所引起的分工，由此形成不同职业对劳动要素的需求。在现实的经济活动中，这两种劳动分工与这两种劳动需求往往是相互交叉、融为一体的。

由产品种类和经济活动部门的不同造成的劳动需求，是行业需求。从更高层次看，行业需求即产业需求。我们通常可以把产业分为农业、工业、服务业，即第一产业、第二产业、第三产业。对三大产业深化、细分，农业可以分为种植业（狭义农业）、畜牧业、林业、渔业等；工业可以分为采掘业、制造业、建筑业等；服务业包括诸多部门，可以分为批发和零售业、住宿和餐饮业、房地产业、科学研究和技术服务业、金融业、卫生和社会工作等。第三产业是种类繁多、容纳就业人数众多的行业，在总体就业中的比例一直在扩大，在一些发达国家，该比例已经达到70%以上。鉴于这一局面，有的学者把第三产业中新兴的、高层次的行业称为第四产业，而传统的、低层次的部分仍然属于第三产业。现代经济的发展，使得一些新的产业已经具有多种特征，产业间的边界逐渐模糊，例如“信息产业”不仅仅指信息工业品的生产，它蕴含大量的研究开发劳动，还必须依靠市场销售实现其价值，因而信息产业实际上是一个跨产业的产业，它具有对于第二产业、第三产业、第四产业三个产业的需求。

2.1.4　劳动需求的职业性

1.职业的区分依据

“职业”一词有多种用法。从国民经济活动所需要的劳动种类角度来看，它是指不同性质、不同内容、不同形式、不同操作的专门性劳动岗位。我国进行了多次人口普查，按照国际惯例做了职业分类。1999年颁布的《中华人民共和国职业分类大典》，以从业者本人所从事“工作的同一性”进行划分。对脑力劳动者，一般考虑其所具备的技能、学识、经历以及职务上所负的责任来进行划分；对体力劳动者，一般考虑其劳动、作业的操作程序，使用的工具、设备及原料，所生产的产品、提供服务的种类及服务的对象来划分。2015年7月29日，国家职业分类大典修订工作委员会全体会议在北京召开，会议审议通过并颁布了新修订的2015版《中华人民共和国职业分类大典》。2015版中职业分类结构为8个大类、75个中类、434个小类、1 481个职业。与1999版相比，维持8个大类、增加9个中类和21个小类，减少547个职业（新增347个职业，取消894个职业）。

不同的职业，不仅包含劳动内容和劳动形式的差别，而且包含体力脑力差别和劳动质量差别。不同的职业具有不同的社会地位，不同的职业对于人的职业生涯也有不同的意义，这导致了人们的不同就业选择和他们在就业岗位上的不同工作状态。

2.通用职业与行业性职业需求

行业需求或产业需求反映的是需求的发生地点（即哪一个部门、哪一家企业需要人）；职业需求反映的则是具体的工作岗位（即哪一种工作、哪一个职位需要人），是对于何种劳动要素有所需要。从人的就业的角度看，职业需求更为重要。有一些职业，是各个行业、各个部门、各种产业都需要的，它们分布在各个企业，例如会计、文秘等。我们可以将其看作“通用”职业。有一些职业，一般为某些专门性行业、部门所需要，并占据其职业岗位的大部分，其他部门则需求较少或者根本不需要。例如金属切削工人在机床制造厂需要较多，在机械修理部门需要较少，服务业则基本不需要。我们将其看作行业性职业。

2.2 组织劳动需求的分析

2.2.1 组织雇用的动机及组织与雇员的关系

这里对于典型的招聘单位——企业组织——的雇用动机及其与雇员的关系问题进一步做出分析。

1.企业组织的雇用动机

这里所说的企业组织的雇用动机，是指企业组织吸纳社会就业者、配置人力资源的主动要求。一个企业组织要进行生产，就要雇用人员、吸纳就业者，各个企业的雇用动机总和就形成社会就业的总体吸纳力。具体来看，企业组织的雇用动机主要有以下几个方面：

(1) 经济动机。企业组织的基本目标是盈利。在正常情况下，只要企业组织从事市场前景看好的生产经营，就可能有扩大生产经营、增雇劳动者的动机。当然，这一动机要受到主客观因素的限制，例如内部的资金数量、外部生产资料的供给数量、可能雇用的劳动者数量和质量等。当这些条件都具备时，企业组织就可以大量增雇劳动者，从社会上吸收就业人员。

（2）创新动机。任何企业都会面临技术创新、管理创新等问题。在经济竞争、技术竞争严峻的环境中，创新更是企业组织得以起步、生存、发展和扩充的重要动力。企业组织要进行创新，就必须先期投入相当多的财力、物力、人力，特别是投入高等级的人才。一些企业不惜重金聘用人才，一些人才不惜丢弃优越的工作环境自主创业或共谋发展，而后带来企业的大发展，从而才有大批各层次劳动者的就业。这一点在我国经济特区、高新技术开发区不乏其例。

（3）规模动机。规模动机是市场经济下生产单位的一种客观动机，它也可以看作企业的“节约动机”。一般来说，企业组织在适度规模条件下，劳动生产率最高，边际产出值也最大。一个企业组织的就业者人数未达到最佳规模时，就要追加劳动要素，从社会吸收人员就业；一个企业组织的就业者人数超过最佳规模时，又要减少劳动要素，向社会排出多余人员。因此，追求经济效益最佳点的规模动机，必然引起就业数量的变动。

（4）发展动机。企业组织在发展前景良好的情况下，会把自身的发展放在重要位置。尤其是具有战略眼光的企业家，能够见微知著，敢于进行有风险的投资，开拓有生命力的项目，这就会吸收相当多的劳动者就业。还有许多企业家采取扩股、招商、兼并、参股等方式发展实力，这也会保持和扩大社会就业。

2.企业组织与从业者的关系

在企业组织中，存在各种各样的人际关系，其中最基本的是雇主与雇员的关系，这种关系经常表现为企业组织的最高管理者（人们称之为“老板”）与雇员即从业者的关系。应当指出，产权的实际归属构成真正的“所有制”关系，这种所有制关系从根本上决定着从业者与雇用者关系的性质。这是因为，谁掌握了企业的财产所有权，谁就拥有了对社会劳动要素的雇用权，进一步就是对从业者的使用权、指挥权和劳动报酬的分配权。此外，社会的法制化程度、管理的文明程度、管理者的个人风格以及劳动者的自身状况，也影响着雇用单位与从业者的关系。

总的来看，企业组织与从业者的关系主要有以下方面：

①企业组织招收、雇用求职者和解雇从业者，这反映在企业劳动关系的建立和解除上；

②企业组织使用从业者，包括对雇员的职务分配、任务安排、工作监督等；

③企业组织对从业者发放薪酬，即分配关系；

④企业组织对从业者承担社会保险以及其他责任。

在市场经济体制下，企业组织可以自由地选择从业者。但是，这种“自由”不是绝对的，不是无条件的。企业组织在对从业者的招收、使用、分配、保险等方面，要受到法律的约束、劳动者群体压力的约束以及政府适当的调控。只要从业者群体不是企业产权的直接主人，不能决定其财产的支配、生产经营计划和利润分配（例如按“劳动股”分配），就会存在从业者与企业的利益不一致的问题，进而言之，还会出现二者的矛盾、纠纷、冲突以至对抗。这样，企业组织与从业者的关系就会出现问题，需要协调。

为此，政府充当“协调者”的角色，并制定出一些法律法规，作为协调二者关系的长期、稳定的准则。

2.2.2 工资水平——劳动需求的决定因素

企业是微观用人单位的典型，即微观的组织。这里我们以企业为例进行分析。假定物质要素不变，企业对于劳动需求的数量就是由购买这一要素的成本——工资变动——所决定的。这一函数关系就形成了如图2-2所示的曲线。在一般情况下，工资水平越高，企业需求的劳动数量就越少，在工资水平达到W_1时，劳动需求数量就达到N_1，工资水平越低，企业需求的劳动数量就越多，即当W_1下移到W_2时，劳动需求数量就从N_1扩大到N_2，这就是劳动需求曲线。

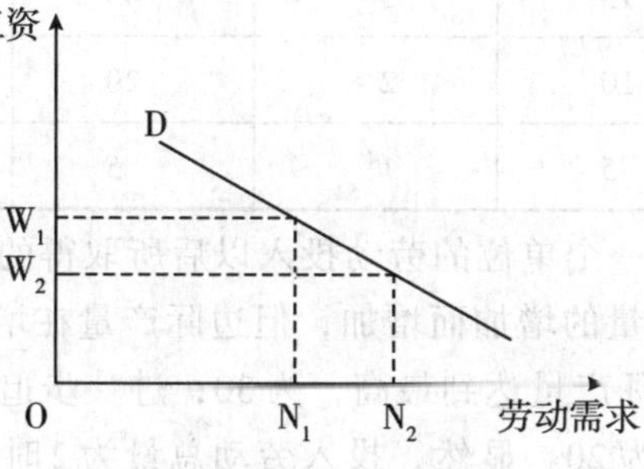

图2-2 微观劳动需求曲线

劳动需求又与劳动供给、社会经济运行中经济总需求的旺盛程度有一定关系。当经济处于较繁荣时期或者劳动供给相对紧张时，企业就要以比以前高的工资（W′）来吸引劳动者就业，如图2-3所示，D曲线就向右上方移动，形成D′曲线；当经济较萧条或劳动供给相对富余时，企业就会以比以前低的工资（W″）用人，D曲线就向左下方移动，形成D″ 曲线。

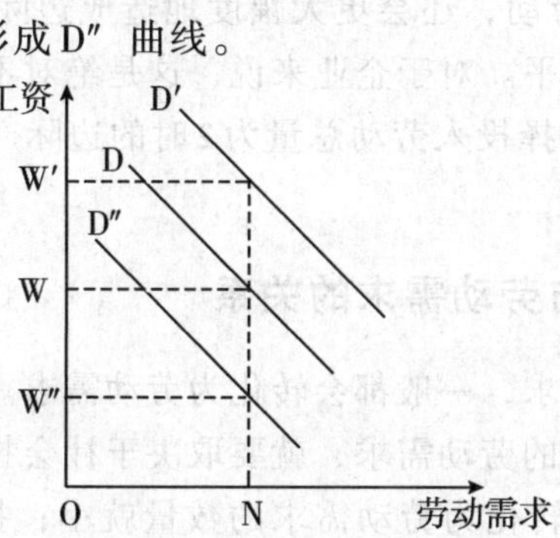

图2-3 劳动需求的变动

2.2.3 工资变动的边际倾向

从微观经济分析的角度看，企业从事生产都以利润最大化为目标，其必然结果就是要尽力节约成本，以获得其产出的最大效益。这种最大效益即为劳动的边际生产率。达到最大的边际生产率，正是企业雇用人员数量的极点（见表2-1）。

表2-1 企业劳动投入边际分析

投入劳动总量	总产量	边际产量	单位产品价格	边际产品价值	总收入	边际产品收入
A	B	C $(C=B_i-B_{i-1})$	D	E $(E=C\times D)$	F $(F=B\times D)$	G $(G=F_i-F_{i-1})$
1	20	20	5	100	100	100
2	50	30	4	120	200	100
3	70	20	3.5	70	245	45
4	85	15	3	45	255	10
5	95	10	2	20	190	-65
6	100	5	1	5	100	-90

边际产量是每增加一个单位的劳动投入以后所取得的产量增量部分。尽管总产量一般随着投入劳动总量的增加而增加，但边际产量在增加后又减少。表2-1中投入劳动总量为2时，边际产量达到最高，为30；进一步追加投入，投入劳动总量为3时，边际产量就下降为20。显然，投入劳动总量为2时，这种投入的边际产量最大。相应地，折算出总收入（即单位产品价格×总产量），还可以进一步推算出增加单位劳动后新的总收入与增加该劳动前的总收入之差——边际产品收入。在表2-1中，投入劳动总量为2时，边际产品收入为100，与投入劳动总量为1时持平，但这是高位上的持平。进一步增加单位劳动的投入，达到3时，边际产品收入就下降为45。若进一步投入劳动，还会更大幅度地造成边际产品收入减少，以至为负数，总收入也维持在低水平。对于企业来说，这是绝对不可接受的。因此，企业要增加资本利润率，必然选择投入劳动总量为2时的边际产量最大值和边际产品收入最大值。

2.2.4 技术水平与劳动需求的关系

社会上一定的经济需求，一般都会转化为劳动需求。但是，一定数量的经济需求究竟能转化为多大数量的劳动需求，就要取决于社会技术水平。技术水平高，即资本-劳动比例系数大，转化为劳动需求的数量就小；技术水平低，即资本-劳动比例系数小，转化为劳动需求的数量就大，即需要用劳动力数量弥补技术水平的不足，以达到生产目的。

那么，企业如何选择资本与劳动的比例呢？当然，企业出于“经济”原则即效益原则，往往要通过高技术条件下高资本与低劳动的配比，取得较大的劳动生产率和全要素生产率，从而获得较大的产值与利润。因此，企业对市场预期良好、要扩大生产时，往往会采取“高技术-低劳动”的配比，这一般是内涵扩大再生产的状态，其经济效益较好。从这个意义上讲，技术含量是排斥劳动要素数量的，但是当技术含量大幅度提高时，其对于劳动要素质量方面的需求也大大提高。

对于各个企业来说，它们都有不同层次的工作、不同层次的岗位、不同复杂程度的劳动内容，也会有对劳动要素的不同数量的需求。按照现代企业的标准，其成员可以分为决策层、管理层、监督层、操作层4个层次，并形成一个上少下多的塔形结构。

现代企业出现了自动化替代人力尤其是减少中层组织与人员的“扁平化”趋势和“跨组织团队”等新现象。

2.3 组织劳动需求的总和——宏观劳动需求

2.3.1 从消费需求到就业岗位的转化

从一般的角度看，社会具有某种数量的消费需求，就可能按一定的技术系数即“资本-劳动比”将其转化为相应的劳动需求，并转化出更直接的就业岗位。作为个别劳动供给者的人，也要到某个用人单位的岗位上就业。这是一个企业、一个组织所招聘人员的来源。但是，一定的消费需求能否成为对人有需求的就业岗位呢？显然，如果社会仅仅有一定的经济需求，却没有相应的生产单位加以转化，就业岗位就不能形成，这里就缺少从消费需求到就业需求的“转化力”。

同样的经济需求会表现为不同的劳动需求，也就是转化力的大小存在不同。例如，经济收入水平相同的人们会有不同的消费要求；不同的生产部门对市场的看法不同，因而其劳动需求或多或少；在市场需求一定的情况下，各个企业的生产规模、劳动生产率、平均工时、组织管理不同，也会造成劳动需求数量的不同。

在市场经济体制下，由于信息为每个企业经营决策者所重视，劳动需求作为其进行生产、配置生产要素的一个部分，必然比较灵敏地反映社会的有效需求，企业则通过自身严密的经济核算确定需求数量，进行雇用。这就是一种良好的转化。此外，在竞争体制下诸多企业进行创新，力图扩大现有市场和打开新市场，在前景看好时要大量投入人力、物力，这是对生产要素的主动吸纳。它更有利于对经济需求的转化。新经济时代的风险企业，对于经济需求到劳动需求的转化起着积极的作用，从这个意义上甚至可以说，人才的供给创造了自己的需求。

当社会具有一定的消费需求时，社会经济条件和运转机制不同，人们对它的认识和估计不同，采取的措施也不同。这样，经济需求在不同转化力的作用和影响下所形成的劳动需求，就有所不同。换言之，劳动需求可能有“过多”或“过少”的偏差。在理想的条件下，经济需求可以完全转化为劳动需求。但是，若转化条件不具备，经济需求就会有一部分不能转化。例如，社会上缺乏足够的企业，这时的劳动需求就过少；人们对某种需求估计过高、竞相从事某种生产而不加节制，又会形成过度的、虚假的劳动需求，从而增加了不应该有的就业岗位。匈牙利经济学家科尔内所描述的“在职失业”，就是指在非良性劳动管理状态下微观劳动需求膨胀，劳动要素被过度吸收而不能充分应用。我国1998—2000年出现的大规模企业富余人员下岗，也正是这种过度转化的结果。

总之，劳动需求数量取决于经济需求总量和生产单位对于经济需求的转化率二者的共同作用。用公式表示，即：

HD=ED×T

式中：HD为劳动需求数量；ED为经济需求总量；T为转化率。

生产单位对于经济需求的转化率水平，又受到多种社会经济因素的影响，是各个因素共同作用的结果。用公式表示，即：

T=f（I，C，L，H，M，F，P，O）

式中：I为技术水平，即资本-劳动比；C为社会消费水平、消费结构；L为劳动生产率；H为劳动力资源供给（尤指与劳动需求相关的门类、数量、质量）；M为企业、部门、产业的管理水平；F为生产单位决策者对未来的预期；P为政府政策（有关经济发展、宏观控制、产业结构、劳动用工、工资福利、劳动关系等方面的经济政策与社会政策）；O为其他因素。

2.3.2 社会劳动需求的变动

以上是劳动需求的静态分析。从动态的角度看，社会消费需求发生变动会引起生产单位经济活动的改变，从而造成劳动需求的变动；生产单位自身的变动也会造成劳动需求的变动。

当社会对某种产品的需求量下降，企业相应压缩生产或停业、转业时，抑或当企业进行设备技术更新、生产效率大大增加时，都会使原有的劳动需求数量下降，从而排斥一部分就业人员。当其他部门新增的社会劳动需求数量小于现行经济部门排出的劳动要素时，就会出现社会失业问题。

劳动需求的增加，一般来说是由于原有企业扩大生产、新企业创办、新兴行业出现，特别是消费、服务部门的大发展。其根源在于社会消费总量的增加和消费结构的改变。此外，一定的经济政策、社会政策也可能造成劳动需求的增加，例如发展劳动密集型经济、投资“就业乘数”高的行业、发展第三产业等。这种“人为”的新增劳动需求，有的可以转化为真正的经济需求，产生长期效果，有的则只能起到一时的刺激作用。

2.3.3 技术变动与社会劳动总需求

技术，对劳动需求的影响巨大。除去前面对技术与劳动需求一般关系的分析外，我们还应重视技术变动对劳动需求总量的直接影响，重视技术通过经济与产业结构而对劳动需求变动产生的间接影响，以及技术进步对劳动要素质量提高的影响。

技术进步的常见形态是机器设备代替人力，这可以提高劳动生产率、生产质量，而且可以减轻人的劳动强度，减少重复性和单调的工作。当然，在生产总量不变的条件下，技术进步肯定要大大减少劳动需求。毋庸讳言，技术进步的目的在于以机器取代人力、减少单位产品的劳动成本含量和降低单位产品的总成本，这必然会减少劳动需求的数量，造成工人的失业。但是，技术进步终归是好事，是促进人类社会向前发展的进步力量。技术虽然会排斥人员就业，但由于它大大提高了生产率，增加了社会财富，创造了新的消费需求动机，因而也就创造了新的劳动需求。技术进步所增加的社会财富巨大，从而也就有了巨大的消费需求及其所引致的巨大的劳动需求。进一步分析可以看出，技术同时也在直接创造劳动需求：它直接带来流通、消费、服务等第三产业的繁荣与扩大就业，带来技术服务业（销售、修理、咨询等）的大发展和扩大就业，也带来与应用技术有关的智力产业——教育、科研——的发展和扩大就业。因此，从宏观以及从长期的角度看，技术进步对经济发展、就业、劳动需求都具有积极意义。

本章小结

在招聘中，人力资源需求又称为劳动需求，是招聘市场中一个重要的组成部分。本章首先分析了劳动需求的来源及特点，然后从微观和宏观两个层面对劳动需求进行了分析。从直接的角度看，劳动需求是由用人单位的雇用行为所引起的。但用人单位的雇用行为又有其原因，即用人单位看到社会对某种产品或劳务具有需求，就从事这种产品或劳务的生产并完成销售，以获得利润。因此，劳动需求是由社会消费所引起、派生出来的需求。劳动需求具有行业性、职业性等特点。从微观的角度看，企业从事生产都以利润最大化为目标，其必然结果就是要尽力节约成本，以获得其产出的最大效益。从宏观的角度看，一个社会的经济发展水平决定了其居民总体消费水平，这从根本上决定了所引致的劳动需求的总量。此外，不同的经济发展水平也与劳动需求的差别有关。

第2章基础知识测评

复习思考题

1. 什么是引致性需求？为什么说劳动需求是一种引致性需求？

2. 简述劳动需求的职业性特点。

3. 简述劳动需求的行业性特点。

4. 一般的劳动需求分为哪些层次？它们各有什么特点？

案例分析题

招募中层管理者的困难

最近几年，某机械公司在招募中层管理职位上总是不如意。该公司是制造销售较复杂机器的企业，目前重组成立了几个半自动制造部门。公司的高层管理者认为这些半自动制造部门的经理至少应该了解生产线和生产过程，因为这是许多管理决策的基础。公司本来一贯从内部选拔人才，但是提拔到中层管理职位的基层员工缺乏适应新职责的技能，他们的业绩还不如在基层工作时的表现。

所以，公司决定从外部招募，尤其是招聘那些企业管理专业的优秀毕业生。通过不断地参加高校的校园招聘会，不断地在各大中介机构发布招聘信息，公司收到了许多简历，得到了许多接受过良好训练的工商管理专业毕业生作为候选人。他们择优录用了一些，并先放在基层管理职位上，以便为今后的中层管理人员作储备。但是不到两年，这些人都离开了公司。

于是公司只好又采取以前的政策，从内部提拔，但又碰到了基层员工管理素质欠佳的问题。现在公司面临另一个问题：不到1年，几个重要职位的中层管理人员将要退休，他们的空缺急待称职的后继者。面对这一问题，公司想请咨询专家来出些主意。

资料来源　姚裕群. 就业市场与招聘［M］. 长沙：湖南师范大学出版社，2007：43.

讨论题：

如果你就是该公司聘请的咨询专家，你该如何给出建议？公司应该从内部招聘吗？还是招聘应届大学毕业生更好？

第2章案例分析提示

推荐阅读资料

1.诺伊，霍伦贝克，格哈特，等. 人力资源管理：赢得竞争优势［M］. 刘昕，柴茂昌，译. 9版. 北京：中国人民大学出版社，2018.

2.袁蔚，杨加陆，方青云. 人力资源管理教程［M］. 2版. 上海：复旦大学出版社，2018.

3.姚裕群. 人力资源开发与管理概论［M］. 北京：高等教育出版社，2015.

4.宋联可，杨东涛. 备战：部署人力资源战略规划［M］. 北京：机械工业出版社，2006.

网上资源

1.中国人力资源管理网，http：//www.rlzygl.com。

2.前途无忧网，http：//www.51job.com。

第3章 招聘与配置的外部环境

学习目标

✓了解市场配置资源方式及其优缺点；

✓了解人力资源供求格局的类型；

✓掌握人力资源供过于求的类型；

✓理解塑造招聘市场的法制环境的意义；

✓了解劳动法和劳动合同法的内容和规定范围；

✓了解招聘中介组织的分类；

✓掌握常见的招聘中介组织的工作内容。

引例

他为何闪电离职

小李是一名优秀的物流管理人才，有着多家大型快速消费品企业的物流管理工作经验，而且业绩突出，在业内享有盛名。

A公司是一家2017年10月注册成立的快速消费品生产和销售企业。由于产品独特，一投入市场，便有大批订单蜂拥而至。2018年入夏以来，随着业务量的激增，物流运转不够顺畅，物流成本不断增加，效率大打折扣，一些经销商的不满情绪渐增。在这种情况下，公司迫切需要一位优秀的物流管理人才。

此时，恰逢想换换工作环境和希望接受挑战的小李前来应聘，人力资源部经理久闻小李大名，见机会难得，直接上报总裁。总裁求贤若渴，亲自上阵面试，经过交谈发现小李的确是自己梦寐以求的物流管理人才，于是当场拍板，让小李次日上班，担任物流部经理。

人力资源部经理和总裁如释重负。但是，三个星期以后，二人都意外地收到了小李的辞呈。

经过多方面了解，人力资源部经理弄清了小李离职的原因：(1) 思想活跃、喜欢创新和挑战的小李与保守稳重的直接上级——生产副总——多次因意见不统一而发生冲突；(2) 小李在A公司物流部面对一群“素质不高”的同事，经常产生一种“曲高和寡”的孤独感；(3) 小李无法适应一个各项制度不健全、管理流程混乱的企业，认为在这样的企业，自己的能力无从施展。

小李的闪电离职令人深思。究其原因，根源在于A公司的招聘失误。对这一失误的集中概括就是：公司只是急于聘到优秀的人才，而没有考虑要聘合适的人才以及怎样去聘合适的人才。

1.从总体上说，失误在于一个“急”字

A公司急于聘到能人，导致招聘过于仓促，企业与拟聘人才双方缺乏深入了解。一碰到优秀的物流管理人才小李，人力资源部经理和总裁就犯了同一个错误：只看到小李的物流管理能力，而没有考察其能力在本公司到底能发挥多少作用。任何人能力的发挥都是需要条件的，A公司至少没有考虑到以下问题：小李习以为常的或者说小李能承受的工作环境和氛围本公司现在是否具备？小李能适应一个刚刚成立、尚在起步中的企业吗？从小李的角度来讲，他本来想换换工作环境和接受新的挑战，但对A公司的实际情况缺乏深入了解，也没有考虑自己能否适应。

2.招聘策略失误，人才与组织不匹配

这是造成小李闪电离职的最主要原因。A公司招聘策略上的失误集中反映在只关注人岗匹配，而没有考虑人与组织的匹配问题。人岗匹配固然重要，但是对于处于初创期的A公司来说，人与组织的匹配问题更重要。A公司不但没有在追求人与组织的高度匹配上下功夫，而且根本没有考虑这一问题。

小李离职事件给我们的最大启示就是：招聘的最大挑战不在于聘到人才，而在于聘到合适的人才，而且要合适地去招聘人才。

资料来源　刘红霞. 从员工离职看企业如何成功招聘［EB/OL］.［2018-12-21］. http://www.4oa.com/office/748/940/941/200712/156856.html.内容有改动。

那么，从本例来看，你能得到什么启发呢？成功招聘的标准是什么？如何才能实现成功招聘？需要考虑哪些因素？具体而言，既要讲究效率、重视质量，又要规划招聘流程，兼顾人力资源市场环境，以达到良好的招聘绩效。

3.1 市场配置大环境——招聘与配置的体制

3.1.1 三种资源配置

资源配置需要通过一定的途径来实现对资源的结合、配置。总的来看，资源配置的模式可以分为自然配置、行政配置（即计划经济）、市场配置三大类。我国改革开放后，选择的是市场配置的模式。

1.资源的自然配置

在“自给自足”的自然经济条件下，资源的配置往往是很简单、很自然的事。人到了一个具有自然资源的地方，就在那里居住、生产、生活，就在那里渔猎、耕种，赖以为生。在典型的自然经济——小农经济——条件下，劳动者在属于自己的土地上进行耕作，春种秋收，劳动成果的大部分用于自身消费，少量用来交换其他生活必需品。农民们生儿育女，其后代仍然在自己的土地上耕作，世代沿袭，不改变既定的人力资源与土地资源的配置关系。在一般意义上，不需要“外部”（即非资源本身）的力量实现资源配置和改变资源配置。

2. 资源的行政配置

资源的行政配置，即一定的管理者对自己所管辖的资源直接进行配置。“行政”一词的含义是执行命令、对下指挥和管理。因此，资源的行政配置，从管理模式的角度看，是一种“命令”经济，是一种管制（统治）经济。生产要素中的主体要素——人力资源，则处于一种被动的、被他人配置的地位，自身的主体能动性、选择性、差异性等被忽视或漠视。这时的配置主体是行政管理部门（政府的计划部门、劳动部门和人事部门），各个生产单位则没有独立选择与配置各项资源的权力。行政管理部门对全社会的人力资源、自然资源、资本资源进行统计、预测、规划，将这些资源分配到各个部门、行业，而用人单位的实际人力资源需求变动，显然是难于被政府及时了解和迅速调节的。

但是，在特殊条件下，例如战争、大灾荒，实行资源的行政配置是有一定必要性的。在经济本身出现巨大问题时，也可以采取一定的行政配置方式，通过政府的强制性干预缓解经济生活中的矛盾。实际上，凯恩斯的理论和罗斯福的新政都具有一定的行政配置色彩。在集中物力、资金和劳动力进行大规模经济建设的现代化起步期，进行行政配置也会起到相当积极的作用，例如我国的“一五计划”、2008年后我国应对全球金融危机的举措。

总之，资源的行政配置方式虽然可能在总体上、宏观上大体合理地完成人力资源配置（注意，这里所说的是“可能”，而不是“必然”），但难以合乎用人单位和个人在人力资源配置方面的自身状况与要求，难以适应客观经济条件的变化。在行政配置的情况下，劳动要素推动生产的动力也必然受到抑制，因此要素结合后不能产生应有的经济效果，甚至造成浪费。就用人单位而言，上层机构的盲目决策和中下层组织系统不科学的强制执行，也会导致资源错配的结果。

3. 资源的市场配置

资源的市场配置，是指需要配置的资源通过市场途径而实现结合、配置。这意味着存在资源供给、需求双方见面的场所，需求者从供给者手中受让资源时要用货币衡量和交换，让渡的价格以资源本身的价值为基础、由市场上该项资源的供求数量关系决定。

人力资源的市场配置，是以劳动力自身的生产成本（人力投资）及用人单位对该项资源未来的劳动产出预期为基础、由企业与求职者供求关系决定的工资为条件，通过供求双方的自由选择而完成的。这里忽略个人求职的非经济考虑因素。

3.1.2 市场化人力资源配置分析

1. 市场化人力资源配置的优点

市场经济，是比自然经济、计划经济先进的体制，它有利于经济运行，并对资源本身的生产起到信号作用（人们要按照市场需求及发展趋势进行人力投资），而且有利于资源配置后的使用，达到较大的经济效益。

从“实现配置”的角度看，人力资源市场配置中的供方是劳动岗位上的主体即劳动者，需方是将人、财、物三要素配置齐全，组织其进行生产的决策者，双方互相进行自由选择，能够使资源按照自身的条件被送到社会需要它的劳动岗位。这就是人力资源市场存在的意义与必然性。

进一步看，当社会经济条件发生变化时，也就是企业对人力资源的需求和个人对人力资源的供给发生变化时，市场经济体制能够顺利、快速地完成人力资源的再配置；有时人才市场、劳动力市场还能作为人力资源供给的“蓄水池”。企业与个人两个主体共同实现配置的方式，显然在初次就业和就业后的流动上都优于自然经济和计划经济体制。

2.市场化人力资源配置的缺陷

市场经济体制也存在一定缺陷，就人力资源市场而言，其缺陷是：

其一，它在供求的结合上不可能尽善尽美，供或求的信息不可能让对方全面了解，导致信息不对称。市场配置中双方都有一定的比较选择时间，这样，摩擦性失业就不可避免，而且数量可能较大。

其二，市场经济体制从理论上来说是给各个供方或需方以充分的选择权利，但是，人力资源供方个体之间存在差异性，年龄有老有小、性别有男有女、学历有高有低、技能有强有弱，这样，一部分就业条件差的人就很难被需方吸收。在这里，市场经济天生向效率倾斜而不向平等倾斜，也就是说“效率”的取得要以“平等”的部分丧失为代价。这样，在人力资源的配置上，就出现了为取得经济效益而影响以至损害社会效益的可能性。

其三，在市场经济体制下，用人单位对资源配置的考虑会毫不留情地把过剩劳动力暴露出来，并将其推向社会，形成失业大军，这除了会造成社会问题、影响社会效益外，也在一定意义上意味着对人力资源的浪费。

3.我国人力资源市场体制的塑造

全面确立社会主义市场经济体制是我国当前的重要任务，在人力资源市场方面我们需要塑造的体制是：

（1）建立人力资源市场运行规则。

政府要制定市场运行的制度框架和规则，规定每个行为主体的权利和义务，确定行为主体的“可为”与“不可为”。我国的有关制度规定，人才交流中心是非营利机构，但现在的人才机构、人才服务中心等组织都是营利性的。应该怎么样来确定人才交流中心和猎头公司的界限，怎么确定市场规则，这些都是需要解决的问题。

要建立市场运行制度，首先要确定提供市场服务的中介机构，要解决的是谁有资格进入人才中介服务市场。应当指出，有限制的市场准入可能会产生“寻租”行为，如果只允许少量人才市场服务机构存在，就意味着公章本身就能卖钱，而完全自由的市场准入又可能由于监管不力而产生市场混乱的现象，因此要考虑两方面的平衡。同时，市场准入的条件必须要透明。

（2）对人力资源市场进行监管。

市场监管包括维护市场规则、确定人才个体与用人单位的权利、维持公共机构与私人机构的平衡、区别中介机构与信息机构、监督政府本身等多方面的内容。

为了有效地进行市场监管，做好信息披露工作非常重要。政府本身也是重要的信息（包括职业市场的信息、政府的政策信息等）提供者，也应该为人才市场的信息建设做出应有的贡献。政府应该适时披露人才市场的信息，以改善现有人才市场存在的信息不足问题。同时，公立人才市场与劳动力市场机构必须拥有相当大数量的信息，在竞争中维持优势状态，这样才能保证总体人力资源信息披露的真实性。

（3）政府直接介入人力资源市场。

“人”是一种特殊的市场要素，从帮助人、保护人和为人服务的角度出发，政府应当在一定程度上介入人力资源市场。按照国际惯例，政府应当为低层蓝领劳动者办理免费的职业介绍所。目前，我国有大量公立的人才市场服务机构和职业介绍机构。努力提高从业人员的素质、搞好设施建设，是人力资源市场更好地发挥作用的重要保障。

另外，特殊群体的就业问题也往往需要政府直接介入，例如对残疾人的就业安置。残疾人就业在世界范围内都是按照比例进行安置的，我国目前也是如此，即一个企业有多大的规模就必须招聘多大比例数量的残疾人，不招收者就需要交纳一定的费用，政府将这些钱再用于残疾人福利等，从而解决残疾人就业和生活的基本保障问题。

3.2 社会人力资源供求关系——招聘与配置的格局

决定人力资源配置的基本因素，是人力资源供给状况和社会的需求状况。二者的数量比例关系，是社会就业的最基本成因。

3.2.1 供求关系类型

人力资源供求关系，即劳动供给与需求关系，可以分为供过于求、供不应求、供求平衡3种基本类型。

1.供过于求类型

供过于求类型，即人力资源的供给数量大于社会对它的需求数量。这种类型表现为一个社会的就业不足，存在相当数量的失业人员或求业人员，是对社会人力资源的闲置浪费。这种现象在发展中国家较为常见。人力资源供过于求，可能是由于资本缺乏、物质资源的供给数量不足，可能是由于人口和人力资源数量过多、增加过快，可能是由于生产停滞或者产能下降，也可能是由于技术进步、资本集约而排斥已经吸纳了的人力资源。总之，造成人力资源供过于求现象的原因是复杂的，解决方法也应该是多方面的。此外，它还隐性地存在于“在职失业”“停滞性失业”

“潜在失业”等状态下。

2.供不应求类型

供不应求类型，即人力资源供给的数量小于社会对它的需求数量。这种类型表现为一个国家或地区缺乏劳动力，结果是影响其正常的经济活动，使经济增长受到一定限制。这种现象在发达国家比较常见。人力资源的供不应求，通常产生于生产持续发展、经济持续增长的情况下。当生产大幅度发展，而人口、人力资源的增加速度比较慢时，就可能出现人力资源供不应求的现象。需要注意的是，当某个地区、部门感到人力资源供给趋紧时，即社会的人力资源供给增加量赶不上对人力资源需求的增加量时，应该分析这种扩大的人力资源需求是否能通过各生产单位产出率的提高，或者“物”对“人”的替代，即提高资本-劳动的比例和采取自动化技术，来满足其中的一部分乃至全部，这也是现代企业发展的一个大的趋势。

3.供求平衡类型

供求平衡类型，即人力资源供给与社会对人力资源的需求达到基本一致的状态。这种平衡应当包括数量、质量、职业类别等方面的内容。人力资源供求平衡，除了宏观上的平衡，还要在结构上、微观上达到平衡。

一个社会人力资源的供求关系，又表现为这个社会人力资源与物质资源两种资源供给的数量、质量、种类等方面的关系。这样，人力资源供求平衡与否，就表现为“人”的供给与“物”的供给是否平衡。在人力资源数量较少的条件下，如果物质资源数量相应也少，也可能达到平衡；如果物质资源数量较多，必然使人力资源供不应求。

从理论上说，一个国家或一个地区人力资源供求平衡的标志是：一方面，人力资源的供给能够被社会全部吸收；另一方面，社会对人力资源的需求又能全部得到满足。但是，在现实生活中，这种理想状态是罕见的。比较现实的目标是，达到人力资源供求的基本平衡。人力资源供求基本平衡的标志是：要求就业的人绝大部分都能够得到就业岗位，不存在长期的大量的求业人口；同时，不存在长期大量缺乏人力资源的部门、行业。少量人力资源处于短期失业状态，是经济正常运行条件下不可避免的，这种现象的存在不能认为是对供求平衡状态的打破，而是供求实现平衡过程中所要付出的代价。

人力资源的供求平衡是一个动态的概念，必须在国民经济的发展运动过程中加以把握。要取得未来人力资源供求的平衡，除了把握人力资源、物质资源以及社会生产总量的变动之外，还应该考虑二者比例方面的变动。

3.2.2 人力资源总量过剩分析

1.人力资源总量过剩的概念

人力资源数量过剩分为总量过剩和结构过剩两种，这里重点分析总量过剩。总量过剩是人力资源供给数量的总额大于需求数量的总额，这是一般意义上的人力资源供过于求。人力资源总量过剩，没有足够的岗位将其吸纳，必然造成一部分人力资源不能利用，形成失业问题。即使把他们强行配置到劳动岗位上，也会因劳动需求不足而使人员充斥，形成“在职失业”。

人力资源总量过剩是许多国家落后的主要原因之一。逐步转化和减少过剩的人力资源，也是落后国家经济得以迅速成长的关键。因此，发展经济学也就把这一问题作为主要课题。我国的下岗职工是实际上已经被用人单位排出，但仍维持劳动关系的过剩人力资源。

2.人力资源总量过剩的形态

在人力资源总量过剩的情况下，不同的资源个体因其自身条件和所处的环境不同而形成下列不同的状态：

（1）被社会劳动需求所吸收的正常就业状态。

（2）从就业岗位上被排挤、辞退的人员或从学校毕业后尚未找到职业的青年。他们是显性的公开性失业。

（3）一部分人处于开工不足、半日工作等状态，成为“半失业”人员。这被经济学家称为“不充分就业”（underemployment）。

（4）社会劳动需求不充分，但仍将人力资源硬性吸收进工作单位就业，或者原正常的就业者在劳动需求数量下降时未退出。这形成人力资源在岗位上工作任务少、效率低的“潜在性失业”或“在职失业”。

（5）农民、小生产者、小零售商等在经济水平落后、经济状况不景气、就业严重困难的情况下，难以进入市场与他人竞争，只能固守在自己现有的劳动岗位上，从事工资极低的劳动。这是“隐蔽性失业”。当社会经济非常景气、人力资源需求旺盛时，他们就可能成为一支庞大的人力资源供给大军。因此，这种隐蔽性失业就成为经济波动和经济发展的“劳动力蓄水池”。尤其是农村，其储存过剩人力资源的容量很大，甚至被称为“大海绵”。

3.3 中介机构——招聘与配置的操作者

在现代社会，随着经济的发展，人们面临越来越多的选择。在就业市场上，招聘方和求职方面临的选择也日渐多元化、复杂化。招聘方面临成千上万的求职者，求职者也面对各式各样的公司，如何最迅速、最有效地进行人职匹配不仅仅是招聘方的渴望，也是求职者的需要。在市场经济下，有需求就有供应，因此招聘中介也就应运而生，它们承担着沟通招聘方和应聘方的社会职责。

3.3.1 招聘中介概况

随着经济的发展和社会事务的增多，各种中介组织从无到有，发展迅速。中介组织，就是要为社会经济活动牵线搭桥，疏通关节，排除障碍，使之顺利进行，就是将供需双方的信息与选择行为集中起来。

在我国，职业中介形式众多，主要包括以下几种：

第一，各级、各地的政府人力资源和社会保障部门举办的职业介绍机构；

第二，各级、各地的政府人力资源和社会保障部门举办的人才交流中心；

第三，一些行业、部门劳动人事系统举办的技工交流、人才交流机构；

第四，社会团体（主要有工会、妇联、共青团等）举办的职业介绍所、人才交流中心；

第五，民办、私立职业介绍所；

第六，各大中专院校、职业高中的毕业分配和就业指导机构、学生处等；

第七，各家报刊上的招聘、择员广告和人才、劳动力自我推荐及供给信息；

第八，电视台、电台的“人才红娘”“职业供求”节目；

第九，各种人才招聘、职业介绍大会；

第十，网上求职，“就业信息台”“人才竞价拍卖”等电话服务。

就业招聘的中介五花八门，不胜枚举。这些“红娘”的出现，归根结底是社会需要：一方面，众多的企业、事业单位渴求人才、需要劳动力来发展自己的业务；另一方面，大批人才、劳动者需要求职，渴求得到合适的岗位。

3.3.2 招聘中介的主要职责

一般说来，招聘中介的主要职责包括职业介绍和就业培训，后来又发展了职业指导等内容。公立的职业介绍中介还具有发放职业救济、支持生产自救以及职业资格管理等其他就业服务功能。

1.职业介绍

职业介绍是各种招聘中介的最基本的职能。它包括发布职业需求信息、介绍用人单位和岗位、提供职业咨询及建议、测定职业能力及性向等。在我国，人力资源和社会保障部门设立职业介绍所、技工交流中心、劳务市场、人才交流中心、人才市场等机构。这些机构设立“门市”网点，提供就业方面的各种服务，为求职人员、转业人员寻找工作牵线搭桥，并开展各种人力资源供需见面活动（如大型招聘会）。各种非官办的职业介绍中介也起着重要的作用，它们占据了招聘市场中高收益的部分，弥补政府公共职责的不足，它们的形式主要有猎头公司、劳务派遣公司、网络招聘平台等。

2.就业培训

开展就业培训是各国解决失业问题通行的做法。我国实行“先培训后就业”的政策，并在全国推行劳动预备制度。求职者只有通过就业培训和其他专业或职业训练，才具备就业资格。

为了开展就业培训，政府劳动就业机构在各地设立就业培训中心，开办短期技能训练，帮助普通中学毕业生获得就业技能与就业资格，并开展对于离业人员的转业培训，以及为社会失业人员和企业富余、下岗职工提高就业能力服务。

3.3.3 公立就业促进机构

依据《中华人民共和国就业促进法》，国家有义务实现充分就业的目标，因此国家也设立了种种就业促进机构来实现这个目标。公立就业促进机构种类繁多，本书仅对职业介绍所和人才交流市场进行介绍。

1.职业介绍所

在各种职业中介之中，最重要、最常见的就是职业介绍所或职业介绍中心。这里具体阐述职业介绍所的具体任务是什么，它是如何为人们服务的，从而使我们了解在求职时如何利用这条途径。

按照我国的规定，公立职业介绍所的工作职能包括以下9项：

（1）对求职人员进行求职登记，对用人单位进行用工调查和登记；

（2）为用人单位提供劳动力资源信息，推荐合格的劳动者，介绍临时性劳务人员，并对单位用工进行指导或提供咨询服务；

（3）为城镇求职人员提供用工信息、就业指导咨询和介绍用工单位；

（4）为进城务工的农村劳动力提供用工信息，介绍用工单位；

（5）为城镇居民介绍家庭服务人员；

（6）为从事职业教育和就业训练的单位提供职业需求信息，推荐需要培训的人员；

（7）向有关决策部门提供劳动力资源和用工需求的信息及趋势预测，为制定就业规划和有关政策提供依据；

（8）在劳动力供求双方经过相互选择自愿达成协议后，指导他们按照国家有关政策和规定签订劳动合同；

（9）承办劳动部门赋予的其他工作。

从上述工作内容可以看出，公立职业介绍所的确是一条功能全面、作用强大的入职途径，个人可以从其中广求信息、反复比较，从而选择一个满意的职业岗位。

2.人才交流市场

我国各级人力资源和社会保障部门设立了人才交流中心或人才市场。这是面向高素质人力资源的职业介绍机构。其主要职能与工作内容为：

（1）为具有国家正规学历的大中专院校毕业生，或国家承认其学历的“五大”毕业生（即职工大学、业余大学、广播电视大学等）提供与用人单位商洽、双方相互选择的机会和服务；

（2）为各类科技人员和其他干部职属的人员流动提供服务；

（3）为各类科技人员业余兼职、从事第二职业提供服务；

（4）为离退休干部发挥余热提供服务；

（5）为干部职属的流动人员保存人事档案；

（6）为在人才交流中心存档的人才评定职称；

（7）组织在人才交流中心存档的人才参加国家职业资格考试；

(8) 为在人才交流中心存档的人才办理出国、出境的手续出具相关证明;

(9) 对干部职属的科技人员在流动中发生的争议问题，依照国家有关规定进行调解;

(10) 开展跨地区的人才交流等。

3.3.4 非公立招聘中介

非公立招聘中介名目繁多，对应着社会上各种不同的需求，除各种非公立的职业介绍所、人才市场外，主要的形式有猎头公司、劳务派遣公司、网络招聘平台等。

1.猎头公司

猎头公司主要为各大公司招聘高级管理人员服务。其一般掌握着众多重要的、有能力的高级管理人员的信息，同时也掌握着一定的各大公司对高层管理人员的需求信息。通过它的撮合，高级管理人员在各个公司高层间实现合理、有序流动。

专业化猎头公司一般为有实力的企业寻猎顶级人才，为优秀企业推荐年薪达几十万甚至上百万的总裁、总经理、高级总监等人才，而不从事低端或一般职员的招聘中介工作。它们的活动一般能够优化重组企业环境，使优质的人力资源流向优质的企业，加速淘汰劣质企业，促进优质企业发展。此外，它们也发掘、培训顶级人才：发掘未被重用的顶级人才，为其提供发展空间，实现其价值；培训指导潜力巨大的未来顶级人才，协助他们规划职业生涯。

2.劳务派遣公司

劳务派遣公司是近年社会经济专业化发展的结果，其服务对象主要为中低层次的人才。劳务派遣在我国发展相当迅速，它使员工的使用单位和主管单位分离，“用人不管人、管人不用人”，员工与劳务派遣公司建立契约关系，劳务派遣公司根据契约派出各类符合条件的员工为用工单位服务，劳务派遣公司收取派遣费用。

劳务派遣公司的主要职责有：

(1) 根据用人单位的要求，办理人员招聘，包括安排面试、体检、报到;

(2) 劳动合同管理;

(3) 办理档案存放、转递，档案材料收集、归档等相关手续;

(4) 代发工资，代扣代缴个人所得税;

(5) 办理社会保险和住房公积金存储业务;

(6) 为用人单位使用的外地务工人员办理进驻本地务工手续;

(7) 负责对员工人事材料的建档、调档，办理政审，出具各类人事(公证)证明，挂靠集体户口，接转党组织关系;

(8) 协助用人单位调解和处理劳动争议;

(9) 协助用人单位处理工伤、死亡事故;

(10) 为用人单位提供国家和本地最新颁布的劳动政策、法规文件。

3. 网络招聘平台

网络招聘平台的服务对象是多元化的，既有高级管理人员的招聘信息，也有低层次的文秘、档案管理等工作信息。其特点是充分利用网络成本低、信息发布快、浏览人员广泛的优点。网络招聘目前伴随着网络技术的发展已经成为最重要的招聘形式之一。艾瑞咨询集团发布的《2017年中国网络招聘行业半年度报告》显示，2016年中国网络招聘行业雇主规模达到428.2万家，比上年增长29.1%，求职者规模达到14 449.5万人，比上年增长12.1%。由于求职者体量已经非常庞大，因此增速逐步放缓，2019年预计突破1.9亿人。2017年上半年，中国网络招聘市场规模达27.1亿元，同比增长18.9%。受经济环境影响，网络招聘行业竞争加剧，网络招聘企业不断提升自身的产品和服务价值，开始向国际化、专业化转型。另根据腾讯网的调查数据，网络招聘是我国位居第一的招聘方式，通过招聘网站和亲朋介绍是用户找到现有工作的最有效方式。

在网络招聘领域，前程无忧、智联招聘、中华英才三大招聘网站过去一直占据着大半壁江山，不过在互联网大环境下，传统招聘模式覆盖率低、效率差、成本高的弊端逐渐显现。针对这些弊端，各类互联网招聘市场的新玩家不断从各个细分领域切入，比如主打内推的内推网、主打沟通的BOSS直聘等，都在蚕食传统招聘网站的市场份额。还有一些类似58同城、赶集网之类的综合性网站也有专门的招聘服务栏目。

随着社交网络全面渗透我们的生活，企业招聘的方式也发生了很大改变，除了招聘网站，微信和垂直社群也成为企业招聘的有效方式。①

3.4 人力资源守护神——招聘与配置的法律

经济与社会生活的稳定发展，离不开完善的法制体系的支撑。就业市场有序、稳定的运行也离不开法律的保护。就目前中国的法律来看，涉及就业的法律主要有《中华人民共和国劳动法》（以下简称《劳动法》）和《中华人民共和国就业促进法》（以下简称《就业促进法》）。这两部法律也构成了中国招聘市场法制环境的基石。其他的与招聘市场有关的法律还有《中华人民共和国劳动合同法》（以下简称《劳动合同法》）、《中华人民共和国妇女权益保障法》、《中华人民共和国残疾人保障法》、《中华人民共和国职业教育法》等。

3.4.1 劳动者的权利与义务

劳动法是指调整劳动关系以及与劳动关系有密切联系的其他社会关系的法律规范的总和，它与其他法律不同的地方主要有侧重保护劳动者的权利、契约自由两

① 宗旭. 在线招聘行业大洗牌在即?前程无忧8亿投资，智联招聘退市“回国”［EB/OL］.［2019-01-08］. http: //www.nbd.com.cn/articles/2017-09-29/1151640.html.

条。我国《劳动法》是1994年颁布的，并分别于2009年8月、2018年12月经全国人民代表大会常务委员会修订。

1.劳动者的权利

我国《劳动法》规定的劳动者的基本权利主要包含以下内容：

（1）平等就业和择业权。这项权利是公民劳动权的首要条件和基本条件，是劳动者最重要的权利。它为每一个劳动者创造了就业的机会，提供了公平的就业环境。

（2）劳动报酬权。劳动者作为劳动主体从事劳动，为社会创造财富，有权享受它带来的成果。

（3）休息、休假权。

（4）获得安全卫生保护权。

（5）接受职业技能培训的权利。

（6）享受社会保险和福利权。

（7）提请劳动争议处理权。

（8）法律规定的其他权利。

《劳动法》规定的上述基本权利构成了就业市场良性运转的法律基石。任何用人单位都必须保障《劳动法》中规定的劳动者的权利，任何用人单位在劳动力市场上招聘员工时都必然要知晓劳动者拥有的这些权利。

2.劳动者的义务

劳动者在享受权利的同时也必须承担相应的义务。《劳动法》规定的劳动者的义务主要有：

（1）完成劳动任务。完成劳动任务是劳动者享受劳动权利的先决条件。

（2）提高职业技能。劳动者有责任接受劳动技能培训。

（3）执行劳动安全卫生规定。

（4）遵守劳动纪律和职业道德。

劳动者在享受权利的同时也必须履行相应的义务。如果劳动者没有履行这些义务，用人单位也有权利依法解除劳动合约。

我国《劳动法》规定的劳动者的权利和义务，在大量具体的劳动法律、法规、制度中得到体现和丰富，成为企事业、机关单位招聘与用人的法律依据。

3.4.2 劳动合同法

《劳动合同法》于2007年6月29日通过，自2008年1月1日起施行。

《劳动合同法》主要包括：第一章，总则；第二章，劳动合同的订立；第三章，劳动合同的履行和变更；第四章，劳动合同的解除和终止；第五章，特别规定；第六章，监督检查；第七章，法律责任；第八章，附则。《劳动合同法》重点解决了劳动合同有关各方面的法律疑问，包括劳动合同的订立、履行、解除、监督、法律责任等方面。

在《劳动合同法》颁布之后，针对实施中的多方面问题，有关部门进行研究，进一步出台了实施细则。2008年9月，《中华人民共和国劳动合同法实施条例》经国务院第25次常务会议通过，并自公布之日起施行。该条例对《劳动合同法》中的一些条款细节做出了进一步和更加详细的规定。

2012年12月28日，第十一届全国人民代表大会常务委员会第三十次会议通过《关于修改〈中华人民共和国劳动合同法〉的决定》，自2013年7月1日起施行。本次修订增加了劳务派遣等内容。

3.4.3 就业促进法

在《劳动法》中有条款明确规定政府具有促进就业的职责，《就业促进法》则是为促进就业、促进经济发展与扩大就业相协调、促进社会和谐稳定而制定的。具体来说，《就业促进法》主要是针对政府的职责做法律上的强制规定，其主要内容是规范政府的行为，界定政府的权利和义务。

《就业促进法》的主要内容包括：

1.促进就业的原则和机制

坚持经济发展同扩大就业良性互动，实现社会和谐稳定。国家把扩大就业放在经济社会发展的突出位置，实施积极的就业政策，坚持劳动者自主择业、市场调节就业、政府促进就业的方针，多渠道扩大就业，逐步实现社会就业比较充分的目标。对各级人民政府和有关部门应当建立促进就业的目标责任制度以及对考核、监督等做出具体规定，并对政府接受人大监督做出规定。

2.建立政策支持体系

国家实行有利于促进就业的产业政策、经贸政策、投资政策、财政和税收政策、信贷政策等。国家实行统筹城乡和区域的就业政策，逐步建立城乡劳动者平等就业的制度，促进和引导农村劳动者有序转移就业，鼓励区域协作。

3.规范市场秩序

县级以上人民政府应当培育和完善统一、开放、竞争、有序的人才和劳动力市场，规范市场秩序，创造公平的就业环境，促进劳动者通过市场实现就业。用人单位招用人员、职业中介机构从事职业中介活动不得因民族、种族、性别、宗教信仰、年龄、身体残疾等因素歧视劳动者，农村劳动者进城就业享有与城镇劳动者平等的劳动权利。

4.鼓励开展职业教育

国家依法发展职业教育，鼓励开展职业培训；鼓励和支持各类职业院校、职业技能培训机构和用人单位依法开展就业前培训、在职职业技能培训、继续教育培训和再就业培训；逐步推行劳动预备制度，对未能继续升学的初高中毕业生实行一定期限的职业培训。

5.促进就业服务和就业援助工作

县级以上人民政府应当完善公共就业服务制度，建立健全公共就业服务体系，提高公共就业服务的质量和效率；各级人民政府应当建立健全就业与再就业援助制度，将就业援助与解决就业困难人员的生产生活结合起来；县级以上地方人民政府应当加强基层就业援助服务工作，对就业困难人员实施重点帮助，提供有针对性的就业服务和公益性岗位援助。

6.其他内容

《就业促进法》明确地规定政府在招聘市场中的地位和作用，这对招聘市场的规范运行将产生积极的、深远的影响。

本章小结

无论何种组织，招聘时都需要考虑招聘的环境。本章着重从宏观到微观阐述了招聘的环境，依次包括招聘的体制环境、法制环境、市场格局、招聘中介以及招聘单位和雇员。人力资源的市场配置是以劳动要素生产成本（人力投资）以及企业对其劳动产出的预期为基础，以劳动要素供求关系决定的工资为条件，通过供求双方的自由选择而完成的。市场经济是比自然经济、计划经济先进的体制，它有利于经济运行，并对资源本身的生产起到信号作用（人们要按照市场需求及发展趋势进行人力投资），而且有利于资源配置后的使用，以达到较大的经济效益。但其在供求的结合上还不可能尽善尽美。

第3章基础知识测评

复习思考题

1.阐述3种配置资源的方式。

2.人力资源供求关系的类型有哪些？不同类型的供求关系对组织的招聘各有哪些影响？

3.常见的招聘中介组织有哪些？不同的中介组织各有哪些特点？

4.简述《劳动法》规定的劳动者的权利和义务。

5.简述《劳动合同法》主要规定的范围。

案例分析题

安南的“全球协议”

联合国为了应对全球化中出现的有关人权、劳工标准和环境保护等方面的问题，1999年1月在瑞士达沃斯举办了世界经济论坛，在论坛上时任联合国秘书长科菲·安南提出了一项计划，该计划被称作“全球协议”（Global Compact）。“全球协议”要求各公司在各自具有影响的范围内，遵守、支持和施行一套在人权、劳工标准及环境方面的基本原则。这些原则共分为3个方面、9个条款。

第一，人权方面：

第一款，企业应该尊重和维护国际公认的各项人权。

第二款，企业绝不参与任何漠视与践踏人权的行为。

第二，劳工标准方面：

第三款，企业应该维护结社自由，承认劳资集体谈判的权利。

第四款，企业彻底消除各种形式的强制劳动。

第五款，企业禁止使用童工。

第六款，企业杜绝任何在就业和职业方面的歧视行为。

第三，环境方面：

第七款，企业应对环境挑战未雨绸缪。

第八款，企业应主动增加对环保所承担的责任。

第九款，企业鼓励无害环境技术的发展与推广。

对于以上述9项基本原则为主的“全球协议”，安南说了这样令人深思的话：“我提议汇集在达沃斯的工商界领袖们，与联合国一道就公认的价值和原则达成全球协议，给世界市场以人道的面貌。”“让我们联合起市场力量和环球理念的威力，连接起私营企业的创造力和弱势人群的需求，以及我们人类未来的要求吧。”

资料来源 姚裕群. 就业市场与招聘［M］. 长沙：湖南师范大学出版社，2007：83.

讨论题：

（1）“全球协议”给了你什么启迪？用人单位在进行招聘时应当遵守哪些国际劳工标准和我国的法律？

（2）你如何看待我国出现的“民工潮”和“民工荒”问题？

（3）如果你是某公司的总裁或者人力资源总监，你如何看待上述“全球协议”？应当如何思考你公司的人力资源管理工作？

第3章案例分析提示

推荐阅读资料

1.孙宗虎，刘娜. 招聘、面试与录用管理实务手册［M］. 4版. 北京：人民邮电出版社，2017.

2.安淑珍，郭英杰，张倜. 劳动法与社会保障法［M］. 北京：经济科学出版社，2011.

3.曾湘泉，等. 劳动力市场中介与就业促进［M］. 北京：中国人民大学出版社，2008.

4.德鲁克．21世纪的管理挑战［M］．朱雁斌，译．北京：机械工业出版社，2009.

5.姚裕群．走向市场的中国就业［M］．北京：中国人民大学出版社，2006.

6.袁方，姚裕群．劳动社会学［M］．2版．北京：中国劳动社会保障出版社，2004.

7.袁伦渠．劳动经济学［M］．5版．大连：东北财经大学出版社，2017.

网上资源

1.中国人力资源市场网，http：//www.chrm.gov.cn。

2.中国人才就业网，http：//www.zgrcjyw.com。

3.艾瑞网，http：//www.iresearch.cn。

第2篇　员工招聘

第4章 人力资源规划与招聘策划

学习目标

- ✓理解人力资源规划的概念；
- ✓掌握人力资源规划的程序；
- ✓掌握岗位设置的原则与岗位设置表的编制；
- ✓了解岗位分析的基本作用；
- ✓掌握招聘策划的内容。

引例 **麦肯锡公司人才战略的调整**

全球著名的咨询业领军公司麦肯锡的发展，并不是一帆风顺的，它在漫长的发展历史中，不但遭到经济衰退危机的威胁，还面对强大对手的竞争压力。如20世纪70年代初的石油危机导致欧美各国经济衰退，麦肯锡的业务量骤减，公司对客户的管理越来越复杂化，而波士顿咨询公司等新的竞争对手又不断从其锁定的细分市场中争夺麦肯锡的顾客，等等。但是，麦肯锡通过良好的人才战略机制，培养公司的核心竞争力，力挽狂澜，始终立于不败之地。

那么，面对压力和挑战，麦肯锡又是如何应对的呢？

面对恶劣的市场环境，麦肯锡的高层领导认识到：要扭转局面，不能消极地寄希望于经济复苏，而要主动出击，摆脱不利局面。因此，公司组织了最优秀的专家小组研究当时的宏观经济问题及公司出路。

1971年4月，小组做出一份分析报告。报告指出：第一，前一阶段公司在地域上扩张过快，并增加了新的业务领域，这使得业务水平下降，后劲不足。第二，公司的专业人员结构不合理，大都只是“通才”，在解决一些专业领域问题时缺乏专业知识，无法深入、全面、有针对性地提供方案。第三，强劲的竞争对手波士顿咨询公司致力于成为咨询行业的“思想领袖”，开发了一些非常有效的咨询分析工具，如著名的经验曲线、波士顿矩阵等，大大提高了波士顿公司的声誉，使其在竞争中占据上风。基于此问题与格局，麦肯锡原有的经营模式迫切需要改变。

针对上述种种问题，麦肯锡调整了人才战略，进行了几项重要的改革。首先对分支机构进行改革，对事业部门按行业分类，强化其对专业背景的分析；同时公司重视管理职能型专家，在每个领域组成专家团队，任命该领域有声望的专家担任负责人；在人才储备上，公司着手吸引一些具有特定行业背景知识的专才型人才，和通才型人才一起，组成公司的“T”型人才结构。

正如麦肯锡在自己的使命声明中所列明的，麦肯锡的目标之一是“建立一个能够吸引、培养、激发、激励和保持杰出人才的企业”。麦肯锡招募的是全世界最优秀的人才。70%来自具有MBA学历的人选，30%来自具有高级专业职位（如法学博士、医学博士等）的人选。麦肯锡对初选人员要经过6轮面试，在面试中通过商业案例来考查其实际分析和解决问题的能力和素质。所以，一般局限于象牙塔中、没有实际经验的人获选的机会是不大的。

除了专业知识和技能以外，麦肯锡更注重一个人在下面5个方面的素质：

一是具有分析思考能力的同时还要有商业判断能力。案例是麦肯锡在面试时进行挑选的武器，面试官还会提出一些经典而古怪的问题，如“美国有多少加油站?”“为什么下水道的盖子是圆的?”面试官看重的是应聘者在面对问题时有没有好的思路与方法，是否具有很强的分析和解决问题的能力。

二是具有领悟能力。因为麦肯锡的客户大多是CEO，他们有多年的行业经历，所以麦肯锡的员工在和CEO谈话的时候，要很快理解对方的意思，明白真正困扰他的问题是什么，这就要求员工具有很强的领悟能力、沟通能力。

三是具有学习能力。麦肯锡的员工经常要面对不同行业的企业，要能迅速掌握企业资料和行业信息，在繁杂的资料中找到关键的信息，因此要具备学习能力。

四是具有肯吃苦的精神。尽管做哪个行业都要吃得苦中苦，但对咨询业来讲更是如此。这个行业是以青春为代价的，麦肯锡里很少能见到50岁人的身影。一方面，年龄的增长往往使员工很难适应咨询顾问的生活；另一方面，公司需要给更年轻的员工提供上升的空间和施展才华的舞台。因此，麦肯锡招募的大多是有激情、肯吃苦的年轻人。

五是具有团队精神。麦肯锡是以项目小组的形式为客户服务的，因此小组内成员必须具有团队精神，团结一致、通力合作，才能使团队作用得以发挥。此外，麦肯锡有自己的知识管理系统，任何一位咨询人员都可向其全球各地的同事寻求帮助。

麦肯锡调整人才战略，并将其落实到选才标准和人才招聘上，使其适应企业战略，从而保证了麦肯锡的持续发展、壮大。

资料来源　郭正斌，宋词．特殊公司的特殊资源［M］//姚裕群，文跃然．人力资源管理教学案例精选.上海：复旦大学出版社，2009.

麦肯锡逆经济危机之势，及时调整人才战略，按照企业经营战略规划的要求把优秀、合适的人招进企业，把合适的人放在合适的岗位上，这充分体现了人力资源规划对招聘的重要作用。如何理解人力资源、岗位设置等与招聘策划的关系呢？通过本章的学习，我们将获得答案。

4.1 人力资源规划总析

4.1.1 人力资源规划概述

1.人力资源规划的含义

所谓人力资源规划（human resource plan，HRP），是指一个组织科学地预测、分析其人力资源的供给和需求状况，制定必要的政策和措施以确保组织在需要的时间和需要的岗位上，获得各种必需的人力资源的计划。人力资源规划具有战略性、前瞻性和目标性，也体现着组织的发展要求，其实质是组织为实现其目标而制定的一种人力资源政策。人力资源规划的特点是，把员工看作资源，并全面考虑组织的需求，根据组织战略和目标，从人力资源的获取、配置、使用、保护等各个环节上统筹考虑，因此能较好地达到组织目标。

2.人力资源规划的分类

人们一般按照人力资源规划的时限划分类型，但对时限的长短有不同的观点。例如，有人认为“短期规划一般是3~6个月，中期规划为6个月~2年，长期规划则以2~5年为准”，但也有人认为，人力资源的战略规划应在10年以上。因此，即使都是长期规划，有的限定在2~5年，有的限定在5~10年，有的则限定在10年以上。组织的性质、规模不同，确定的人力资源规划的时限会有很大差别。例如，上海市紧缺人才培训规划就是10年以上的规划。我们将人力资源规划分为3种类型：长期（战略）人力资源规划、中期人力资源规划和短期（战术）人力资源规划。

（1）长期人力资源规划。

长期人力资源规划一般是指5~10年的人力资源规划。组织为了长远发展，特别是为了达到组织的战略目标而制定这样的人力资源规划。长期人力资源规划的制定要着眼于战略目标、宏观的影响和各种制约要素。在一个长期人力资源规划中，常常包含若干个中期与短期人力资源规划。目前，大部分组织还没有做长期人力资源规划的工作。

（2）中期人力资源规划。

制定2~5年的规划属于中期人力资源规划。对一个规模较小的组织，特别是有较长历史的组织而言，必须与长期人力资源规划相衔接而制定中期规划，它服从于组织的中期目标。

（3）短期人力资源规划。

这是指组织1年或2年以内的人力资源规划，包括年度、季度的人力资源规划。短期人力资源规划是组织为了目前的发展和实现既定的目标而制定的，并且在制定过程中较多地考虑微观的影响与制约因素。

3. 人力资源规划的层次

一般而言，人力资源规划包括5个层次，每个层次都为人力资源规划设定了不同的标准，这些不同的标准又反映为不同的人力资源规划活动，在每一个层次上都涉及不同的人力资源管理决策。这5个层次分别是：

（1）环境（文化）层次。

这一层次的人力资源规划活动主要是对环境进行考察。既要考察宏观环境，也要考察微观环境。考察宏观环境，目的在于人力资源的“输入”，而考察微观环境，目的在于人力资源的“输出”。一个组织的人力资源决策可能在不同程度上影响组织在社会上的地位和声望，因为组织的人力资源管理决策可以影响组织活动的安全性、社会关系等许多方面。组织的人力资源的变化以及由此引发的组织结构的改变等，完全可能引起组织周围的环境因素做出不同的反应，这些不同的反应对组织的发展既可以带来机会也可以带来威胁。环境层次的人力资源规划的制定依据可以是组织本身的信誉情况，也可以是政府对组织的评价以及社区对组织的态度和看法等。

（2）组织层次。

人力资源规划的制定是一个与组织的整体战略相互作用的过程，并且需要按照组织的整体战略来建立标准和进行决策。这是从组织层次上考虑人力资源规划的根本原因。一般来说，这里的组织就是指整个组织，但是在一个大型组织中或者是在分权化的组织中，人力资源规划的组织层次也可以是一个部门、一个地区、一个利润中心或者一个分公司等。组织层次的人力资源规划的制定依据包括组织的科层结构、组织文化及利润、市场份额和产品质量等各种因素，目的是将这些因素有机地整合起来，使它们相互配合，以利于组织目标的达成。

（3）人力资源部门层次。

这一层次的工作实际上是把组织的整体目标落实在人力资源活动上，具体化为人力资源规划。典型的决策包括人力资源管理如何为组织的业务发展服务、人力资源管理将使用多少资源、重点的努力方向是哪里等。尽管组织的整体目标与人力资源具有密切的关系，但在某些情况下，即使人力资源管理是成功的，整个组织的目标也可能没有很好地实现。因此，我们也就有必要建立人力资源部门自身的工作目标。这一层次的典型活动是制定人力资源的战略规划。

（4）人力资源数量层次。

这是一个重要的接续性的环节。人力资源部门层次的规划制定后，接下来的工作就是考虑组织所使用的人力资源的数量及任用的问题。因此，人们也将这一层次的规划称为任用规划，即把适当数量的适当类型的员工在合适的时间安排到合适的工作岗位上去的具体计划。任用规划需要考虑这样的问题，即分析人力资源的需求、分析人力资源的供给和协调人力资源的供求缺口。因此，这一层次的典型决策包括预测人力资源供给和需求、需要弥补的缺口大小等。应该指出的是，人力资源规划中的需求分析所描述的是组织未来的人力资源需求。在现代人力资源管理活动中，实际的人力资源需求预测并不是预测未来对员工个体特征的需要，而是预测未来对员工整体特征的需要，这取决于组织所面临的环境特点。

（5）具体的人力资源管理活动层次。

这一层次的人力资源规划是把人力资源的任用规划具体化为特定的人力资源管理活动。在这个层次上，规划应该为各种人力资源管理活动的继续、扩展和取消提供非常明确的指导。这一层次的人力资源规划的制定依据包括相关的员工的数量、活动的成本、活动的结果以及收益或效用。典型的决策包括应该实施哪些具体的人力资源管理活动、每个活动的影响范围如何等。①

4.1.2　人力资源规划的内容

人力资源规划包括总体规划与业务规划两部分内容。总体规划是在对企业战略与竞争战略进行分析的基础上，提出人力资源工作的方向，保证人力资源工作重点与战略导向一致。业务规划是在总体规划的基础上对企业各项人力资源管理与开发工作进行具体的计划。总体规划提出工作方向与工作重点，业务规划则提出具体的实施细则。

1.人力资源总体规划

人力资源总体规划主要是阐明在计划期内人力资源规划的总原则、总方针、总政策、实施步骤和总预算。制定人力资源总规划需要明确企业的发展战略规划、现有的人力资源总体状况、规划期可能出现的组织结构调整与技术条件改变等问题。在这个基础上，才能够较好地把握计划期人力资源需求增减的大致数量，从而在供求平衡的基础上提出计划期人力资源工作的指导思想与总体目标。

2.人力资源需求与供给分析

这是指基于企业战略与竞争战略对企业未来的人才需求进行数量与质量的分析。进行需求分析的基础是组织结构梳理、岗位梳理与工作分析。数量分析是对实现企业战略目标每个层面、每个职能、每个岗位所需人才的数量的分析。质量分析是对每个岗位需要任职者具备的知识、能力、技能、经验、个性特点、需求动机等与绩效相关的素质水平的分析。供给分析是在人力资源规划中对未来外部市场与企业内部市场满足企业未来人才需求的可能性进行分析。影响外部市场供给的因素包括政治、经济、法律、文化、就业形势等宏观因素，也包含人才市场走势、学科设置、行业发展态势等中观因素，还包括竞争对手举措、企业形象塑造、企业制度体系等微观因素。内部市场是对企业内部现有员工进行盘点，从胜任与潜质的角度对现有员工进行评估，以分析未来岗位空缺能得到补充的数量。企业通过需求与供给分析来发现企业未来的人才缺口或人员冗余情况，并制订出供求平衡计划。

3.岗位编制规划

岗位编制规划描述企业的组织结构、岗位设置、岗位描述和岗位规范（任职资

---

① 赵涛，齐二石. 管理学［M］. 天津：天津大学出版社，2004.

格要求）等内容，主要解决企业的定编问题。企业要根据近远期目标、劳动生产率、技术设备情况、工艺要求等状况确立相应的组织机构、岗位工作标准，进行定编定岗。同时，要在需求分析与人力资源评估的基础上，对企业现有岗位进行调整规划。

4.招聘规划

招聘规划的内容主要包括：企业总体的招聘需求，不同岗位的招聘渠道分析，招聘成本控制与流程，招聘与选拔的责任界定，各类型岗位选拔流程与方法规定等。企业通过需求与供给分析以及岗位编制规划等各方面的综合分析，了解在规划期限内需要招聘人才的方向和数量，对企业各阶段的招聘进行总体规划。

5.培训与开发规划

培训与开发规划是人力资源规划中的重要组成部分，是对企业员工培训与开发工作的整体规划。培训与开发规划的目的是为企业中、长期内所需弥补的职位空缺事先准备人员。在缺乏有目的、有计划的培训与开发规划的情况下，员工自己也会培养自己，但效果未必理想，也未必符合组织中职务的要求。当把培训与开发规划放在人力资源规划的指导下并与晋升计划、补充规划联系在一起的时候，培训的目的就明确了，培训的效果也就明显提高了。

6.绩效管理规划

绩效管理是人力资源管理的核心任务之一。企业战略、竞争战略与职能战略决定着每个岗位的绩效指标。战略目标的调整也会带动绩效指标的变化，绩效指标对员工的工作行为发挥导向作用。企业在不同阶段的竞争战略不同、职能战略不同，相应岗位的绩效指标也不同。企业需要不断调整相关岗位的绩效指标，以保证能够引导员工的努力方向与企业战略、部门目标方向一致。

7.薪酬福利规划

薪酬福利政策决定着企业能否留住发展所需要的人才，薪酬福利规划也是人力资源规划中的重点。它包括薪酬体系内容、薪酬与薪酬调整政策、薪酬水平计划、薪酬支付时间与方式、保险与福利政策、保险与福利项目及额度、保险与福利调整计划等。

8.人力资源预算

人力资源预算是数字化的计划，包括薪酬预算和人力资源管理与开发预算两个关键部分。薪酬预算包括工资预算、福利预算与奖金预算；人力资源管理与开发预算包括招聘预算、培训开发预算、咨询顾问预算、管理费用预算4个关键部分。薪酬预算根据企业历史营业额与薪酬支出的比例关系确定；人力资源管理与开发预算需要根据具体项目或内部规定进行测算。

4.1.3 人力资源规划的程序

人力资源规划的程序一般可分为以下几个步骤：信息的收集与整理、人力资源的需求与供给预测、人力资源净需求的确定、人力资源规划的制定、人力资源规划的实施、人力资源规划的评估与修正。

1.信息的收集与整理

人力资源规划的信息包括组织内部信息和组织外部环境信息。组织内部信息主要包括企业的战略计划、战术计划、行动方案、本企业各部门的计划、人力资源现状等。组织外部环境信息主要包括宏观经济形势和行业经济形势、技术的发展情况、行业的竞争性、劳动力市场、人口和社会发展趋势、政府的有关政策等。对这些信息进行收集与整理是人力资源规划的第一步。

2.人力资源的需求与供给预测

人力资源需求预测包括短期预测和长期预测、总量预测和各个岗位需求预测。人力资源供给预测包括组织内部供给预测和外部供给预测。将组织内部人力资源供给预测数据和组织外部人力资源供给预测数据汇总，得出组织人力资源供给总体数据。还要根据第一步中收集的信息资料对预测进行比对和调整，使之更符合客观实际。

3.人力资源净需求的确定

在对员工未来的需求与供给进行预测的基础上，将本组织人力资源需求的预测数与在同期内组织本身可供给的人力资源预测数进行对比分析，测算出各类人员的净需求数。这里所说的“净需求”既包括人员数量，又包括人员的质量、结构，即既要确定“需要多少人”，又要确定“需要什么人”。这样就可以有针对性地进行招聘或培训，为组织制定有关人力资源的政策和措施提供依据。

4.人力资源规划的制定

根据组织战略目标及本组织员工的净需求量制定人力资源规划，包括总体规划和各项业务计划。同时，要注意总体规划和业务计划之间以及各项业务计划之间的衔接和平衡，提出调整供给和需求的具体政策和措施。一个典型的人力资源规划应包括规划的时间段、计划达到的目标、情景分析、具体内容、制定者、制定时间。

5.人力资源规划的实施

人力资源规划的实施，是人力资源规划的实际操作过程，要注意协调好各部门、各环节之间的关系，在实施过程中必须要有专人负责既定方案的实施，要赋予负责人保证人力资源规划方案实现的权力和资源。同时，要有关于实施进展状况的定期报告，以确保规划能够与环境、组织的目标保持一致和按时完成。

6.人力资源规划的评估与修正

在实施人力资源规划的同时，要进行定期与不定期的评估，将实施的结果与人力资源规划进行比较，通过发现规划与现实之间的差距来指导以后的人力资源规划活动。评估结果出来后，应及时给予反馈，进而对原规划的内容进行适时的修正，使其更符合客观情况，更好地促进组织目标的实现。

4.2 岗位设置

4.2.1 岗位设置概述

1. 基本概念

所谓岗位，是指组织中为完成某项任务而设立的工作场所。

岗位设置的过程就是岗位设计的过程，是根据组织目标的需要，并兼顾个人的需要，规定某个岗位的任务、责任、权力以及在组织中与其他岗位关系的过程。

岗位分析，又称工作分析，是基础性的组织与人力资源管理工具，是对岗位信息进行收集、整理、分析与综合的一系列工作程序、技术与方法，其成果以岗位说明书、岗位分析报告等为主。

2. 岗位分析与招聘的关系

通过岗位分析，企业各个岗位的工作职责、工作环境及任职资格都明确了，这就使岗位分析具有了基础性作用。岗位分析与招聘有如下关系：

（1）岗位分析是制定企业人力资源规划的基础。岗位分析的结果可以为有效的人力资源预测和计划提供可靠的依据。

（2）岗位分析是招聘、甄选和配置合格人员的根据。岗位分析的结果是工作所需的经历、能力、技能、学历等条件被一一确定，这就为人员的选择提供了依据，从而避免选人用人的盲目性。企业只有招聘到所需的人员，拥有合理的员工队伍，才能保证企业的稳定以及长期的发展。

4.2.2 岗位的设置原则

1. 基本原则：因事设岗

一个组织中岗位的数量是有限的。岗位数量要根据工作任务的多少以及繁重程度来决定。因此，因事设岗是岗位设置的基本原则。

2. 最低岗位数量原则

（1）最低岗位数量的含义。

最低岗位数量是指一个组织机构为了实现其独立承担的任务而必须设置的岗位数量。岗位不要设置过多，也不能过少。如果设置的岗位超过了最低岗位数量就会造成职位虚设、机构膨胀、人浮于事；如果低于这个数量，则会造成职位短缺、人手不足，影响组织目标的实现。

（2）最低岗位数量原则的实施。

在设定部门的职责以后，部门人员要分担整个部门的所有责任。如何划分、确定职责，来实现最低数量原则？这里介绍一种岗位责任分工的确定方法。其过程如图4-1所示。

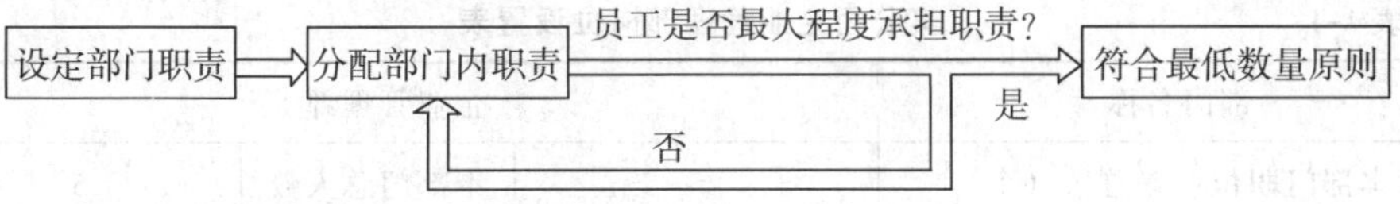

图4-1　岗位责任分工过程

3.岗位间协调配合的原则

设置岗位的时候，要对岗位承担的责任进行划分，一般分为主责、部分和支持3类，以此来确定配合关系。主责是指某个人承担一项任务的主要责任；部分是指某个人只负一部分责任；支持是指某个人所承担的责任很轻，只协助他人完成某项任务。岗位之间的责任不能交叉，也不能出现空白，避免某一责任的两个承担者都是主责，或分不清谁是主责。如果一项职能没有人承担主要责任，岗位职责就会出现空白。如果某一项职能，既有负主责的人员，又有配合的人员，还有做支持性工作的人员，就表示岗位与岗位之间配合得很好。每个人的主责、部分和支持责任一定要划分清楚，以此实现人员最有效的配合，来确保组织机构运行的高效率和高效益。

4.经济、科学和系统化的原则

岗位设置如果体现了经济、科学和系统化的原则，那么其对企业的经济效益的影响应该是积极的。企业都在追求自己的经济效益，对于人工成本的控制也是企业成本控制的重要组成部分。如果岗位设置得特别多，参与这项工作的人就多，企业支付的费用就多，这不符合经济原则；如果岗位设置过少，可能某一件事情没有人管，或者某一个岗位的员工负担特别重而产生怨气，这项工作就做不好。所以，岗位设置既要体现经济原则，又要符合科学原理。企业规范化管理体系是一个大的完整的系统，岗位设置要和组织结构设计、职能分解吻合，要从系统化出发，把每一个职位放在该组织系统中，从总体上和相互联系上分析其独立存在的必要性。同时，岗位设置也为岗位描述、岗位评价、薪酬福利体系设计提供支持。①

4.2.3　岗位设置表的编制

岗位设置表是岗位设置工作的最后成果，是企业规范化管理的一个正式的、重要的文件。岗位设置表通常有部门岗位设置表和公司岗位设置总表两种形式。

1.部门岗位设置表

按照各个部门、各个单位的职位分别做的岗位设置表称为部门岗位设置表。这种表主要是介绍部门内有几个岗位、哪些工作职责等，每个部门一张表。另外，公司高层，如公司总经理、各个副总经理或总监，或者企业下属单位，如中心或者实验室，也要有单独一张表。如果是地区公司或者分公司，可能跟总公司一样要有两个层次：一是分公司的领导有一张表；二是分公司各个部门有一张表。表4-1为某公司企业管理部的岗位设置表。

① 彭剑锋. 人力资源管理概论［M］. 上海：复旦大学出版社，2003.

表4-1 **某公司企业管理部岗位设置表**

部门名称		企业管理部		
本部门职位设置总数（个）		5	本部门总人数	5
职位名称	职位人数	主要职责分工		
部长	1	全面负责集团的发展战略研究与管理、集团规章制度管理、企业文化建设管理、合同和法律事务管理以及计算机网络和信息化管理		
企划专员	1	集团发展战略研究与管理、集团刊物的编辑等		
企管专员	1	组织规章制度的编制、上报、审批，企业文化建设管理		
网络信息专员	1	网络软硬件维护、网络信息编辑发布、集团信息化管理系统筹建、办公自动化系统管理		
合同法律专员	1	处理集团、各子公司的法律纠纷和各类经济合同管理与法律咨询，参与重大合同谈判及起草，以及员工法制教育和其他法律事务		
备　注				

岗位设置表与岗位说明书不同。岗位说明书是把岗位的主要职责、部分责任、支持责任全部写清楚，岗位设置表只写明主要职责。

2.公司岗位设置总表

公司岗位设置总表，即把全公司的岗位统一汇编成一张大表，上面只写明岗位编号、岗位部门、岗位名称，而不必标明岗位职责。

公司岗位设置总表包括3个栏目：

（1）岗位编号。

在规范化管理中，组织编制的文件前面都有一个英文字母。例如，岗位设置用A，A后面的数字表示一个部门，假如公司有5个部门，分别用A-1、A-2、…、A-5表示，分别表示管理部、生产部等。如果是第一个部门的第一个岗位就叫1001，第二个是1002等。这样编号的好处是便于进行信息化管理。

（2）岗位部门。

每个企业都由若干个部门组成，不同的岗位分别隶属于各个部门。例如，会计员这个岗位就隶属于财务部门。

（3）岗位名称。

首先要确定称呼方法，如公司的最高领导有的称为总裁，有的称为总经理；各部门的领导有的叫部长，有的叫经理；部长或者经理之下的中层管理者有的叫主管，有的叫专员；科员里面能承担一定责任的、级别相对高一点的叫主任科员，承担一般责任的可能叫员工管理员、培训员等。这样就把公司的所有岗位的名称统一起来，列在岗位设置总表里。

4.3 人力资源供给

4.3.1 人力资源供给基本分析

1.人力资源供给的划分

从不同的层次来看，人力资源供给可以分为个人供给、专业职业供给、产业部门供给、地区供给和全社会供给（总供给）。人力资源的个人供给是整个人力资源的基础，它体现着人力资源供给的一般内容，亦即微观人力资源供给。专业、职业人力资源供给是基于个人所接受的技能教育和个人择业偏好的同类劳动要素供给，是微观（个人）人力资源供给的方向性表现。产业、部门的人力资源供给是社会全部供给中的一部分向某一产业（部门）的偏好，亦即中观人力资源供给。地区人力资源供给是一个常见的现实范畴，是现实经济资源配置的对象。地区人力资源供给也属于中观层次的供给，它以某地区本地的人力资源为主体，以该地区外的趋向于该地区流动的人力资源为补充。从理论上看，在劳动市场全面建立、劳动要素的流动相当顺利的条件下，地区人力资源供给问题可以忽略、不予考虑。全社会的人力资源供给总体，就是宏观人力资源供给。

2.工资在人力资源供给方面的作用

人力资源供给，从个人的角度看，是以“付出勤劳”或牺牲“闲暇”为代价的。对于这种付出或牺牲，人们要以工资收入作为报偿。这就是说，个人人力资源供给取决于工资，工资是“劳动”要素的报酬。

人力资源供给数量与社会工资水平之间存在一定的相关关系。在这里，人力资源供给不仅仅是全社会劳动力的人数（就业者+失业者），还包括人们从事劳动的时间因素。在一般情况下，当工资水平高时，要就业的人数就多，每个人从事劳动的时间也越长；当工资水平低时，要就业的人数就少，每个人从事劳动的时间也越短。这就是市场经济条件下，人力资源供给与工资关系的一般规律，如图4-2所示。

人们要从事劳动，要成为人力资源供给，基本原因在于人能够从中取得经济报酬用于自身的消费生活，以维持生存、获得发展、得以享受。在图4-2中，当工资水平处于W_1时，社会上相应就有人力资源供给N_1；工资水平提高，W_1上升，N_1则右移，即增加供给量；工资水平降低，W_1下降，N_1则左移，即减少人力资源供给量。当W_1下降到极点W_Z时，即工资仅仅处于人们维持基本生活的低水平时，人力资源供给就处于一个很低的维持量N_Z。如果工资水平继续下降，低于W_Z，劳动者就不再接受了，从而曲线就不再存在。

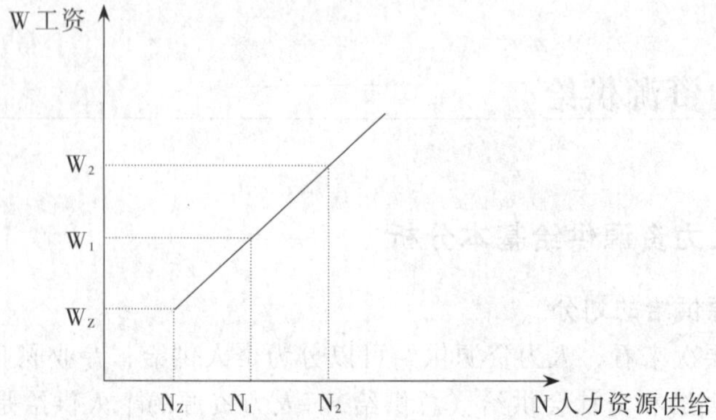

图4-2　人力资源供给与工资关系的一般规律

从W_Z开始，社会存在不同的工资水平W_i，就有相应不同的人力资源供给N_i，将所有的（N_i，W_i）点相连，就构成了市场人力资源供给曲线。

在劳动市场上，人们对于不同水平的工资有着不同的供给反应行为。在工资较低时，工资水平一旦提高，在供给有可能的情况之下，人力资源供给会大大增加；在工资较高时，工资水平有所提高，人力资源供给增加速度就降低。前者即人力资源供给弹性增加，后者即人力资源供给弹性减少。这样，人力资源供给与工资关系曲线就具有了弯曲的形状，如图4-3所示。

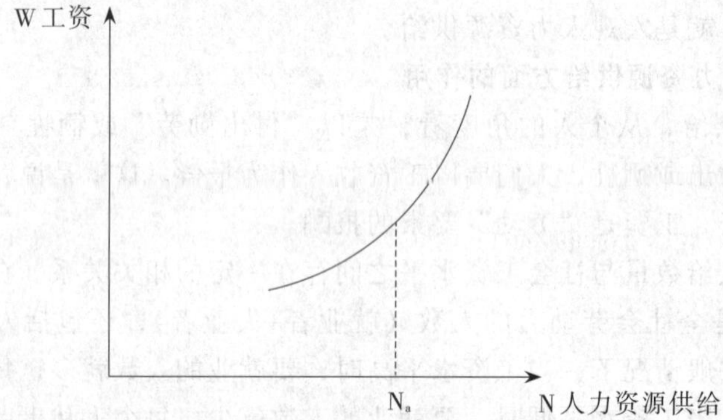

图4-3　人力资源供给与工资关系曲线

4.3.2　产业、部门的人力资源供给

产业、部门的人力资源供给，是社会劳动总供给对于某一产业、部门供给的偏好。这种供给偏好与相应产业、部门的劳动需求有一定关系，二者结合在一起，就形成专项劳动市场。

实际上，各个产业、部门的人力资源供给，都是一定数量的特质（即定向的）人力资源供给与一定数量的同质（即可以广泛投入的）人力资源供给这两种人力资源供给的总和。

特质的、定向的人力资源，是接受特定的专业、职业教育训练之后，形成自身已定向、未经训练的他人无法替代的人力资源供给，例如工艺美术院校毕业生寻找设计岗位、医学院毕业生准备当医生等。这部分特质人力资源相对于劳动市场上的其他求业人员，具有优势甚至是垄断权。当然，他们能否真正形成卖方市场，还要看买主——同种需求的产业中各个局部单位——的竞争关系和该产业的总需求数量。总需求问题这里略去不谈，关键就是各企业单位的竞争关系了。

同质的、广泛投入性的人力资源，适应面广，可以对社会各产业构成供给，例如会计、保安人员。但是，这种资源究竟对哪个产业形成供给，则要看各个产业间的竞争关系及其对人力资源的吸引力了。

影响产业、部门人力资源供给的因素，主要包括以下几方面：

1.工资竞争力

工资竞争力，即工资水平的高低。假定需求部门不是垄断市场或者由寡头控制的，在全部社会人力资源供给中能否形成对某一行业的人力资源供给，需求单位的工资高低是最重要的因素。一个产业、部门与从事同样生产又有竞争关系的其他产业、部门的工资存在客观的比较，这种比较会造成相应人力资源供给数量的大小不同：工资水平高的产业、部门，其诱发的人力资源供给就大；反之，工资水平低的产业、部门，其诱发的人力资源供给就小。

2.专业或职业教育的门类

首先，一定的教育门类能生产出具有一定特质的、不可替代的人力资源供给。进而言之，经过特质训练、在工作中具有专业优势，往往是人力资源就业后取得高工资、得以晋升和获得各种发展机会的必要基础。但是，从长远的角度看，当这种特质的人力资源取得较高的个人收入后，会诱发人们纷纷向该教育门类进行资本投资，以接受特质教育培训，因此，这种垄断权又会削弱以至消失，产生一定的非特质性。例如，中国近年的管理人才培训已有过剩的倾向，初级会计人员的供求比在一些地方已达到10：1的水平。

3.个人的就业偏好

这是指人们对某产业、部门、企业的预期和其他偏好。有时某个产业、部门的工资水平并不太高，但许多人仍选择它。有人因其预期良好，属于“朝阳产业”；有人因其预期尚佳又无风险；有人因其工作舒适、社会声望高等。

4.人力资源的流动性

人力资源本身的活动性强，即素质高、年纪轻、抱负大，就易于流动；人力资源流动的客观障碍少，即体制灵活、信息充分、生活条件（个人居住条件、上班交通条件、子女上学条件、物质文化生活繁荣程度等）易于解决和满足，就易于流动；人力资源流动的个人成本与需求方担负的费用少，也易于流动。

对于一个较小的部门或产业来说，对于各产业、部门都具有的非特质性岗位来说，对于无技能难度的岗位来说，对于社会的“热门”职业与行业来说，由于流动性的作用，有可能出现“劳动无限供给”的局面。例如，经济特区需要招收些许人才，应聘者却成千上万。

人口在不同地区间的迁移，是更大地域间的流动，它是由多种原因造成的。一般情况下，导致人口迁移的主要因素在经济方面，即人口由生活水平低的地区向生活水平高的地区迁移，人力资源由物质资源缺乏、工资水平低的地区向物质资源丰富、工资水平高的地区迁移。这必然对某一地区的人力资源供给造成或增或减的影响。人口、人力资源城乡间的流动更会造成人力资源供给的巨大变动。

4.4 招聘策划

4.4.1 招聘策划的含义与意义

1.招聘策划的含义

所谓招聘，就是通过各种信息途径，寻找和确定工作候选人，以充足的数量和质量来满足组织的人力资源需求的过程。而在招聘之前，我们要制订详细的计划。周密地制订、实施和执行招聘计划，才可能使企业招募到一流的雇员。这种计划在招聘开展以前会准确地描绘怎样填补一个空缺职位。招聘的职位定义是什么，企业准备花多少时间完成整个招聘过程，新雇员的培训需要多长时间，招聘团队如何组建，这些问题都应该有事前的计划。如果企业正有这种需要或正在迅速发展，那么就可以运用这些内容，制订一个不断发展的招聘计划。这也就是我们所说的招聘策划。

2.招聘策划的意义

招聘策划是人力资源规划的重要组成部分，其主要功能是通过定期或不定期地招聘录用企业所需要的各类人才，为企业人力资源系统充实新生力量，实现企业内部人力资源的合理配置，为企业扩大生产规模和调整生产结构提供人力资源上的可靠保证，同时弥补人力资源上的不足，也为人员的招聘工作提供客观依据、科学规范和使用办法，避免甄选录用过程中的盲目性和随意性。

在企业规划体系中，招聘策划与企业人力资源规划密切相关，招聘策划的设计与实施离不开人力资源规划。人力资源规划是以组织的战略目标、发展计划和工作任务为依据，按照所预测的未来的组织任务和环境对组织的要求，以及为了完成这些任务和满足这些要求而设计的提供人力资源的过程，它要求通过收集和利用信息对人力资源活动中的资源使用进行决策。对于一个企业来说，人力资源规划的实质是根据企业经营方针，通过确定企业人力资源来实现企业的目标。而招聘策划则以企业的人力资源规划为依据，通过对招聘具体过程的策划，为企业的招聘工作提供指导方针。[①]

① 谌新民. 新人力资源管理［M］. 北京：中央编译出版社，2002.

4.4.2 招聘策划的内容

1.组建招聘队伍

招聘是一项繁杂的工作，如果仅由一两个人来完成就难以达到应有的效果，因此必须依靠团队的力量，而且招聘者应该具有多方面的能力和良好的素质。组织对于招聘人员在个人品质与修养、专业领域与知识技能、知识面等方面都有一定的要求。

当然不可能每个招聘者都具备良好的综合素质，但他们如果能够按知识、气质、能力、性别、年龄、技能相互补充组合在一起，则可以使各个招聘者的优势互补，扬长避短，使整个招聘团队达到最优状态，从而达到招聘的目的。因此，招聘团队应遵循知识互补、各取所长、团结协作的原则来组建。

2.选择招聘时间

在招聘过程中，招聘时间不仅是招聘策划的要素之一，而且对招聘成本也有很大的影响。如果招聘时间长，招聘成本肯定会增加。因此，为满足企业对人力资源的需求，保证新员工及时到岗，就需要对招聘时间做出正确的选择。

招聘时间的选择有两个任务：一是选择招聘开始的时间；二是确定整个招聘过程的时限。

（1）选择招聘开始的时间。

在人才供应高峰期到劳动力市场上招聘，可节约成本，提高招聘效率。一般来说，在每年的大学毕业生就业阶段是人才寻找就业机会的高峰。这段时间一般是从每年的11月份开始，直到第二年的五六月份结束（期间除去大中专院校放假时间）。招聘应届毕业生的企业，在这个时期进行招聘，因为劳动力供给充分，所以可以在较大程度上雇用到素质较高的员工，同时也有利于节约招聘成本。此外，每年的七八月份因为企业年中对年度计划进行调整，同时许多员工的劳动合同一般都在这个时候到期，所以这时的人才市场相对于其他时间也要火爆得多，人才市场中人才供需两旺。

（2）确定整个招聘过程的时限。

招聘过程时限就是从开始招聘的准备工作到招聘结束所需要的时间，包括准备、招聘、筛选和聘用4段时间。

对招聘过程时限进行策略选择，应根据经费预算、招聘和筛选所采用的方法等因素确定。经费预算高，可安排较多的求职者，进行精挑细选，但时间也不可过长，否则会使应聘者失去耐心而另谋他职；经费预算低，应简化招聘程序，缩短时间，但时间安排不可太短，否则就无法保证筛选、测试的信度和效度。

3.选择招聘地点

招聘地点的选择也是关系到企业能否招聘到一定质和量的员工的重要因素。选择招聘地点时应对企业所需要人员的类型，人才市场所在的地点及调节范围，招聘地点人才的分布、供求状况，招聘成本等因素加以综合分析，做到心中有数。一般招聘地点的选择规律是：

（1）在不同范围内招聘不同人员。

建议在全国乃至世界范围内招聘企业的高级管理人员或专家、教授；在跨地区的市场上招聘中级管理人员和技术人才；在招聘单位所在地区招聘一般工作人员和技术人员；到农村去寻找一般的对技术要求不高的劳动力。

（2）就近原则。

主要原因是就近原则可以节省大笔招聘费用，试想深圳的企业到上海招聘，成本无论如何都会比在深圳本地招聘高很多。还有一个原因就是临近企业所在地区的人对本地文化有较为深刻的理解，企业在管理上有一定的优势。

（3）尽量在同一地区进行招聘。

这有利于形成固定的员工供应渠道，同时也是节约招聘成本的一个有效途径，因为现有员工的无形宣传已经是企业最好的广告了。但是，因为企业每年的招聘类型、数量都有所不同，所以还要因时、因地制宜，灵活地向更好的劳动力市场开展招聘工作。

4.制订招聘计划

（1）招聘人数。

需要招聘的数量往往多于实际录用的人数。这一方面是由于一些应聘者可能对该工作没有兴趣，也可能资格不够，或者两个原因兼而有之，但更多的是由于应聘者远远超过了计划招聘的人数。为了谨慎起见，招聘的人数还是要低估。

（2）招聘标准。

招聘标准即录用什么样的雇员。其内容包括年龄、性别、学历、工作经验、工作能力、个性品质等。

（3）招聘经费预算。

招聘经费除了参与招聘工作的有关人员的工资以外，还有广告费、考核费、差旅费、通信费、文具费等。成功的招聘要求尽量压缩招聘的单位成本。

4.4.3 招聘的程序

在确定了招聘策划的主要内容之后，接下来的工作就是制定具体的招聘行动程序和计划。在招聘策划的基础上，招聘人员还需要花费大量的精力敲定招聘程序的具体方案细节。一般情况下，招聘的大体程序如下：

（1）根据企业人力资源规划，确定人员的净需求量，并制定人员选拔、录用政策，在企业的中期经营规划和年度经营计划的指导下编制出不同时期不同人员的补充规划、调配计划、晋升计划。

（2）得到职务分析报告之后，确认缺职的任职资格及招聘选拔的内容和标准，据此再确定招聘甄选的技术。

（3）拟订具体招聘计划，上报企业领导批准。

（4）人力资源部门发布招聘的宣传广告、具体招聘信息及其他准备工作。

（5）审查求职申请表，进行初次筛选。

（6）笔试和面试。有的企业只有其中一项。根据各种工作的不同性质，招聘考核也会有不同的安排。现在越来越多的企业增加了心理测试和模拟测试。

（7）录用人员体检及背景调查。

（8）签订劳动合同并约定一定时间的试用。有的公司没有试用期，直接进入下一步。

（9）试用期结束，做出录用决策。

（10）对招聘工作进行评估和改进。这对于企业来说是很有必要的，可以为企业下一次的招聘提供经验和教训，使企业的招聘工作更加完美，但目前很多企业在招聘时仍忽略这一环节。

招聘的程序如图4-4所示。

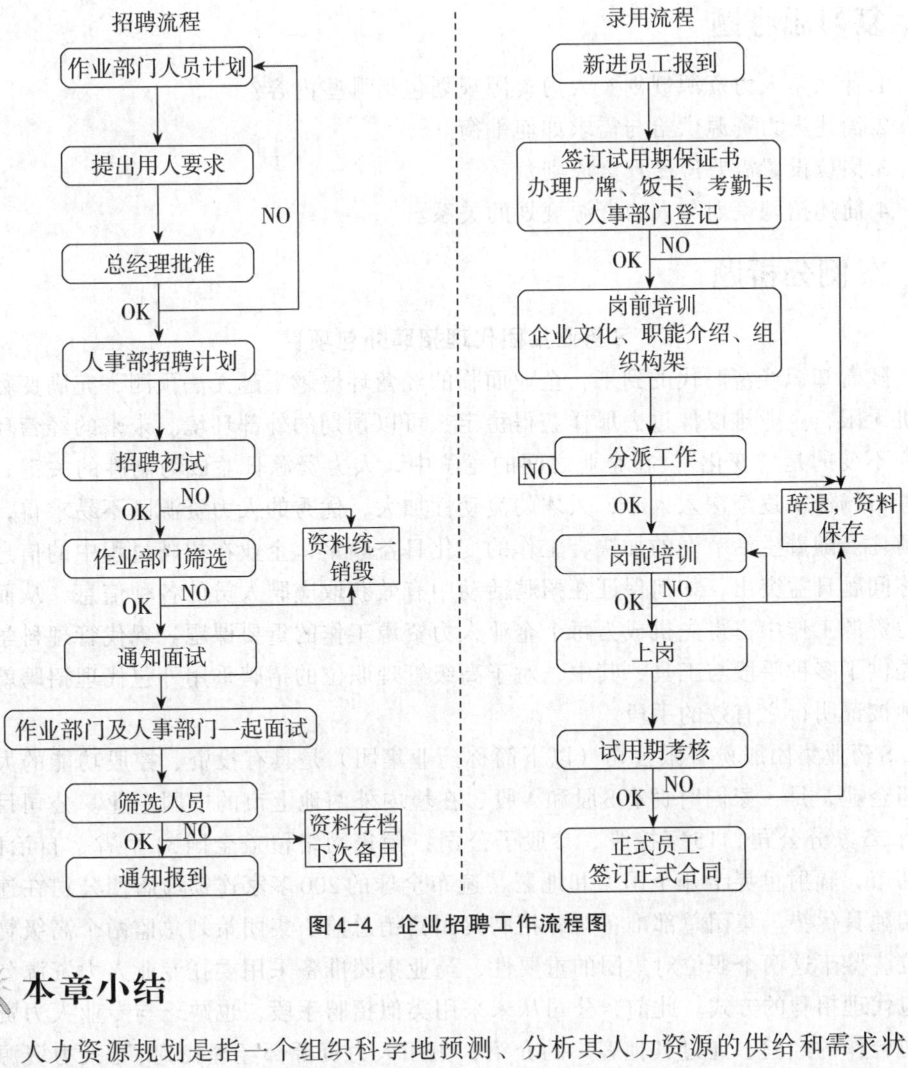

图4-4 企业招聘工作流程图

本章小结

人力资源规划是指一个组织科学地预测、分析其人力资源的供给和需求状况，制定必要的政策和措施，以确保组织在需要的时间和需要的岗位上，获得各种必需的人力资源的计划。岗位按照其性质的不同可以分成若干种类型：生产岗位、执行岗位、专业岗位、监督岗位、管理岗位以及决策岗位。岗位分析是对岗位信息进行收集、整理、分析与综合的一系列工作程序、技术与方法。招聘策划是人力资源规划的重要组成部分，两者密切相关。招聘策划的内容包括组建招聘队伍、选择招聘时间和地点以及制订招聘计划。

第4章基础知识测评

复习思考题

1.什么是人力资源规划？人力资源规划包括哪些内容？

2.简述人力资源供给与需求如何平衡。

3.岗位设置需要遵循什么原则？

4.简述招聘策划与人力资源规划的关系。

案例分析题

S药业集团代理招聘外包项目

随着知识经济时代的到来，企业面临的经营环境越来越无法预测，充满变数又商机无限，企业难以像过去那样获得稳定、可以预期的外部环境。未来的经营环境唯一不变的是“变化”。在企业之间的竞争中，人力资源日益成为制胜的关键，但随着市场经济逐渐深入人心，人才的流动性加大，优秀的人力资源既不易求得，更难留住。随着生活节奏的加快，工作的变化日益频繁，企业在招聘过程中的信息不对称问题日益突出，如何保证在招聘活动中有效获取应聘人员的各种信息，从而在人力资源工作中占得先机成为每个企业人力资源工作的重要课题。现代管理科学为此提供了多种手段与工具，其中，对于高级管理职位的招聘采用外包代理招聘就是一种被证明行之有效的手段。

S药业集团股份有限公司（以下简称药业集团）是具有投资、控股功能的大型医药企业，是一家同时拥有S股和A股、在境内外两地上市的中国企业。公司目前拥有25家分公司，15家控股、参股子公司，销售网络覆盖全国31个省、自治区、直辖市，辐射世界十几个国家和地区，遍布全球的200多家连锁药店使公司在连锁终端独具优势。集团总部准备对外招聘集团营销总监、集团策划总监两个高级管理职位。鉴于这两个职位对集团的重要性，药业集团准备采用委托专业人力资源公司外包代理招聘的方式。此前，公司从未采用类似招聘手段，也缺乏与专业人力资源公司合作的经验。通过其他客户的介绍，集团人力资源部经理找到了J人力资源评价有限责任公司（以下简称评价公司）。

评价公司是开发、经营人力资源产业的现代企业，可以为客户提供从高级人员猎头、代理招聘到人才测评、管理咨询及培训等各项人力资源业务方面的专业服务。在药业集团人力资源部与之联系后，评价公司迅速明确客户需求，制定出需求建议书，明确评价公司与药业集团双方的责、权、利，通过与药业集团及时、充分的沟通达成共识。同时，通过交流，药业集团进一步加强对评价公司的了解及熟悉代理招聘业务模式，为以后组建项目组实施代理招聘项目打下良好的基础。随后，评价公司与药业集团组建项目组，经过需求识别、构架方案、项目流程计划、项目实施、项目结束等阶段，顺利完成该代理招聘项目。

资料来源 佚名. ××药业集团代理招聘项目案例［EB/OL］.［2015-12-21］. http：//www.doc88.com/p-995294790808.html.

讨论题：

如果你是承接该药业集团招聘外包项目的咨询师，请您进行招聘策划。

第4章案例分析提示

推荐阅读资料

1.姚裕群. 人力资源管理概论［M］. 大连：东北财经大学出版社，2017.

2.边文霞. 员工招聘实务［M］. 2版. 北京：机械工业出版社，2011.

3.彭剑锋，等. 招聘操作技术与实施［M］. 上海：复旦大学出版社，2008.

4.王丽娟. 员工招聘与配置［M］. 2版. 上海：复旦大学出版社，2012.

5.林新奇. 管理学［M］. 大连：东北财经大学出版社，2017.

网上资源

1.中国人力资源网资讯栏目，http：//blog.hr.com.cn/html/83/category-catid-383.html。

2.劳动法宝网，http：//www.51labour.com。

3.三茅人力资源网，http：//www.hrloo.com。

4.中国劳动保障新闻网，http：//www.clssn.com/html/Home/folder/1-1.htm。

第5章 岗位与人

学习目标

✓重点掌握岗位分析的基本方法；

✓重点掌握能力及能力模型的概念，深入理解能岗匹配的真正含义；

✓了解与能岗匹配直接相关的3个基本理论；

✓掌握能岗匹配的3个原则；

✓熟悉能力模型构建的程序；

✓掌握常见方法——行为事件访谈法。

引例 A公司走出人力资源管理混沌状态的举措——岗位分析

A公司是一家高速发展的高新技术公司，近年来，公司规模持续扩大，逐步发展为一家中型通信设备元器件制造公司。随着公司的发展和壮大，员工人数大量增加，众多的组织和人力资源管理问题逐渐凸显出来。

公司现有的组织机构，是基于创业时的公司规划、随着业务扩张的需要逐渐扩充而形成的，在运行的过程中，组织与业务上的矛盾逐渐暴露出来。部门之间、职位之间的职责与权限缺乏明确的界定，扯皮推诿的现象不断发生；有的部门抱怨事情太多，人手不够，任务不能按时、按质、按量完成；有的部门又觉得人员冗杂，人浮于事，效率低下。

在公司的人员招聘方面，用人部门给出的招聘标准比较含糊，招聘主管往往无法准确地加以理解，使得招来的人大多差强人意。有时候，甚至部门私自招聘的人员入职了才通知HR。

在员工适用方面，调查发现，目前的许多岗位不能做到人职匹配，员工的能力不能得到充分发挥，严重挫伤了士气，并影响了工作的效果。

在晋升方面，以前由总裁直接做出决定，现在公司规模大了，总裁不断地接到各个部门要求加薪、任免的文件，但也不清楚具体员工的表现，基层员工和部门主管的晋升决定只能根据部门经理的意见来做出。而在晋升中，上级和下属之间的私人感情成为决定性的因素，而有才干的人往往并不能获得提升。因此，许多优秀的员工由于看不到自己未来的前途而另寻高就。

在激励机制方面，公司虽然有考核和薪酬制度，但考核中的主观性和随意性严重，员工在考核中经常投诉，不该员工承担的责任在考核的时候都算到员工身上。

相应的，什么职位获得什么报酬没有一个科学的体系，出现了下级比上级工资多出很多的情况，也出现了引入新人的时候，其工资水平与市场工资水平缺乏对比和参考标准的情况。

面对这样严峻的形势，A公司人力资源部开始着手进行人力资源管理变革，首先从进行岗位分析、确定岗位价值开始。究竟如何开展岗位分析、岗位评价，如何抓住岗位分析、岗位评价过程中的关键点，为公司本次组织变革提供有效的信息支持和基础保证，是A公司需要面对的重要课题。

资料来源 姚裕群，文跃然. 人力资源管理教学案例精选［M］. 上海：复旦大学出版社，2009：60.

如何看待岗位分析在人力资源管理中的地位和作用？如果你是A公司的HR总监，你是如何思考人职匹配问题的？你会采取什么措施来改变现状和达到人职匹配？

5.1 岗位分析

5.1.1 岗位分析的方法

岗位分析的方法有很多，应当说没有一种绝对正确的方法，各种方法都有其优缺点。岗位分析的目的和用途决定岗位分析的内容。因此，不同的企业所进行的岗位分析的侧重点会有所不同，相应的，所选取的分析方法也会大不相同。

岗位分析的方法依据不同的标准可以划分为不同的种类，下面按照定性分析和定量分析的角度分别介绍。

1.定性分析法

定性的岗位分析方法主要包括观察法、面谈法、问卷法、工作日志法和关键事件法等。

（1）观察法。

观察法是指岗位分析者通过对特定对象的观察，把有关各部门工作的内容、原因、方法、程序、目的等信息记录下来，最后把取得的岗位信息归纳整理为适用的文字资料。这是获得岗位信息最普遍的方法之一。

①优点：采用此种方法可以广泛地了解信息，如工作活动内容、工作中的正式行为和非正式行为、工作人员的士气和所需的技能。通过观察法取得的信息比较客观和准确，但是要求观察者有足够的实际操作经验。

②缺点：不适用于工作循环周期很长和主要是脑力活动的工作；难以量化岗位的具体工作标准和内容；不能得到有关任职者资格要求的信息；紧急而又偶然的工作行为不易捕捉到。

（2）面谈法。

面谈法是通过岗位分析者与工作执行者面对面地谈话来收集信息资料的方法。具体有个别面谈法、集体面谈法、主管人员面谈法。个别面谈法，一般是指与任职者的面谈，要求任职者描述他们做什么、怎样做以及他们完成其工作所处的条件，它倾向于聚焦在工作内容和工作背景上。集体面谈法常在一群员工从事同样工作的情况下使用，通常会邀请其主管出席，如果主管未出席，应找其他机会跟主管谈论收集到的资料。主管人员面谈法是找一个或多个主管面谈，这些主管对于该工作比较了解，其典型作用是评审和证实任职者回答的准确性，并提供所期望的绩效水平、新员工的培训需要等进一步的信息。

①优点：首先，面谈法具有可控性。通过提问单，岗位分析者可以系统地了解所关心的内容，当任职者的回答相互矛盾或不很清楚时，可以进行跟踪提问，把问题搞清楚。如果任职者对所提问题采取不合作态度，可以进行劝导或换人。其次，面谈法可以提供观察法无法获得的信息，如工作经验、任职资格等。

②缺点：岗位分析者对某一岗位固有的观念会影响其做出正确的判断；任职者出于自身利益的考虑而不合作，或有意无意夸大自己所从事工作的重要性、复杂性，导致工作信息失真；打断工作执行人员的正常工作，有可能造成生产损失；在管理者和任职者相互不信任时，具有一定的危险性；岗位分析者可能会问一些含糊不清的问题，影响工作信息的收集；不能单独作为信息收集的方法，需要与其他方法一起使用。

（3）问卷法。

问卷法是指通过设计标准的问卷来获得信息。

①优点：成本低，工作人员比较容易操作；免去了长时间观察和访谈的麻烦，也克服了进行岗位分析的工作人员水平不一的缺点；分析的结果可以用数量化的方式表示，处理结果也较便利；样本大，结果较为准确。

②缺点：花费较多的人力和物力；若问题难度过大，容易造成误解，工作效率低；缺少交流和沟通。

（4）工作日志法。

工作日志法就是按时间顺序记录工作过程，然后经过归纳提炼，取得所需工作信息的一种岗位信息的提取方法。

①优点：信息的可靠性很高，适用于确定有关工作职责、工作内容、工作关系、劳动强度等方面的信息，所需费用低。

②缺点：可使用范围小，只适用于工作周期短、工作状态稳定的岗位，且信息整理量大，归纳工作烦琐。另外，工作执行者在填写时，往往因不认真而遗漏很多工作内容，并在一定程度上影响正常工作。若由第三者进行填写，人力投入量非常大，很不适合处理大量的岗位。

（5）关键事件法。

关键事件法是分析人员向任职者询问一些问题，以了解其解决关键事件所需的能力、素质，并让任职者进行重要性评价的一种收集岗位信息的方法。

①优点：研究的焦点集中在职务行为上，因为行为是可观察的、可测量的。同时，通过这种岗位分析可以确定行为的任何可能的利益和作用。

②缺点：需要花大量时间收集并概括和分类；不能对工作提供完整的描述；难以涉及中等绩效的员工。

2.定量分析法

定量的岗位分析方法主要包括职位分析问卷法、功能工作分析法、管理职位描述问卷法。

（1）职位分析问卷法（position analysis questionnaire，PAQ）。

职位分析问卷法是以个人特征为重点的分析方法，是1972年美国普渡大学麦考密克等人研究的成果，是一种结构化的、定量化的分析方法，共包括187项工作因素和7个与薪酬有关的问题。虽然职位分析问卷的格式已定，但仍可以用来分析许多不同类型的工作。每份问卷包括6个部分：信息输入、脑力操作、工作产出、人际关系、工作环境、其他特征。

①优点：由于同时考虑了员工与工作两个变量因素，并将各种工作所需要的基础技能与基础行为以标准化的方式罗列出来，从而为人事调查、薪酬标准制定等提供了依据。此方法还具有不需修改就可用于不同组织、不同工作的优势，使得岗位分析更加准确与合理。

②缺点：时间成本很高，非常烦琐；问卷的填写人要求是受过专业训练的岗位分析人员，而不是任职者或其上级；它的通用化或标准化的格式导致了工作特征的抽象化，所以不能描述实际工作中特定的、具体的任务活动；这种方法对于工作描述与工作设计而言不是理想的工具。

（2）功能工作分析法（functional job analysis，FJA）。

功能工作分析法是以工作为中心的分析方法，是美国培训与职业服务中心的研究成果。它以员工所需发挥的功能与应尽的职责为核心，列出加以收集与分析的信息类别，规定岗位分析的内容。功能工作分析法认为所有工作都涉及工作执行者与数据、人、事三者的关系，上述关系发生时的工作行为可以反映工作的特征、工作的目的和人员的职能。

①优点：提供了一种非常彻底的描述，对培训的绩效评估非常有用。

②缺点：由于对每项任务都要求做详细分析，因而撰写起来相当费力气和费时间，同时该法并不记录有关工作背景的信息，对于员工必备条件的描述也并不理想。

（3）管理职位描述问卷法（management position description questionnaire，MPDQ）。

管理职位描述问卷法包括197个用来描述管理人员工作的问题，涉及管理者关心的问题、承担的责任、受到的限制以及管理者工作所需具备的各种特征。这些问题划分为13个工作因素。岗位分析人员按照0～4个等级、以上述的每一个因素为基础来分析。

①优点：适用于不同组织内不同层次管理者职位的分析；为员工从事培训、进行薪酬管理奠定了基础。

②缺点：耗时长，效率低；受工作技术方面的限制，灵活性差。

5.1.2 岗位分析操作

1.岗位分析的原则

（1）系统原则。要注意该岗位与其他岗位的关系以及该岗位在整个组织中所处的地位，从总体上把握该岗位的特征及对人员的要求。

（2）动态原则。岗位分析的结果不是一成不变的，要根据战略意图、环境的变化、业务的调整，经常性地对岗位分析的结果进行调整。

（3）目的原则。在岗位分析中，要明确岗位分析的目的及侧重点。

（4）经济原则。岗位分析本着经济原则，根据岗位分析的目的，采用合理的方法。

（5）职位原则。岗位分析应从职位出发，分析完成在这个职位上的从业人员需具备什么样的资格与条件而不是分析在岗的人员如何。

（6）应用原则。应用原则是指岗位分析的结果，即职位描述与岗位规范，要用于企业管理的相关方面。

2.岗位分析的过程

岗位分析的过程就是对岗位进行全方位评价的过程，一般分为4个阶段，即准备阶段、调查阶段、分析阶段、完成阶段。

（1）准备阶段。

①明确岗位分析的意义、目的、方法、步骤；

②向有关人员宣传、解释；

③与岗位分析有关职位上的员工建立良好的人际关系，并帮助他们做好心理准备；

④组成岗位小组，以精简、高效为原则；

⑤确定调查和分析对象的样本，同时考虑样本的代表性；

⑥把各项岗位分解成若干岗位元素和环节，确定岗位的基本难度。

（2）调查阶段。

①编制各种调查问卷和提纲；

②灵活运用各种调查方法，如面谈法、问卷法、观察法、参与法、实验法、关键事件法等；

③广泛收集有关岗位的特征以及需要的各种数据；

④重点收集岗位人员必需的特征信息；

⑤要求被调查的员工对各种岗位特征和岗位人员特征的重要性和发生频率等做出等级评定。

（3）分析阶段。

①仔细审核收集到的各种信息；

②创造性地分析、发现有关岗位和岗位人员的关键成分；

③归纳、总结出岗位分析的必需材料和要素。

（4）完成阶段。

完成阶段是岗位分析的最后阶段，前三个阶段的工作都是以达到此阶段作为目标的，此阶段的任务就是根据规范和信息编制职务说明书。

5.2 招聘与配置对象的素质

5.2.1 招聘对象素质的内容

从整体的角度看，人的素质包括能力、人格、理念、身心4大要素，每一个要素之中又有若干子要素，这些要素的不同组合就形成各式各样、大相径庭的职业素质。从一般的角度看，人的职业素质的结构包括能力、人格、理念和身心方面的素质，如图5-1所示。

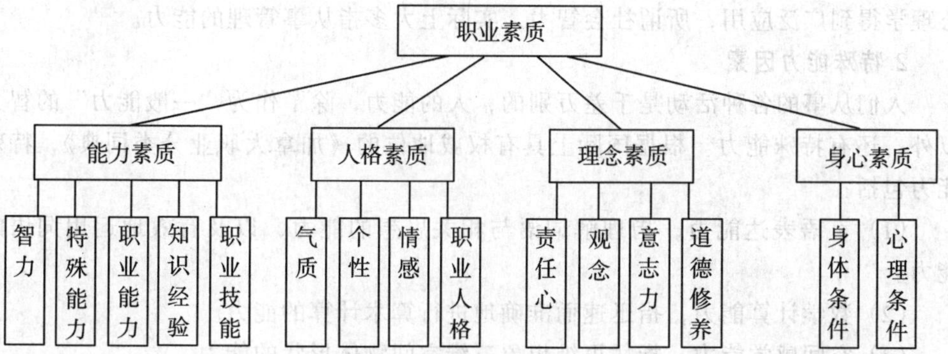

图5-1 职业素质结构

5.2.2 能力素质分析

1.一般能力因素——智力

能力，包含“智力”（一般能力）、“特殊能力”两个基本方面，并进一步外化到“职业能力”方面。知识，一般基于智力等能力上，并能够反映能力的水平。下面分别进行说明。

（1）智力的内容。

所谓智力，是指人认识客观事物并运用知识解决实际问题的能力，也就是人的“聪明程度”。智力，作为人的基本能力，也被看作一般能力。对于智力的内容和本质，人们有着不同的观点。根据现代脑生理学的研究，人的头脑可以分为4个功能区：感觉区、记忆区、判断区、想象区。心理学家在分析智力结构时，一般都承认它包括感知力、记忆力、思维力、想象力这4个基本方面。感知力包括观察力和注意力，思维力则可以分为判断力、思考力或者逻辑思维、逻辑推理能力。这4种“力”在人们头脑中的不同搭配、不同组合，就是智力的结构。同时，有的学者在这4种“力”之外还加上社会智力或者实践能力，这就是更进一步的研究范畴了。

(2) 创造力。

进一步来说，创造力是某个人想别人未想、做别人未做，标新立异，制造出以往没有的新鲜事物，即能够做出创造性活动的能力。因此，创造力也是智力的一个高级内容。

(3) 社会智力。

一般来说，人们所从事的活动都是社会活动，也就是直接、间接地和人打交道的活动。因此人们从事活动，往往要具备一定的涉及他人的能力，通过这种能力使该活动能够按照预先制订的方案进行，从而达到预期的目标。许多学者注意到“智力”范畴在社会应用中具有局限性，因而提出了社会智力的范畴。有的学者把经典的智力称为“智力Ⅰ”，把社会智力称为“智力Ⅱ”。

社会智力包括以下内容：①计划能力或规划能力；②决策能力；③组织能力或协调能力；④沟通能力；⑤说服能力；⑥管理能力等。我国近年来经济发展迅速，心理学得到广泛应用，所谓社会智力，实际上大多指从事管理的能力。

2.特殊能力因素

人们从事的各种活动是千差万别的，人的能力，除了作为“一般能力”的智力以外，还有特殊能力。根据国际上具有权威地位的《加拿大职业分类词典》，特殊能力包括：

(1) 言语表达能力，指理解词语与相关思想的能力，以及有效地运用词语的能力。

(2) 数学计算能力，指迅速而准确地进行算术计算的能力。

(3) 空间感觉能力，指凭思维想象三维空间物体形状的能力。

(4) 形体感觉能力，指觉察物体、图画中有关细节的能力。

(5) 文书事务办公能力，指觉察词语或表格材料中有关细节及避免文字与数字计算错误的能力。

(6) 动作协调能力，指眼、手等快速做出精确动作的能力。

(7) 手指的灵活性，指迅速而准确地运用手指操作小物体的能力。

(8) 手的灵巧性，指熟练自如地运用手的能力，从事手的翻转、放置、移动动作。

(9) 眼-手-足配合能力，指根据视力所见，而使手、足彼此协调，完成动作的能力。

(10) 辨色能力，指觉察和辨别不同色调和同一颜色的不同深浅的能力。

3.职业能力因素

根据《加拿大职业分类词典》的口径，职业对于从业者的条件要求的一般项目（即从事职业的资格检测表）包括能向、普通教育程度（GED）、专门职业培训（SVP）、环境条件（EC）、体力活动（PA）、工作职能（DPT）诸项基本条件和兴趣、性格的参考条件。上述各项条件，按照各自程度和水平分别打分，区分为不同的等级。资格检测表中的“能向”，即人们能力的特性与方向。某种职业对于人们的能向要求，包括智力（一般能力或一般学习能力）和上述言语表达能力、数学计算能力等各项特殊能力。人要规划好自己的职业生涯之路，必须要选择适合自身特点的职业，即要使自身的各项条件与职业的要求相互适应。

职业能力，就是职业科学中的“能向”。从事任何职业都需要智力这种一般的能力和若干种特殊能力，职业不同就需要不同的能向，即需要的智力总水平及其各要素与各项特殊能力的水平及其结构都不同。因此，每一种具体的职业都有不同的职业能力的要求，这就要求从事某一种职业的人具有特定的职业能力。

在《加拿大职业分类词典》的“资格检测表”体系中，能向中的智力要素用G来表示。特殊能力的要素分别为：V——言语表达能力；N——数学计算能力；S——空间感觉能力；P——形体感觉能力；Q——文书事务办公能力；K——动作协调能力；F——手指的灵活性；M——手的灵巧性；E——眼-手-足配合能力；C——辨色能力。

职业资格检测表的结构示例见表5-1和表5-2。

表5-1 职业资格检测表一（能向水平）

职业名称	G	V	N	S	P	Q	K	F	M	E	C
矿物地质学家	1	1	1	2	2	3	3	3	3	4	3
行政官员	2	2	2	3	3	3	4	4	4	4	5
室内设计师	2	2	3	2	2	4	2	2	3	5	2

注：表中数字下面画线的是强制性标准。

表5-2 职业资格检测表二（其他项目水平）

职业名称	PA	EC	GED	SVP	兴趣	性格
矿物地质学家	L23467	B26	6	8	781	09Y41
行政官员	L47	16	6	8	781	0Y914
室内设计师	s-L4567	1	5	8	86	X9

4.知识经验因素

所谓知识，是指人们头脑中所记忆的经验和理论，或者说是头脑中储存的信息。知识分为“一般经验”和“理论”两种。当知识带有逻辑性、体系性、科学性时，就成为“理论”或者“学说”。一般经验则是形成理论知识之前的东西，其特征是零碎的、片断的、正确度较差的。心理学家指出，知识与能力（尤其是智力）有一定的相关性，二者是相辅相成的，知识往往是具有一定智力水平的体现。从社会职业劳动的角度看，“知识”可以分为3个部分：一般知识或者说普通知识，它反映一个劳动者的一般文化水平；专业理论知识；工作经验与操作知识。就一般用人单位来说，对工作经验与操作知识的重视程度往往比一般知识和专业理论知识更强。

5.职业技能因素

技能，用通俗的话说就是技术、技巧，其含义是人们从事活动的某种动作能力，是人经过长期实践活动所形成的顺序化的、自动化的、完善化的动作系列。一个人具有某项技能的标志，是从事某种劳动的动作具有准确性，包括动作的方向、距离、速度、力量的准确性。

技能在人的职业能力素质中也非常重要，甚至是最为直接的职业能力素质。俗话说，“三百六十行，行行出状元”。这里的“状元”即指各种职业技能出类拔萃者。在市场经济比较成熟的国家和地区，招聘需求往往指向人的职业技能素质水平。

5.2.3 人格素质分析

人格作为心理学的重要范畴，反映的是人的个性心理特征。心理学指出，人格如同能力一样，是一个含义相当广泛的非常重要的领域。在我国高等教育大发展、作为招聘对象的人力资源的文化水平较高的情况下，人格素质往往比能力素质更受重视、更具决定性作用。

1.气质

（1）气质与分类。

气质，在现代心理学中是指表现在人的心理活动方面和行为动力方面的具有稳定性的个人特点。气质是一个人最基本的心理特征，它影响到个人活动的一切方面，可谓“无处不在”。例如，一个人有着“慢脾气”，另一个人则“爱发火”。

2 000年前古希腊医生希波克拉特就提出人有血液、黏液、黄胆汁、黑胆汁4种体液，后人由此建立了气质学说，包括胆汁质、多血质、黏液质、抑郁质4种类型。巴甫洛夫根据中枢神经学说的研究，通过大量经典性条件反射的实验，找到了这种学说的医学和生理学基础，指出人的高级神经活动过程有着兴奋性（兴奋与抑制）、平衡性和灵活性的特征，这3种特征的不同组合就形成人的4种神经活动类型——兴奋型、灵活型、安静型、弱型，它们正好对应着胆汁质、多血质、黏液质、抑郁质4种气质，见表5-3。

（2）典型气质者的心理特点。

①胆汁质。具有这种气质的人精力旺盛，行动迅速，性情直率，进取心强，大胆倔强，敏捷果断，但他们自制力差，性情急躁，主观任性，易于冲动，办事粗心，有时会刚愎自用。

表5-3 气质类型

气质类型	高级神经活动类型	兴奋强度	抑制强度	灵活性
胆汁质-兴奋型	强而不平衡型	正	负	负
多血质-灵活型	强、平衡、灵活型	正	正	正
黏液质-安静型	强、平衡、不灵活型	正	正	负
抑郁质-弱型	弱型	负	负	负

②多血质。具有这种气质的人灵活机智，思想敏锐，善于交际，适应性强，活泼好动，情感外露，富于创造精神，但他们往往粗心大意，情绪多变，富于幻想，生活散漫，缺乏忍耐力和毅力。

③黏液质。具有这种气质的人坚定顽强，沉着踏实，耐心谨慎，自信心足，自制力强，善于克制忍让，生活有规律，心境平和，沉默少语，但他们往往不够灵活，固执拘谨，因循守旧。

④抑郁质。具有这种气质的人对事物敏感，做事谨慎细心，感受能力强，沉静含蓄，办事稳妥可靠，感情深沉持久，但他们遇事往往缺乏果断和信心，多疑、孤僻、拘谨、自卑。

(3) 气质的评价。

应当指出，一个人或者是这种气质，或者是那种气质，或者兼具不同的气质类型，各有不同的特点。无疑，每一种气质有其长处，也有其短处。但是，不能肯定地说哪一种气质好，哪一种气质不好。心理学家指出，气质本身不能决定一个人社会成就的高低，每一个职业领域都可以找出各种不同气质类型的代表；同是在一个领域取得巨大成功的人中，各种气质的都有；同一气质的人在不同的职业岗位也能做出突出的贡献。据苏联心理学家的研究，俄国著名文学家普希金、赫尔岑、克雷洛夫、果戈理分属于胆汁质、多血质、黏液质、抑郁质的气质类型，他们在文学领域都取得了杰出的成就。而达尔文和果戈理都属于抑郁质类型，但他们在不同的领域里取得了伟大成就。另外，一个人的所属气质也可能不是只有一种，也就是说性格特点不是非常标准，比如有些人会两三种气质兼而有之，只是某种气质所占比例更大，某种气质的特点更加鲜明。实际上，这种混合气质的人，对于社会环境的适应性更强，自身的可塑性更大，因而职业生涯发展的空间也更加广阔。

(4) 职业气质。

人的生涯中，最主要的活动就是职业活动。从职业的角度把握气质，就产生了职业气质的范畴。职业心理学把人的职业气质分为变化型、重复型、服从型、独立型、协作型、劝服型、机智型、经验决策型、事实决策型、自我表现型、严谨型等11种。这里不作赘述。

2.个性

人们谈到一个人的个性或者性格时，经常说“内向”或者“外向”，这就是人们心理特征的倾向性，也称为“性向”。一个人的心理活动倾向于内部的，则是内向的个性；一个人的心理活动倾向于外部的，则是外向的个性。这种性向为心理学研究、测量及应用所高度关注。

（1）内向型。

具有内向型特性的人，重视主观世界，内心世界丰富，经常沉浸在自我欣赏和幻想中。他们沉着，安静，处事谨慎，深思熟虑，计划性、规律性、安定性、逻辑性、周密性强，而应变能力差，不善于交际。他们在工作上、学习上善于思考，但视野狭窄，容易产生自卑感，爱抠小事。

（2）外向型。

具有外向型特性的人，经常对外部世界表示关心，开朗，活泼，感情外露，自由奔放，做事当机立断，不拘小节，具有独立性、活动性、协调性、现实性、开放性、灵活性强的特点。他们在工作、学习上反应较快，学得快，但往往从兴趣、情感出发，缺乏计划性和坚持性。

（3）中间型。

从最基本的角度看，人的性向分为内向和外向两个类别，但是实际上有些人的“内向”或“外向”的特点并不清楚，而是内向、外向的程度差不多，因而又可以说还有一种中间型。中间型实际上是一种过渡形态。从内向型到中间型，再到外向型，这是一个连续的过程。

3.情感

（1）情感因素的重要性。

人的情感，是一个非常复杂的范畴，个人的喜怒哀乐、七情六欲，往往是让人难以捉摸、无法把握的。而它的重要性又日益为各界人士所认可，例如“情商”（EQ）就成为风靡世界的课题。所谓EQ，英文名为emotional quotient，是指人们在情感方面的心理测试指标，正如同“智商”是人们在智力方面的心理测试指标。情感或者情绪，是人们对待客观事物的态度体验（或感受）以及相应的行为反应，它从不同侧面影响着人的工作状态及绩效，是组织在进行招聘时应高度关注的一个问题，也是面试中可以重点考查的方面。

（2）情感因素的内容。

我们从狭义的角度来看待情感问题，它主要是人的自我认识和评价、自己的动力因素和对外界的反应。因此，“人格因素”中的“情感因素”就包括自信心、需要与动机、耐冲击力以及情绪的稳定性。而“情商”范畴则包含丰富的内容。从一般的角度看，“情商”包括人们对自身情绪的体察和把握、对他人情绪的认识、对人际关系的把握和对自身的要求及激励。这么复杂的内容，显然绝不仅仅是自身人格的问题，还有人的社会品格问题和人与外部世界的关系问题。

4.职业人格

（1）职业人格的类型。

个人根据自己的人格特点选择职业，用人单位根据招聘对象的人格特点选择员工，这是现代社会职业生涯发展的基本原则。美国著名职业指导专家霍兰德从心理学价值观理论出发，经过大量的职业咨询指导实例的积累，提出了职业活动意义上的人格类型论。霍兰德的职业人格分类包括现实型、调研型、艺术型、社会型、企业型、常规型6种类型，相应的，社会职业也有现实型、调研型、艺术型、社会型、企业型、常规型6种。

（2）职业人格的评价和运用。

应当指出，上述每一种类型的人都有自己的特点和长处，也有一定的短处。而从人的心理差异的角度来看，无所谓哪一种好些，哪一种差些，只有某一种职业类型是否与社会职业岗位协调、匹配的问题。

由于大千世界的人是复杂的，因而其职业人格往往不能用一种类型来简单概括，而是兼有多种性质，即以一种类型的特点为主，同时具备其他种类型的特点。因此，职业问题专家提出若干种中间类型或同时具备几种类型特性的职业类型群的分析和测试方法。霍兰德的职业人格理论就是将人的6种职业人格结合起来而提出的。霍兰德的这一学说是对实践的较好反映，运用这种理论和方法所进行的职业测试的正确率较高，因而在职业生涯指导领域得到了广泛应用。

5.2.4 理念素质分析

人，是社会生活的主体因素，要出于自身的思想观念从事活动，其思想观念对于自身活动目标的设置、活动过程的进行和活动的效果，都有重大的影响。解决好观念问题，达到“观念现代化”，早已是人们共同的呼声。为了使人的职业生涯顺利推进，为了取得较大的成功，必须重视理念因素。理念因素的内容包括：

1.责任心

责任心是一种良好的心理品质，因为一个人认真地做事，是有利于达到预期目标的。对自己负责固然为成功生涯所必需，对他人负责，对自己所在的组织、群体负责，同样也有利于自己的发展，因为一个人有敬业精神、有对所承诺事务的负责态度，不仅有助于完成自己目前的任务，而且通过“泰山不让土壤”般地努力，往往更容易取得事业上的成功。

2.观念

观念，也可以看作“价值观”，它是人们对于社会事物的根本看法，由此还导致对社会事物的基本态度，以至进一步导致人的行为方式。人的观念，必然影响一个人的社会生活态度，这当然就会影响一个人的生涯选择与成功的程度。观念问题在任何社会都是非常重要的，而在处于巨大变革时代的中国，“观念现代化”已经被看作“第五个现代化”，可见其重要性。

3.意志力

人贵立志，更贵坚持。在竞争激烈的社会，机会虽然是有的，但是趋利而来者也是大量的，而成功只属于少数人。一个人有执着的精神，有不怕失败、不计得失的努力，“咬定青山不放松”，像爱因斯坦一样用超常的毅力去追求、去做事，其成功的概率要比浅尝辄止者大得多。

4. 道德修养

道德修养是一个人得以成才、得以成功的重要条件之一。一个人具有较高的道德修养，往往是与其丰富的社会知识和人生阅历相关联的。当他有了较高的道德修养，就能够较好地认识条件、机遇、命运和自己与他人的关系，也能够较好地把握自身的奋斗过程，还能够较好地得到旁人的支持、社会的扶助与承认。应当指出，“道德”是有阶级性、社会阶层性和时代性的。谈道德，绝不是让人们压抑人性、压抑创造性、压抑人们正当的利益追求。例如，“三从四德”绝不是社会主义道德，也绝不是市场经济道德，而是一种愚昧的“道德”。而社会主义核心价值观就涉及了很多道德修养方面的精神要求。

5.2.5 身心素质分析

1. 身体条件

身体是人的职业能力素质的载体。从一般意义上说，人的身体素质包括力量、耐力（持久力）、速度、灵敏度、柔韧度等人体运动生理指标。从职业劳动的角度来看，它还包括人体对外界环境的适应能力、职业劳动的负荷能力和恢复工作疲劳的能力。

不同的招聘单位和不同的岗位工种，对人的身体素质的要求差异可能很大，其具体要求为：其一，具有基本的身体健康水平，这往往通过招聘单位组织的健康体检来完成；其二，具有招聘岗位工作所需要的具体身体素质条件，如工艺美术师的辨色能力、舞蹈演员的体形与身体柔韧度、篮球运动员的身高、建筑工和搬运工的强健体魄。

2. 心理条件

招聘单位对于招聘对象的素质要求，离不开心理条件。心理条件也如同上述身体条件一样，有基本的心理健康水平的要求和职业岗位的特定心理要求。

按照世界卫生组织下的健康定义，现代的健康观不仅是指身体健康、无疾患，而且要求心理健康和具有社会适应能力。所谓心理健康，是指个体心理在本身及环境条件范围内所能够达到的最佳状态。心理健康的具体标准为：

- 认知过程正常，智力正常；
- 情绪稳定，乐观，心情舒畅；
- 意志坚强，做事有目的、有计划、有步骤、有方法，能克服困难达到目的；
- 人格健全，性格、能力、价值观等均正常；
- 养成健康的习惯和行为，无不良行为；
- 精力充沛地适应社会，人际关系好。

从一定意义上讲，心理健康有利于充分发挥个体既有的素质，通过学习提高自身素质可以激发自身的潜能，还能够弥补身体健康的不足，对于招聘单位具有重要的作用。如果招聘单位招收了一个心理不健康的员工，他不仅难以胜任工作，而且可能无法完成基本的岗位工作，以致对招聘单位造成或大或小的损失。

不同的或特定的职业岗位和工作，也在一定程度上要求有相应的心理素质条件的人来从事，其基本原理正是"人职匹配"。例如，推销员应当开朗、执着，秘书应当踏实、稳重。

对于应聘者是否具备一般心理素质和招聘岗位对心理素质的特殊要求，可以通过审查应聘者材料、面试、心理测验等手段予以鉴别。

需要注意的是：人是有较大的适应能力的，且具有很大的潜能，因此不能把人职匹配绝对化。

5.2.6 个人在组织中的职业发展

1.选择进入某组织

个人与职业是相互关联的一对范畴，个人进行职业选择的同时，也是一个组织的职业岗位对个人进行选择。要较好地完成职业生涯发展的第一环节——职业选择，要进一步获得职业生涯的成功，必须做到人职两者的相互适应和相互匹配。[①]

但是，在现实的职业选择中，尤其是在人的职业生涯发展过程的初期，个人往往存在不知道"如何进行职业选择"的问题，即职业选择的能力较差，因而盲目地、被动地接受一个自己并不了解、并不认同的职业。这一问题在青年的心理断乳时期[②]特别突出。随着人们对社会了解的增加，特别是自身也进行了一定的职业活动后，其职业阅历在增长，职业技能在提高，对社会职业信息的了解在积累，因而他们的职业选择能力也在逐步提高。实际上，他们选择的"职业"，已经不仅仅是与自己的能力相匹配的社会职业分类体系中的一种了，而往往是"某行业、某单位"中的某职业。

即使一个人单纯地只考虑选择职业，一般同时也要依附于一个组织。也就是说，有的时候，对组织的选择比对职业的选择更加重要。正因为如此，人们倾向于选择"大单位、名企、政府机关"等。

每个人都需要经常变换自己的角色，比如说下班回家，就要从"律师""会计""科长"等角色转换为家庭成员中的"父母""子女""夫妻"角色。在一个人进入组织、成为一个员工时，这种角色转换非常显著与迅速。这样，一个人就成为组织人、企业人。由此，人职匹配、能岗匹配就进一步发展扩大为"人组匹配""人企匹配"。

这时，组织就要对新员工进行企业文化教育等入职培训，许多公司还对"新人"进行企业军训等，就是为了促进新员工的组织化或企业化，帮助他们建立成为组织人或企业人的意识，帮助他们融入企业，也促进组织的老员工接纳初入组织的新员工。

---

① 薛恩. 组织心理学［M］. 余凯成，译. 北京：经济管理出版社，1987：104-107.
② 依田新. 青年心理学［M］. 杨宗义，等，译. 北京：知识出版社，1981：11.

2.适应组织的工作岗位

（1）完成职业岗位的适应。

一个人走上工作岗位从事某一项职业的劳动，要通过一定的试用期，对自己所任职的岗位逐步熟悉，最后达到胜任的状态。

职业适应的内容以所在工作岗位的职务说明书或者职业环境为依据，要达到职务说明书所规定的各项内容的要求，包括本职业所需的工作技能、本职业所需的业务知识、一定的专业背景知识和理论（自己已掌握的知识、理论，这时还要实践，对缺乏的方面应给予有针对性的补充）、对本岗位工作与组织中的各方面工作的联系及组织的各项管理制度等诸多方面的了解。职业适应最基本、最突出的体现是具有熟练的工作技能。

上述职业适应方面的要求，需要通过员工自身的学习、模仿，以及工作单位为员工安排的入职教育、实习、工作实践、“师傅”指导、上岗培训、技能训练等途径来达到。

（2）完成组织文化的适应。

文化问题涉及经济社会发展道路与模式，是当代许多学科高度关注的重大研究领域。组织文化也已成为当代管理学高度重视的问题。

一个人走上一个职业岗位，就是加入一个组织，就要受到组织的约束和指挥，得到组织的引导和塑造。每一个组织都有自己的文化，这种文化的核心是组织的价值观，其表现是组织做事的风格、模式，也大量表现在人与人的关系上。

人在一个组织中工作，必然要被组织“社会化”，即被组织所认同和被组织中的成员们所认同。要想达到个人的行为、需求、个性心理特征与组织文化的适应，就要对自己的行为和思想进行一定的调整和改造，只有这样，才能达到组织的要求和期望，使组织其他成员接纳自己。

3.与组织建立心理契约

所谓心理契约，是指员工个人与用人单位对双方彼此权利与义务的一种主观认同和承诺。作为组织员工的个人会认为，如果企业承诺将对自己的贡献给以某种形式的回报，那么只要自己为企业做出贡献，企业就有义务兑现自己的承诺；而企业认为，如果企业给予员工相应的报酬和发展机会，员工也就应该为企业做出贡献。[①]员工和企业双方在这个问题上就达成了默契。虽然这种心理契约不是正式的、有形的，没有体现为文本，但它是比一般的工作合同更加重要的契约，因为这对双方来说都是自觉的。

在人力资源个体与用人组织之间形成心理契约的情况下，往往会出现员工对组织的认同，包括与组织在情感方面的认同、对组织依存的认同和对组织规范的认同。[②]在现代高科技企业，员工大多数都是人力资本含量高的知识型员工，他们更加注重与组织的这种心理契约。

---

① DENISE M. Rousseau，psychological contracts in organizations［M］. Sage Publications，Inc，1995：7.

② 马希斯，杰克逊. 人力资源管理培训教程［M］. 李小平，译. 北京：机械工业出版社，1999：40-41.

4. 在组织中向上发展

美国管理学家薛恩（E. H. Schein）综合了职业发展氛围的各种不同因素，提出了职业发展圆锥形趋势的三维结构理论。薛恩指出，职业生涯道路包括纵、横、向心3个方向。

（1）基本发展取向——纵向发展道路

纵向发展道路即企业内职工个人职位等级的升降。在企业中，个人的职业发展绝大多数是沿着一定的等级通道进行的，也就是员工得到一系列的提升和发展。当然，只有极少数人可能提升到企业的最高职位上，实现他们最初确定的职业计划目标。

以某公司营销人员的职业生涯为例，这种由低到高的纵向发展道路的阶梯图如图5-2所示。

总经理
副总经理
销售总监
大区市场经理
市场部经理
销售主管
销售业务员
实习销售员

图5-2　职位阶梯图

（2）增加职业阅历——横向发展道路

横向发展道路即企业中各平行部门和单位间个人职务的调动，例如由工程技术部门转到采购、供应、市场销售部门等。这种情况也叫工作职务转换。

横向发展的道路，在中层管理人员中较多采用，平级的岗位轮换有助于他们扩大专业技术知识面、丰富经历，以便将来被提升到掌管全局的全面性管理行列中。

（3）提升发展底蕴——向心发展道路

向心发展道路即由企业外围逐步向企业的核心方向发展。当发生核心方向工作变动时，员工对企业的情况就会了解得更多，担负的责任也会更大，并且经常有机会参加重大问题的讨论和决策。沿着核心方向发展与沿着纵向方面发展是相关的。那些具有专业知识、信息和特长的人，易于向企业核心方向发展。

一个人在某个特定的职业岗位上工作，是向该职业等级的核心处发展的，这是一种水平的运动。他能够进入该等级的核心，是通过获得更多的责任和上层人物的信任而实现的。进入了核心，就意味着其职权的增长。

上述3种道路的整合即构成人的职业生涯变动的三维结构。薛恩绘制了全面反映三维结构的模型，见图5-3。[①]

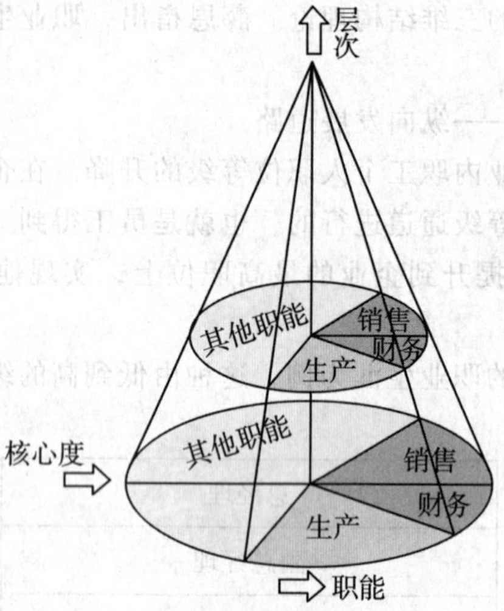

图5-3 职业生涯变动的三维结构

5.3 能岗匹配基本范畴

5.3.1 能力及能力模型概念

1.能力的概念

在管理学中，“能力”一词的概念源自英文的“competence”，又称素质、胜任力、胜任能力或胜任特征，是指驱使员工产生优秀业绩的各种特征的集合，即高绩效员工的知识、技能、个性、态度、行为等，是优秀员工与一般员工的差异所在。能力这一概念最早是由著名的组织行为研究专家麦克利兰（David McClelland）于1973年提出的[②]。他认为传统的智力测验、性向测验和学术测验等都不能有效地预测复杂或高层职位工作的绩效。例如，人们总是把知识和成就联系起来，把智力与发明联系起来。但在现实中，有些知识测验得分很高的人，不见得能够取得与其知识水平相称的成就；智力超乎常人的人，不一定就能做出发明创造。因此，麦克利兰认为，真正影响绩效的还有更深层次的因素，他把这些因素称为“能力”（competence），并指出能力是与高绩效直接相关的知识、技能、特质和动机等。随后该概念便受到国外许多专家学者的关注，并在20世纪80年代成为一个前沿的管理理念。20世纪90年代至今，对胜任特征的应用研究逐渐在国外风靡，成为“人

① 余凯成. 人力资源开发与管理［M］. 北京：经济管理出版社，1997：244.

② MCCLELLAND D C. Testing for competence rather than for “intelligence”［J］. American Psychologist, 1973, 28 (1): 12-14.

力资源领域的主要革新之一”[①]。

麦克利兰最早提出“能力”一词时是专指个体能力（individual competence）。20世纪90年代以后，能力的概念被加里·哈默尔（Hamel）和普拉哈拉德（Prahalad）引入战略管理中，从而诞生了组织能力（organizational competence）这一概念[②]。因此，管理学中的能力有个体能力和组织能力之分。一般来说，狭义的能力指个体能力。

2. 能力模型的概念

单项能力的有机组合就构成了能力模型（competency model），它是指担任某一特定的任务角色所需要具备的胜任特征的总和，这些特征是可分级、可被测评的，通常由4～6项构成。建立能力模型可以区分并找出导致业绩差异的关键因素，这些因素通常可用于某一特定任务角色人选的选拔、招聘以及人员培训，即基于能力模型的招聘能够最大限度地发挥人员的潜在特质，提高人岗匹配度。

通常，每个能力模型都会包括3～6项不等的关键能力，这些能力是整个企业、部门、某类岗位成功的关键能力的集中体现。整个企业各个岗位序列能力模型的集合就形成了该企业的能力体系。员工个体所具有的能力有很多，但企业所需要的不一定是员工所有的能力，企业会根据岗位的要求以及组织的环境，明确能够保证员工胜任该岗位工作、确保其发挥最大潜能的能力，并以此为标准来挑选员工。

在进行能力评估和建立能力模型的过程中，人们不断总结和积累出来了许多关于能力的信息，包括能力的命名、定义、分类、分级以及典型行为说明等内容，这便形成了能力词典（或称素质词典，competence dictionary）。迄今为止，世界范围内经透彻研究后最好的能力词典是1996年Hay-McBer公司出版的分级能力词典。收录在该词典里的通用核心能力标准系列共有18项能力，通常被用来推导出一个人的能力模型。这18项能力分别为：成就导向、演绎思维、归纳思维、服务精神、培养人才、监控能力、灵活性、影响能力、信息收集能力、主动性、诚实正直、人际理解能力、组织意识、献身组织精神、关系建立、自信、领导能力、合作精神。

5.3.2 能岗匹配的含义

把适合的人放在适合的岗位上是招聘的首要任务，因此能岗匹配原理是招聘的第一原则和黄金法则。它有两个方面的含义：一是指某个人的能力完全胜任该岗位的要求，即人得其职；二是指这个人完全能达到岗位所要求的能力，即职得其人。人的能力与岗位要求的能力完全匹配，将使人的能力发挥到最好，岗位的任务也完成得最好。因此，能岗匹配原理指人的能力与岗位要求的能力完成匹配，这种匹配包含“恰好”的概念。

① CELLION, HOLDEN. The national framework for vocational education and training [M] //BEARDWELL I, HOLDEN L. Human resource management: a contemporary perspective, London: Pittman, 1997: 345-377.

② HAMEL G, PRAHALAD C K. The core competence of the corporation [J]. Harvard Business Review, 1990, 68 (3): 79-91.

在招聘中实现能岗匹配的前提是对岗位要求和应聘者个人能力两方面做准确、科学的认识和评价。要客观评价岗位对任职者的要求，要用科学的方法进行岗位分析，即对岗位的职责、任务、工作环境、权利义务，以及该岗位对人员知识、技能、能力、个性、内驱力、价值观等各个方面的要求进行准确描述和界定。同时，也考查应聘者的能力与企业的战略、价值观、文化、规范是否一致，因为只有具有与企业哲学、企业使命一致的人格特质、动机和价值观的人，才能与企业建立起长久而稳固的心理契约关系，从而在企业逐步趋近战略目标的过程中实现自我人生价值并达到个人目标。对任职者个人能力的评价则需要借助科学的人事测评方法，包括面试法、笔试法、心理测试法、评价中心法等常用方法，这在本书第10章中有详细论述。

5.3.3 能岗匹配的相关理论

要实现员工能力和岗位要求相匹配，必须首先对员工个体和岗位两方面展开了解，再用适当的方法考查二者是否匹配。关于能岗匹配这一招聘原则的支撑理论有很多，这里重点阐述冰山模型和特质-因素理论：一是冰山模型（Iceberg Model），该模型是前文提到的关于能力模型的进一步阐释，是对工作要求的分析和了解；二是特质-因素理论（Trait-Factor Theory），是在结合个人特质的分析和工作需要因素的分析基础之上，考虑关于人和工作的匹配问题的著名职业理论。

1.冰山模型

麦克利兰于1973年提出了一个著名的冰山模型，用以对能力模型进行阐释。冰山模型把个体素质形象地描述为漂浮在洋面上的冰山，将个体能力素质根据其不同表现形式划分为看得见的“水面以上部分”和看不见的“水面以下部分”，如图5-4所示。

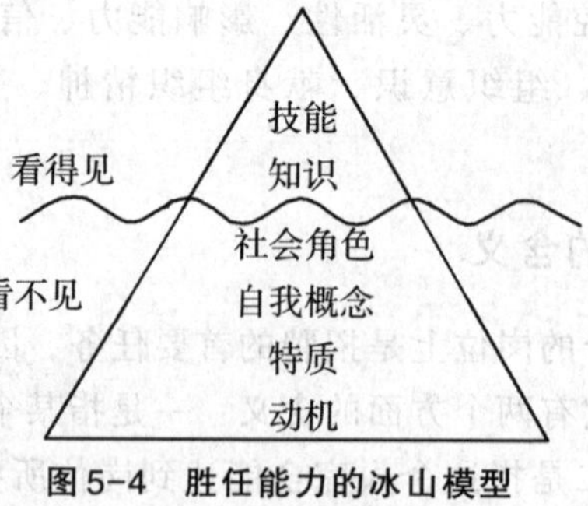

图5-4 胜任能力的冰山模型

看得见的“水面以上部分”主要包括知识和技能，是外在表现，是容易了解与测量的部分，能够在比较短的时间内使用一定的手段进行测量，如可以通过考查资质证书和简历、考试、面谈等具体形式来测量，因而也是容易被模仿的。也就是说，知识和技能可以通过培训、锻炼等办法来提高，相对而言也比较容易通过培训来改变和发展。这部分与工作所要求的任职资格直接相关，是对任职者基本素质的要求，但它不能把表现优异者与表现平平者区别开来，这一部分也称为基准性素质

(threshold competence)。

看不见的“水面以下部分”主要包括社会角色、自我概念、特质和动机，是人内在的、难以测量的部分。它们不太容易通过外界的影响而得到改变，但却对人员的行为与表现起着关键性的作用。这部分称为鉴别性素质（differentiating competence)。它是区分绩效优异者与绩效平平者的关键因素。职位越高，鉴别性素质的作用就越大。相对于知识和技能而言，鉴别性素质不容易被观察和测量，也难以改变和评价，这部分素质很难通过后天的培训得以形成①。

企业在招聘人才时，不能局限于对技能和知识的考查，而应从应聘者的求职动机、个性品质、价值观、自我认知和角色定位等方面进行综合考虑。事实上，对应聘者“水面以下部分”能力素质的考查更为重要。没有与企业要求契合一致的求职动机、品质、价值观等相关素质的支撑，知识和技能再强的人也不可能成为真正意义上的人才；能力越强、知识越全面的人，如果在个性品质、个人价值观等方面与企业要求相背离，则可能对企业的危害越大。

2. 特质-因素理论

特质理论是现代西方一种主要的人格构成理论。这一理论认为人格由许多特质要素构成，特质是构成人格的最小单位，是激发与指导个体的各种反应的恒常的心理结构。

近30年来，研究者们在人格特质描述模式上形成了比较一致的共识，提出了人格的大五模式。1992年，美国著名心理学家科斯塔（Costa）和麦克雷（McCrae）运用词汇统计和因素分析的方法，发现有5种特质可以涵盖人格描述的所有方面，也是人们适应社会的基本动力特征和内在核心因素。大五人格测验（general big five scale，GBFS）就是用来对这5种特质因素加以测评的著名人格测验。这5种人格特质分别是：

- 外倾性（extraversion)：好交际对不好交际，活泼对严肃，感情丰富对含蓄，表现出热情、喜爱社交、果断、活跃、爱冒险、乐观等特质。
- 神经质或情绪稳定性（neuroticism)：烦恼对平静，不安全感对安全感，自怜对自我满意，包括焦虑、敌对、压抑、自我意识、冲动、脆弱等特质。
- 开放性（openness)：富于想象对务实，寻求变化对遵守惯例，自主对顺从，具有想象、审美、情感丰富、求异、创造、智慧等特质。
- 随和性（agreeableness)：热心对无情，信赖对怀疑，乐于助人对不合作，包括信任、利他、直率、谦虚、移情等特质。
- 尽责性（conscientiousness)：有序对无序，谨慎细心对粗心大意，自律对意志薄弱，包括胜任、公正、条理、尽职、成就、自律、谨慎、克制等特质。

特质-因素理论是由美国职业指导专家弗兰克·帕森斯（Frank Parsons）于1909年提出的，也称为“人职匹配理论”。他认为，人与职业的合理匹配在择业过

① SPENCER L M，SPENCER S M. Competence at work：models for superior performance［M］. New York：John Wiley & Sons，1993.

程中非常重要，每个人都有自己独特的人格模式，每种人格模式的个人都有其相适应的职业类型。“特质”就是指个人的人格特征，包括能力倾向、兴趣、价值观和人格等，这些都可以通过心理测量法，并辅之以观察法、访谈法、问卷法来加以测评；“因素”则是指在工作上要取得成功所必须具备的条件或资格，这可以通过工作分析来了解。

该理论的提出是基于3个假设：第一，个体在与工作相关的兴趣、需要和价值观等方面有差异；第二，工作对其任职者的要求和回报是有区别的；第三，工作的成就感和满足感同个体特质与工作要求之间的匹配度成正比。因此，只有当个体特质与工作要求的要素合理匹配时，个体和组织的利益才能最大化。

尽管后来有不少学者批评特质-因素理论忽视了组织变量对人岗匹配的影响，也没有从动态发展的角度研究员工和组织的互动影响，但仍然改变不了该理论成为职业理论的奠基石的事实。由于该理论是第一个提出在职业决策中强调进行人与岗位匹配的理论，所以自20世纪初提出至今，一直受到职业决策领域研究者的追捧，在此之后也发展出大量更具体和完整的职业理论，其中最著名的是霍兰德理论（Holland’s Theory），也称霍兰德职业兴趣理论。在该理论中，霍兰德将人格类型划分为6种，并为每一种人格匹配了适合的职业类型。这6种人格类型分别为：现实型；调研型；艺术型；社会型；企业型；常规型。

霍兰德认为，每一特殊类型人格都会对相应职业类型中的工作或学习感兴趣。如果人格类型与职业类型一致，个人就会对工作产生兴趣并体会到内在满足感；如果人格类型与职业类型相近，个人经过努力，也能适应并做好工作；如果人格类型与职业类型相斥，个人对职业就毫无兴趣，也没有能力胜任工作。至此，霍兰德提出了一套动态的人与岗位匹配的理论，并制定了两种类型的测定工具，帮助择业者进行职业决策。一种是职业选择量表（vocational preference inventory，VPI），该量表要求被试者在一系列职业中做出选择，然后根据测定结果确定个人的职业倾向领域；另一种是自我指导探索（self-directed search，SDS），在测试感兴趣的活动、能力和喜欢的职业的基础上，寻找比较适合自身特性的职业。

5.3.4 能岗匹配原则

1. 最佳匹配原则

能岗匹配原则中最核心的内容就是最佳匹配原则，它是指“最优的不一定是最匹配的，最匹配的才是最优的选择”。从用人单位的角度看，只有职得其才，才能才得其职，才职匹配时，效果才能达到最优。如果将个人的能力与岗位和组织的要求分别看成两个圆，那么能岗匹配就是这两个圆的重叠部分，二者重叠得越多就证明匹配度越高。招聘人才时易犯的错误之一就是盲目择优录取，认为最优秀的就是最佳任职者，完全不考虑岗位和组织的实际需求。事实上，如果个人能力超出岗位要求，岗位无法提供员工个人施展才能的平台和空间，员工就很难感受到工作上的成就感和满足感，这种人才高消费极易引起员工工作懈怠、积极性下降、员工离职倾向增强等问题。“怀才不遇”不仅是人才的悲哀，而且人才闲置也造成了企业和社会的人力资源浪费。相反，若个人能力无法满足岗位和组织的要求，即便勉强上岗也无法达到预期的绩效水平，企业利益必然受损，也同样不利于员工个人的职业发展。

2.一致性与互补性统一原则

在前文中我们谈到能力既包括外显的、立即可察的知识、技能，又包括隐藏的、不易察觉的社会角色、价值观念、自我概念、动机等个体特点。能力与岗位的匹配可按照能力的这种分类大致分为一致性匹配和互补性匹配。一般来说，隐藏的、不易察觉的深层能力（如动机、价值观等）需要与企业文化和氛围相一致，这称为一致性匹配；而那些外显的、立即可察的能力（如知识、技能等）应与工作任务要求或职位的关键要求一致，即企业缺少的正是个体所拥有的，个体知识与技能能够满足企业的需要，这就是互补性匹配。招聘以一致性匹配作为基础，以保证互补性匹配的功效得到发挥。

一致性匹配与互补性匹配统一有3个方面的意思：第一，一致性与互补性同为个体能力与岗位匹配的两种形式，二者往往同时出现在能力与岗位的匹配中。第二，一致性匹配与互补性匹配不可分割，一般而言，个体价值观、动机、态度等深层特征与企业文化、价值观、目标、规范一致或相似是个体具备岗位胜任能力的基础，只有当二者一致性匹配时，个体的知识技能与企业需求互补才有价值和考查的必要。那些不认可企业文化价值观的人，越有才能，则对企业的潜在影响和危害越大。第三，互补性匹配与一致性匹配是一个动态的、不断完善的过程，在深层次的价值观念上，个体和企业不可能一开始便完全相符或一致，真正的认同来源于个体与企业的交互过程，是在工作中潜移默化的结果，同样，个体能力特征也可能随企业要求而改变，个人的知识技能是在工作中不断丰富和完善起来的。

3.动态性原则

能岗匹配不是一个固定的值或程度，而是一个动态发展变化的过程。低程度的匹配可以随着个人素质的提高及岗位要求的变化逐步发展，进而实现高程度的匹配；高程度的匹配也有可能由于岗位要求的不断提高，个人能力的绝对和相对退化而变成低程度的匹配。另外，当个人能力或岗位要求发生变化时，要适时调整人员配备，以保证合适的人工作在合适的岗位上，达到企业整体上的最佳匹配。

实际上，个人能力与岗位之间的匹配是相对的，招聘的过程就是一系列测评和比较的过程，通过应聘者具备的能力与岗位胜任能力模型之间的比对，找出与胜任能力最匹配的应聘者，这样的匹配是相对最佳匹配。事实上，任何人都需要在实际工作中不断学习以提高胜任能力，当出现个体能力超出岗位所需并达到更高职业工作的能力要求，或者经过一段时间的工作发现确实不能胜任该工作等情况时，企业则会主动对这种不匹配进行调整，即采取晋升、轮岗、换岗甚至辞退等方式以达到新一轮的能岗匹配和人与企业间的平衡。因此，能岗匹配始终处于变化和发展之中，能与岗之间的关系则经历着不匹配—匹配—新不匹配—新匹配的循环往复过程。

5.4 岗位与人的匹配

要想在招聘中达到能岗匹配，首先需要通过组织架构分析、岗位分析等方法对岗位和组织要求进行梳理分析，其中最重要的是根据企业战略目标和文化氛围，构建出各个岗位的能力模型，即一系列对在岗位上取得优秀业绩具有决定性作用的关键能力素质要求。IBM、联合利华、AT&T等跨国公司，都相继建立了自己企业的能力模型，并在招聘等人力资源管理工作中加以应用。中国石化、李宁体育用品、中国平安等国内企业也相继建立了本企业的能力模型并应用于实践。可以说，能力模型的构建是在招聘中实现能岗匹配的先决条件。

5.4.1 前期准备

前期准备阶段的重点是成立专门工作小组，一般由领导小组和专家小组组成。领导小组的职责是负责能力模型建立的领导工作，审定工作计划与方案等决策性工作。领导小组中需有企业高层直接参与，获得高层领导的支持和参与是该项目成功的关键。专家小组主要包括企业人力资源部相关人员，各个部门的负责人、主管，以及技术骨干等。各部门的直接主管与高级技术人员对本岗位的职责、工作标准，岗位所需知识、能力与个性特征都非常熟悉，经必要培训，能为能力模型的建立提供准确和必需的信息。

此外，还要进行全员培训，工作小组成员培训的重点是使之尽快熟悉能力模型构建的理念、方法，以及各种注意事项。对一般员工培训是让他们能够认识到该项工作对于企业和员工个人发展的意义和作用，明白该项工作关系到全体员工的切身利益，从而达到使多数员工主动、积极参与、配合评价工作的目的。全员培训可以采取召开动员大会的形式，并采用专家讲授、示范、员工提问相结合的培训方式。

5.4.2 收集信息

首先要详细分析企业的战略方向、文化价值取向、业务流程、组织构架以及岗位设置，在此基础上，将与企业发展相适应的员工特点作为高绩效指标。可采用专家小组讨论法，就各个岗位的任务、责任、绩效标准以及期望优秀员工表现的行为和特点进行讨论并得出结论。其次是鉴别出业绩优秀的员工，采用工作分析、查阅资料、实地考察等方法提炼出鉴别绩效优秀的员工与绩效一般的员工的标准。根据岗位要求，在从事该岗位工作的员工中，分别对绩效优秀和绩效一般的员工进行调查。

行为事件访谈法（behavior event interview，BEI），是构建能力模型中最重要的方法之一。它采用一系列精心设计的开放式问题，收集被访谈者在代表性事件中的具体行为和心理活动的详细信息。具体做法是让被访谈者找出和描述他们在工作中最成功和最不成功的3件事，然后详细地报告当时发生了什么。具体包括：这个情境是怎样引起的？牵涉到哪些人？被访谈者当时是怎么想的？在当时的情境中想完成什么？实际上又做了些什么？结果如何？结束时让被访谈者自己总结事件成功或不成功的原因，最后对访谈内容进行分析，来确定被访谈者所表现出来的能力特征。

除此之外，还可采用专家研讨法、资料分析法、问卷调查法和观察法等方法获得能力模型的数据。这几种方法与行为事件访谈法相比操作更便捷、程序更简化，但无法深入了解态度、思维方式等隐性信息，因此一般应以行为事件访谈法为主，辅以其他方法收集所需信息。

5.4.3 设计企业能力词典

信息收集完毕后，要对信息进行整理、归类，分析出各个岗位绩优者和绩差者在处理关键事件时的思想行为等方面的差异，识别导致其行为及结果的关键能力特征。

构建企业能力词典要特别注意结合企业战略方向和文化的分析，对直接导致优秀绩效的、符合企业发展需要的能力素质进行定义，列出能力词典中的基本素质与能力要素。按照不同维度加以分类整理，提炼出企业核心能力素质要项和各类专业能力素质要项，同时对每个要素的高分行为特征和低分行为特征进行分析和描述，即划分出能力的等级和层次。初步形成的能力词典应包括特定的能力要项、单项能力定义、级别划分以及各个等级特点的描述，并附以详细解释和取自行为事件访谈资料的标识示例。

5.4.4 建立岗位能力模型

建立岗位能力模型不是简单地将企业能力词典里的各项能力照抄照搬，而应在明确企业内部业务流程的基础上，结合岗位及其业务上下游关键岗位，将企业能力词典中的各项能力进行具体分解，并加上岗位所需的专项能力要求。

由于进行能力素质评价针对的是企业每个岗位任职者的能力素质，因此在设计企业能力素质项目的基础上，必须考虑每个岗位对任职者的实际等级要求。各个岗位的能力素质等级要求，一般可以岗位职责为基准，由该岗位工作的相关者，包括其上级、下级及平级相关者，组成评估小组来进行具体评估确定。

5.4.5 能力模型的评估与修正

在形成各个岗位能力模型的初稿之后，应对其进行评估和修正。一般由专家小组以及熟悉各个岗位的员工代表进行讨论和审定。讨论内容包括能力模型中各能力要素之间是否有重叠、遗漏，逻辑关系和层次是否分明，各要素界定是否准确、分级是否合理等。综合讨论结果之后对能力模型进行修订，减少主观误差，保证其完整性和科学性。

能力模型建立后，要与人力资源管理的各项工作进行衔接，并通过沟通、交流和培训等方式，向各个层级的员工宣传、推广，打消员工的顾虑，获得理解和认同，以保证实施的效果。另外，要及时取得反馈，对发现的问题做必要的改进。模型投入使用后，仍需定期评估和适时修订，使之能够动态地体现出企业战略的变化及岗位需要的诉求。

本章小结

本章主要介绍了招聘的第一原则——能岗匹配原则。首先介绍了岗位分析的方法，包括定性分析法和定量分析法；然后介绍了与招聘对象相关的素质内容及其分析；接着介绍了能力及能力模型概念的起源和内涵，以及与能岗匹配直接相关的冰山模型理论和特质-因素理论；在此基础上论述了实现能岗匹配的最佳匹配原则、一致与互补统一原则，以及动态性原则。最后，本章还介绍了构建能力模型的基本程序以及常用方法。

第5章基础知识测评

复习思考题

1.岗位分析的具体方法有哪些？

2.为什么能岗匹配原则是招聘中的第一原则？为什么能岗匹配要有动态性？

3.能力与知识、技能、价值观之间的关系是什么？

4.什么叫能力模型？它在招聘中有什么作用？

5.实施能岗匹配需满足哪些原则？

6.构建能力模型的基本步骤是什么？

案例分析题

佳力博物流公司整体能力体系构建与运用

佳力博物流公司（Galiber Logistics）是一家位于美国俄亥俄州哈得逊市的物流企业，该公司为整个供应链的各个环节的物流运输提供服务。佳力博物流公司组建于1989年，虽然公司创建的历史不长，但是已经赢得了“富有活力，发展迅速”的美誉。就像今天的许多企业一样，佳力博物流公司的未来受制于企业聘用优秀员工的能力。因此，管理人员开始反思：“是什么使得员工在这一行业中具有强大的竞争能力？佳力博物流公司怎样才能找到这些能力，并对这些能力进行开发并取得回报呢？”

这一项目的第一步就是要以能力为基础确定企业人员的招聘流程，尤其要关注那些关键职位的人员招聘和甄选。为了能更好地完成这一工作，佳力博物流公司组建了一个由企业领导团队组成的核心人物小组，该小组的中心任务就是帮助确定企业的人员甄选标准。最后，他们确定了适用于整个企业的6项关键能力。这些能力要素反映了佳力博物流公司希望招聘那些具有客户导向、团队导向、系统导向的员工的甄选标准。这些能力要素是：

（1）沟通（communication）：能够与顾客进行交谈，当众发表演说，耐心地倾听他人说话，通过口头演说对他人产生影响；能够花费大量的时间撰写文字材料，对材料进行修改，对工作情况做出清楚的记录，能够阅读各种参考资料。

（2）培养下属（development of subordinates）：能够为下属提供富有挑战性的工作，提供富有建设性的反馈意见，给予认可、报偿；帮助他人认真地改正错误，支持工作中的绩效盲点；实施员工开发计划，组织跨部门的培训，促进员工提升。

（3）系统和流程导向（system and process orientation）：能够运用系统思维预测工作的后果并阻止问题的发生；积极遵守各种书面和非书面的规章制度；灵活运用各种详细记录的操作规程或以前确立的技术标准，遵守操作标准从而确保系统能够顺畅运行，并维持系统性能的稳定。

（4）顾客导向（customer orientation）：确保顾客知道自己能够得到什么，让顾客了解各种必要的信息；预测顾客的长期需求；想方设法满足顾客复杂的需求；能够很快地从失败的服务中重振精神，让顾客感觉到自己受到了重视，并力求使提供的服务超出顾客的期望；在工作群体中营造以顾客为导向的团队氛围。

（5）合作伙伴关系（partnership）：能够与顾客结成战略合作关系；应对时间、政策、决策制定人员等方面出现的细微变化；对顾客的要求做出及时回应并赢得他们的信任；在一个角色模糊的环境中找准自己的位置，在合作伙伴关系的范围之内提供服务，在满足顾客需要的同时满足企业的需要。

（6）团队导向（team orientation）：能够以高昂的士气和对团队目标高度忠诚的精神风貌与他人密切共事；与团队成员进行合作，公平分担团队工作。

然后，这些组织层面的能力要素被整合到一个更大的包括个体层面的能力要素的系统当中，根据这一系统，面试主考官可以设计出与工作相关的面试问题。这些面试问题不仅反映了更广泛意义上的工作环境的要求，而且体现了每个具体职务的工作内容。现在，佳力博物流公司正准备对现有的所有职位进行分析，力争找到每一个职务的关键能力要素。

“我们看到，佳力博公司早先开发出来的能力要素每天都在更新，这就体现了这些能力要素确实能够反映佳力博物流公司经营成功的关键。”行为技术专家特蕾西·特德斯可（Tracy Tedesco）说道。

“我们已经规划好了能够对员工的整个生命周期产生影响的人力资源开发活动，从他们被招聘到企业开始。”公司人力资源部的副总裁帕特里克·曼里恩（Patrick Manion）说道，“我们希望能够把这些能力要素与所有的人力资源管理系统，以及支持人力资源管理活动的各项技术联系起来。”

资料来源 格林．基于能力的人力资源管理［M］．欧阳袖，译．北京：高等教育出版社，2004.

讨论题：

（1）请简要阐述制定整体能力体系对佳力博物流公司的人力资源管理所起到的作用。

（2）佳力博物流公司在制定6项关键能力时特别注意了哪些问题？

（3）6项关键能力应该如何应用到佳力博物流公司的面试中？

第5章案例分析提示

推荐阅读资料

1.杨雪．员工胜任素质模型与任职资格全案［M］．北京：人民邮电出版社，2014.

2.严正，卜安康．胜任素质模型构建与应用［M］．北京：机械工业出版社，2011.

3.秦杨勇．能力素质模型设计五步法［M］．厦门：鹭江出版社，2009.

4.吴能全，许峰．胜任能力模型设计与应用［M］．广州：广东经济技术出版社，2006.

5.格林．基于能力的人力资源管理［M］．欧阳袖，译．北京：高等教育出版社，2004.

6.CELLION，HOLDEN.The national framework for vocational education and training［M］// BEARDWELL I，HOLDEN L. Human resource management：a contemporary perspective，London：Pittman，1997：345-377.

7.SPENCER，SPENCER. Competence at work：models for superior performance［M］. New York：John Wiley & Sons，1993.

8. HAMEL G，PRAHALAD C K. The core competence of the corporation［J］. Harvard Business Review，1990，68（3）：79-91.

9. MCCLELLAND D C.Testing for competence rather than for “intelligence”［J］. American Psychologist，1973，28（1）：12-14.

网上资源

1.中国国家人才测评网，http：//www.chinatest.com.cn/toIndex。

2.凯洛格企业大学，http：//www.keylogic.com.cn/。

3.北森测评网，https：//www.beisen.com/。

第6章　招聘方案设计

学习目标

✓了解企业常用的文本招聘与内部招聘的渠道内容及其比较；

✓了解不同招募方法的特点；

✓了解招聘测试的种类；

✓知道如何在招聘中进行测试；

✓了解各种测试设计的方法。

引例　中国平安保险股份有限公司上海分公司的招聘改革

中国平安保险股份有限公司上海分公司（产险）为了提高员工的整体素质，特别是新人素质，加强招聘的针对性及计划性，对招聘体系进行了改革，如图7-1所示。

改革目标	现在状况	重新设计特点
• 清晰招聘计划 • 规范操作流程 • 促进部门协作 • 确保人才质量	1. 招聘计划性不强 • 招聘计划统筹性不强，无统一规划 • 招聘计划未考虑中长期用人需要 • 缺少供求及渠道分析 2. 招聘过程不够规范 • 招聘过程中有关部门之间责任不清 • 面试的方法和技巧不够，无法系统地发掘所需人才的材料，没有产生足够的作用 • 招聘渠道比较单一 3. 招聘后续工作不得力 • 没有同化新人措施，自生自灭 • 试用期考核流于形式 • 缺少对招聘过程中的检讨和反馈	• 建立较完善的招聘体系 • 由人事部统筹招聘，用人部门按需求做招聘计划，用预定表格，确保必需资料的沟通 • 由人事部统筹招聘，有系统地分配招聘工作，务求缩短过程并使其顺畅 • 加强面试过程，以真正系统地发掘所需材料 • 加强试用期待遇，以吸引更多优秀人才 • 加强对试用期的考核和辅导，设立“同化计划”，确保人员质量及令新人更快接受平安 • 进行招聘年度检讨，成本预算及分析，为决策提供依据

图6-1　招聘体系改革内容

资料来源　佚名．麦肯锡—平安保险招聘手册［EB/OL］．［2015-12-21］．http：//doc.mbalib.com/view/5941df61f8fd499ed8ac35bee14379ea.html.

根据以上资料，该公司采用了什么样的招聘方案？重新设计的亮点是什么？招聘时应当怎样进行设计？通过本章的学习，您将做出解答。

6.1 招聘渠道设计

企业选择的招聘信息发布渠道及方式将决定什么样的人能了解到这些信息，从而直接影响应聘者的数量和素质。因此，企业应在一定的成本范围内保证招聘来源能提供足够的高素质求职者。

时下通行的做法是从外部招聘，也有些用人单位采用内部选拔。到底哪种方法更好，要视用人单位的实际情况而定。

招聘什么样的人员？选择什么样的招聘渠道？不同人才的猎取方式也不一样，要对症下药才行。一个组织在进行招聘的时候，采用内部招聘还是外部招聘取决于多种因素，主要有招聘职位的要求、组织的文化、外部环境资源状况等。

6.1.1 组织内部招聘

内部招聘是指通过内部人员的岗位平级调整或晋升来满足组织对人力资源的需求。内部招聘有以下优点：

（1）可以准确地知道员工的能力；

（2）降低招募风险和成本；

（3）调动员工积极性；

（4）提高员工忠诚度；

（5）招聘成功的概率高。

所以，内部招聘成为一种既经济又快速的人力资源补充方式。

当然，与外部招聘相比，内部招聘也有一些缺点：

（1）内部招聘选择范围有限，可能没有合适的人选，在组织处于快速发展期时尤其如此。外部招聘不仅选择范围广，而且输入的新鲜血液有助于增强组织的活力，给组织工作带来新思路。在某种程度上，外部招聘还有利于平息和缓和内部竞争者之间的紧张关系。

（2）内部招聘易出现思维和行为定式，缺乏创新，从而使组织丧失活力，容易导致内部纷争或“近亲繁殖”现象。

常见的内部招聘渠道有：

1.利用信息管理系统

内部招聘的渠道之一是利用信息管理系统中企业人员技术档案信息，这些信息可以帮助招聘人员确定是否有合适的人选，然后，招聘人员可以与他们接触以了解他们是否愿意提出申请。这种方法可以确保岗位空缺引起所有具备资格的申请人的注意。

利用信息管理系统进行的内部招聘有以下几种：

（1）与部门内部员工沟通。

当企业中有些比较重要的岗位需要招聘人才时，让企业内部符合条件的员工从一个较低层级的岗位晋升到一个较高层级的岗位的过程就是内部提升。

内部提升的主要优点是：有利于激励员工奋发向上，较易融入企业文化。主要缺点是：企业自我封闭，不易吸收优秀人才，可能使企业缺少活力，从而阻碍企业发展壮大。

实现内部提升要注意以下几个前提：

- 组织雇用的人员必须有发展的潜力；
- 他们应该认同企业的价值观；
- 组织的职业设计明确且有层次；
- 组织必须建立完善的培训体系，以提升组织雇员的潜力；
- 组织的提升制度必须是透明的；
- 唯才是用。

（2）与其他业务部门沟通。

通过与其他业务部门的交流，可以了解其他部门是否有员工对本部门的工作感兴趣，一旦有岗位空缺，就可以有针对性地选择补缺人员。

内部调用应遵循以下原则：

- 尽可能事先征得被调用者及其部门领导的同意；
- 调用后更有利于工作；
- 取长补短。

（3）返聘。

组织将被解雇、提前退休、已退休或下岗待业的员工再召回来工作，一般称为“返聘”。这些人大多熟悉组织工作，无须过多的培训且往往十分珍惜再次就业的机会。

（4）与人力资源部沟通。

人力资源部控制了内部招聘的全过程，并对招聘进度了如指掌。一旦某个部门出现人事变动，部门主管应及时与人力资源部门进行沟通，促进内部招聘顺利进行。例如，本部门出现岗位空缺时，要及时报人力资源部并获得候选人名单。另外，还可以就招募的对象和渠道与人力资源部进行沟通，提出建议。

利用信息管理系统的优点是可以在整个组织内发掘合适的候选人，同时技术档案可以成为人力资源信息管理系统的一部分。如果经过适当的准备，并且技术档案包含的信息比较全面，采用这种方法比较经济和省时。

2.主管推荐

当工作岗位出现空缺时，主管可以推荐人选。佐特立与万纳斯1998年进行的分析研究显示：通过内部推荐和返聘等内部渠道所获得的雇员在组织的任期更长，绩效表现也更好。主管推荐多表现为企业内部选拔和调动，是一个不错的招聘渠道。

3.布告招标

我国多数企业经常进行内部选拔。当一个岗位需要招聘人员时，管理人员首先想到的就是内部选拔能否解决问题。布告招标是组织内部选拔的通常做法，还可以采用多种方法发布招聘信息。采取布告招标时，应允许雇员有一定的时间去“投标”，即内部竞争。

布告招标有利于发挥组织中现有人员的工作积极性，鼓舞士气，鼓励员工在组织中建功立业。此外，内部竞岗选拔费用低廉，手续简便，大家对竞聘人员比较熟悉。因此，当招聘人员数量比较少的时候，常常采用此方法，而且效果也不错。但是当企业内部员工人数不够或没有合适人选时，就应该采取其他形式进行招聘。

6.1.2 组织外部招聘

外部招聘亦称社会招聘。在内部招聘不能满足企业需要，特别是在企业处于初创期、快速成长期，或者企业因产业结构调整而需要大批中高层技术或管理人员或想获得能够提供新思想并具有不同背景的员工时，企业往往将视线转向社会这个广阔的人力资源市场，选用外部招聘渠道来吸引所需人员。

外部招聘的方式多种多样，每种方式各有优势和劣势，企业应结合自己的具体情况选择一种或多种方式来获取人才。例如，当企业需要初级技工时，职业技术学校可提供这类人员；当企业招募大量基层员工时，应届毕业生是最好的选择，尽管他们没有工作经验，但是他们具备一定的专业知识，而且综合素质较高，能够很快进入角色；当企业需要已经积累了一些工作经验，同时职位较低的员工时，招聘会是一个不错的选择。招聘会通常定期举办，召开频率较大，能为企业及时补充一般人员。[①]

常见的外部招聘渠道有以下几种：

1.雇员引荐

企业将有关工作空缺的信息告诉企业现有人员，请他们推荐潜在的外部申请人。一些组织还提供少量报酬以激励雇员推荐合适的申请人。这种方式的好处在于，被引荐来的求职者通过引荐者能更快地了解企业和应聘的职位，因而流动率相对较低。不足之处是被引荐来的求职者入职以后可能形成复杂的人际关系甚至派系。

雇员引荐渠道有以下优点：

• 比起刊登广告、人才中介公司等征才渠道，雇员推荐的招聘成本比较低。

• 当雇员推荐求职者时，对方通常已得知企业的情形，并且已经准备好转换工作，企业可以尽快面试或雇用，招聘时间较短。

---

① 姚裕群，杨俊青．人力资源管理［M］．5版．北京：中国人民大学出版社，2011.

• 雇员一般不会推荐不适合或不可靠的应征者，因此成为替企业筛选人才的过滤网。通过雇员推荐的求职者的素质一般比通过广告吸引来的求职者的素质高。

• 由于被推荐者已对工作及企业的性质有相当的了解，工作时可以减少因生疏而带来的不安和恐惧感，从而可以降低辞职率。

2.求职者自荐

自荐的求职者基本上都是随机求职者，有直接找来的，有打电话来的，也有写邮件来的。直接找来的和打电话来的往往是非豁免求职者，写邮件来的常常是专业技术人员。这些不请自来的求职者中会有出色的员工。然而，企业往往不认真对待这些求职者，直接找来的往往在接待处就被告知没有空缺，即使他填了申请表，也很快被束之高阁，更不会有面试者与他们交谈。打电话来的往往被告知要亲自来求职，或是没有空缺。那些不请自来的简历，企业也只是粗略地看一下，有时会写封感谢信，但更多的时候是什么也不写，从此就没有任何联系了。

为这些求职者建立一个简单的督导系统会产生很好的效果。人力资源部的接待人员有最新的职位空缺信息和简单的岗位说明书，只要有直接找来的，就告诉求职者这些信息。如果求职者对某一岗位感兴趣，接待人员就要告诉面试者；如果没有时间马上面谈，就要给求职者安排以后的面谈时间。

对于打电话来的，也要给以类似的对待，接待人员要核实职位空缺情况，并告诉面试者。面试者往往立刻就会与求职者进行简单的电话交谈，建立最初的印象，然后再约定以后的面试时间。

招聘工作者在阅读简历时心中要装着空缺清单，通过电话或信件再与求职者建立进一步的联系。当很难招到满足岗位要求的人才时，这3种自荐者尤为重要。

3.校园招聘

校园招聘是招募初级专业人员的一条重要的途径。它具有独到的优势：第一，大中专院校是以系或专业为单位的，很容易找到某个特定领域的专门人才；第二，刚毕业的学生思维很活跃，没有受到固定模式的禁锢，以创新为主导的企业对优秀的毕业生非常青睐，如通用电气、西门子、宝洁、四大会计师事务所、太阳微系统公司等；第三，校园招聘的效率高、成本低。当然校园招聘也有不足。例如，刚毕业的学生没有社会和工作经验，需要为其支付大量的培训成本，而且他们跳槽的可能性最大。

4.人才中介机构（就业机构、猎头公司）招聘

通过人才中介机构招聘员工主要可分为两类：一类是劳动力市场、职业介绍所和人才市场等就业服务机构；另一类则是各种猎头公司。前者服务的对象比较大众化，企业一般在劳动力市场上招聘“蓝领”工人，而在人才市场上招聘“白领”工人；猎头公司则是专门招聘中高级人才的。

人才中介机构的作用是帮助雇主选拔人才，节省雇主的时间。企业没有设立人事部门或者需要立即填补空缺时，可以借助人才中介机构。企业是否选择人才中介机构来进行相关的招聘工作，需要视具体情况而定。

一般而言，在下列几种情况下，适合采用人才中介机构的方式：用人单位根据过去的经验发现难以吸引到足够数量的合格申请人；用人单位只需要招聘很小数量的员工，或者是为新的工作岗位招聘人才，而专门设计和实施一个详尽的招聘方案得不偿失；用人单位急于填充某一关键岗位的空缺；用人单位试图招聘到那些现在正在就业的员工，尤其是在劳动力市场供给紧张的情况下更是如此；用人单位在目标劳动力市场上缺乏招聘经验；用人单位没有自己的人力资源部门，因而不能较快地进行人员的招聘和筛选工作；用人单位虽然有自己的人力资源管理部门或专职人员，但是由于种种原因不能专职从事人员的招聘和筛选工作。

就业服务机构作为一种专业的中介机构，拥有比单个企业更多的人才资料，而且招聘和筛选的方法也比较科学，效率较高，可以为企业节省时间。另外，就业服务机构作为第三方，能够坚持公事公办，公开考核，择优录取，公正地为企业选择人才。但是正是因为就业服务机构并不是企业本身，所以在筛选人才的时候可能会使不符合企业要求的求职者通过初选而直接被送到负责雇用他们的企业主管人员那里，企业主管人员又可能不做过多的选择就相信就业服务机构的挑选，最终雇用了不合格的人；此外，企业必须支付中介费，从而增加了招聘费用。因此，在招聘普通员工时，利用就业服务机构效果会比较好，而招聘高级或专门技术人员则效果不佳。

猎头公司是一种与职业介绍机构类似的中介组织，由于其特殊的运作方式和特殊的服务对象，而被单独作为一种招聘方式。它主要适用于招聘工作经验比较丰富、在行业中和相应职位上比较难得的高级人才和尖端人才。其优点是节省招聘和选拔专门人才的时间和精力；缺点是招聘成本较高。

5.传统媒体广告招聘

通过传统媒体发布招聘广告是一种最为普遍的招聘方式，但其使用频率正在逐渐减少。用人单位可以在当地发行量大的报纸、电视或广播上发布招聘广告。这种方式覆盖面广，但效率往往比较低。媒体的选择要慎重，电视广告和广播广告的费用相差悬殊，而且人们对媒体的偏好也不同。

6.网络招聘

在互联网迅速发展的今天，越来越多的企业和求职者选择了网络招聘。网络为应聘者和用人单位提供了一个双向选择的平台。很多招聘网站已经成为庞大的人才库。企业通过这些网站发布对人员的需求后，将收到申请某一职位的应聘者的个人简历。企业只需将这些个人简历下载打印即可，非常方便、快捷。这种形式一般被常年招聘及一次性临时招聘的单位所采纳。但是，这种渠道不能控制应聘者的质量和数量，包括各种垃圾邮件、病毒邮件等会加大招聘工作的压力，在信息化不充分的地区效果差。

（1）网络招聘的优势。

网络招聘的优势体现在为求职者和用人单位双方提供了更加便捷的互动交流平

台上。对于求职者来说，网络求职有4个方面的优势是其他求职方式难以企及的，具体为：容量大，更新快；突破时空限制；成本低廉；机会找上门。

对用人单位来说，网络招聘的优势也十分明显。例如，发布的招聘信息可以让不同地域的更多求职者阅读，从而提高了找到理想人才的概率；接收在线简历，可以更方便地对简历进行保存、分类，建立企业的人才数据库；在网站上发布的招聘信息不受篇幅限制，企业可以提供除职位信息以外的企业介绍、发展历程等更丰富的内容。

（2）网络招聘的劣势。

任何事物都有利有弊。网络招聘的劣势更多地来自互联网平台的先天之痛。网络招聘的劣势主要有以下几点：信息难辨真伪；信息过时；简历过多，不受重视；个人信息有泄漏之忧。

很多求职者在网上输入个人信息时，心里难免有这样的担心：个人信息是否会被泄漏，从而被他人所用？这种担心并非空穴来风。一般来说，招聘网站不会泄漏求职者简历，但也不能避免有人将公开的求职者个人信息挪作他用。

用人单位这一方也有困扰。比如，招聘信息发布后，回收的简历不是太多就是太少。简历太多了，人员纷杂，给简历筛选带来压力；简历太少了，就不能提供企业实际需要的人才。在上述质疑声中，网络招聘仍未完全摆脱信任危机。

（3）网络招聘的方式。

①企业网站的宣传。由于招聘是企业管理常年的重要工作内容，因此企业在建设自己的网站时，应该考虑将企业人才需求信息作为网站的一个常设栏目。为了吸引更多的应聘者，除了必要的岗位信息以外，还应重点介绍一些企业的用人政策和企业文化信息。

由于招聘宣传是企业网站的一个必要内容，所以不必支付额外的招聘费用，成本低或者说几乎没有成本，这是企业网站招聘的最大优点。但是，由于其是企业网站，访问人数有很大的限制。

②招聘网站的宣传。招聘网站就是专业从事招聘服务的网站。由于其定位明晰，加之宣传力度大，求职人员会经常访问。招聘网站一般都拥有自己的职位信息库。依托高效的服务网站和先进的技术保证，招聘网站的求职信息及企业信息可以涉及信息技术、电子、金融、化工、物流、广告等各个行业。

客户可以自己在线发布招聘信息，也可以将信息提供给网站，由网站代为发布，还可以在招聘网站中发布列名广告。招聘网站还可以根据企业的形象专门设计相关招聘页面，同时放置企业其他人事相关信息，还可以让客户使用网络化招聘管理系统。

表6-1对上述招聘渠道进行了比较分析。

表6-1 招聘渠道比较分析表

渠道类别		优势	劣势	整体分析及使用建议
网络招聘	企业网站	花费最少	点击率是关键	在点击率不高的情况下可以作为一种守株待兔的方式；如果点击率较高，可行性就高多了
	招聘网站	1.可随时发布招聘信息 2.发布后管理方便 3.受众面广 4.周期长、简历数量大 5.花费较低	1.简历筛选量大 2.应试率较低，岗位针对性不强	1.一般岗位可首选此渠道发布，如果刊登一周后发现效果不够理想，可考虑其他方式 2.不太适合资深专业人员和高级管理岗位
	相关论坛等；QQ群发信息	人群针对性强	1.需要一定的人力和时间 2.诚信度不太高	1.一般来说，这不是一种值得信任的招聘方式 2.人力资源方面职位的招聘，可尝试在人力资源论坛发帖
校园招聘	学校信息栏海报	花费很少	不够正规，没有校方的肯定与支持	大四上学期中旬，即9—10月份实施比较合适
	学校组织招聘会	花费很少	竞争力比较大，知名企业、大企业更占优势	1.时刻保持与校方就业办联系，随时准备参加 2.有时效性，一般是每年11月至次年1月
	校企联合专场	人数能得到极大满足，也提高企业知名度	花费相对较大，对知名企业、大企业批量招聘更适用	1.适合批量招聘 2.最好在校方准备招聘会前期举行 3.需要做一些企业宣传的准备工作
现场招聘会	大型招聘会	效率较高，可快速淘汰不合适的人选，控制应聘者的数量和质量	1.花费较高，要投入一定的人力和场地 2.有效周期短 3.受展会主办方宣传推广力度影响，求职者的数量和质量难以有效保证	1.适用于一般人才的招聘 2.如果没有大量的岗位需求和合适的大型招聘会（如每年春季的大型招聘会），建议不参加
	人才市场招聘会			

6.2 招聘流程设计

组织在进行人员配置的过程中，通过一系列的选拔手段淘汰不合格的求职者并识别和吸引具备一定素质的求职者，根据工作岗位的需求，做出聘用决策。招聘工作一般遵循以下程序，如图6-2所示。

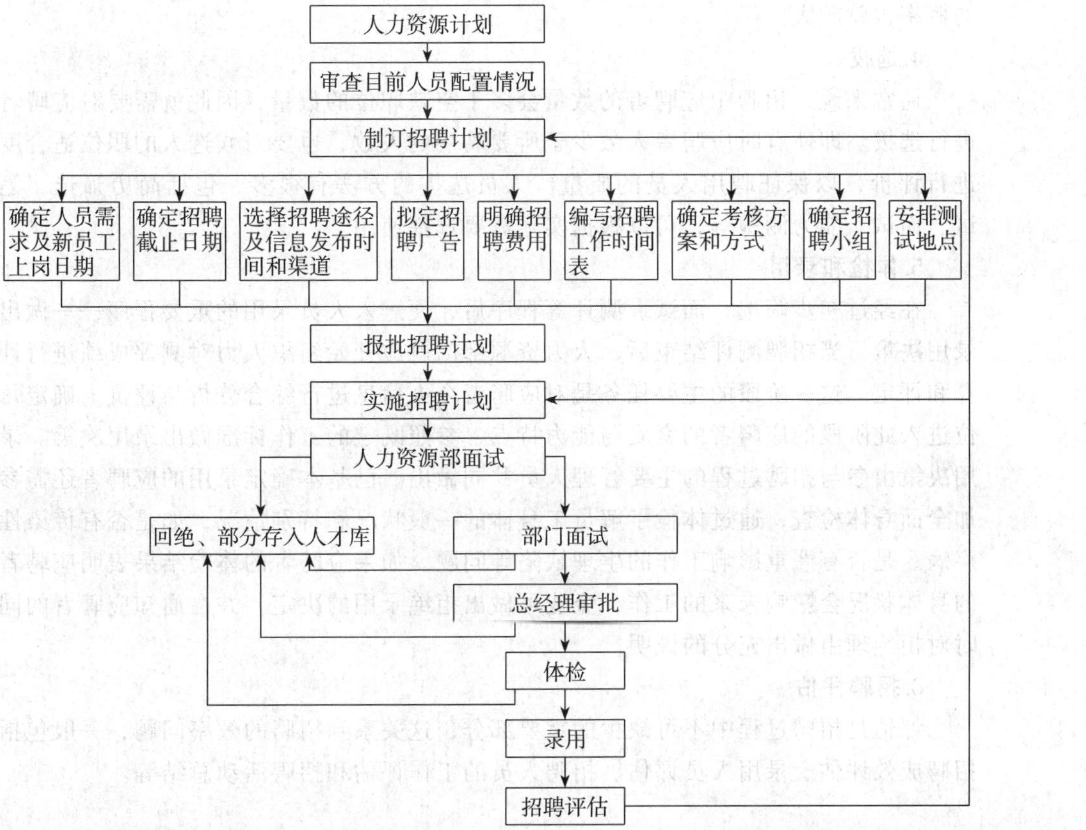

图6-2 招聘流程

1.制订招聘计划

组织的人力资源部门在展开实际招聘活动之前，必须做出识别和吸引求职者的具体实施计划并解决一系列的具体问题。招聘计划的主要内容有：确定人员需求及新员工的上岗日期、确定招聘截止日期、选择招聘途径及信息发布时间和渠道、编制岗位说明书、确定淘汰比率、拟定招聘广告、明确招聘费用、编写招聘工作时间表、确定考核方案和方式、确定招聘小组、安排测试地点等。

2.报批招聘计划

招聘计划制订完毕后还需提交企业董事会或总经理审批，批准后才能发布招聘信息，招聘活动才能继续进行。如果待招聘人员在人员预算范围之内，一般审批程序会进行得比较快；如果待招聘人员超出人员预算，企业高层管理人员就需要对招聘的必要性进行审核和论证。确认招聘要求后，获得审批的招聘计划会直接发送回人力资源部门，由人力资源部门的工作人员正式开始招募应聘者的活动。

3.实施招聘计划

企业一旦决定招聘人员，就应该迅速发布招聘信息。发布招聘信息就是向可能应聘的人群传递企业将要招聘的信息。这直接关系到招聘的质量。一般而言，发布招聘信息的面越广，接收到该信息的人越多，应聘的人也就越多，招聘到合适人选的概率也就越大。

4.选拔

通常来说，招聘中应聘者的数量会多于空缺职位的数量，因此就需要对应聘者进行选拔。即使有时应聘者人数少于所要聘用的人数，也要对候选人的职位适合度进行评价，以保证聘用人员的质量。人员选拔的方法有很多，包括简历筛选、笔试、面试、能力测验等，可以根据实际需要选择使用。

5.体检和录用

在经过初步筛选、面试、测评等程序后，便进入人员录用的重要程序——做出录用决策。当招聘测评结束后，人力资源部门就应开始组织人力对测评成绩进行计算和评定。这一阶段的主要任务是对应聘者个人信息进行综合分析与评价，确定每位进入此阶段的应聘者的素质与能力特点，参照既定的工作标准做出录用决策。录用决策由参与招聘过程的主要管理人员共同做出。已基本确定录用的应聘者还需参加全面身体检查，通过体检了解员工身体的一般状况和特别情况，如是否有传染性疾病、是否有严重影响工作的生理缺陷等问题。如果应聘者的体检结果表明应聘者的身体状况会影响未来的工作，企业可做出拒绝录用的决定，并在通知应聘者的同时对拒绝理由做出充分的说明。

6.招聘评估

评估是招聘过程中不可缺少的重要部分，这关系到招聘的效率问题，一般包括招聘成效评估、录用人员评估、招聘人员的工作评估和招聘活动总结等。[①]

6.3 招聘方法设计

目前比较流行的招聘方法主要有心理测验法、面试法、评价中心法、基于胜任特征模型选拔法等4种方法。

6.3.1 心理测验法

心理测验法是根据标准化的实验工具，如量表，引发和刺激被测试者的反应，所引发的反应结果由被测试者自已或他人记录，然后通过一定的方法进行处理，予以量化，描绘行为的轨迹，并对其结果进行分析。这种方法的最大特点是对被测试者的心理现象或心理品质进行定量分析，具有很强的科学性，而且随着计算机技术的发展和广泛应用，心理测验领域已出现明显的计算机化的趋势，如在计算机上施测、自动计分、测试结果自动分析和解释等。心理测验主要包括以下几种形式：智

① 萧鸣政. 人员测评与选拔［M］. 上海：复旦大学出版社，2006.

力测验、个性测验、心理健康测验、职业能力测验、职业兴趣测验、创造力测验。心理测验有许多用途，如教育、医疗、咨询。在人力资源管理领域，招聘与配置是心理测验最重要的应用领域之一。

6.3.2 面试法

面试法也称面谈法，是以面对面的交谈及观察为主要形式，对被试者的有关素质进行测评的方法。面试作为招聘工作中选拔人才的重要方法，在现代企业管理中的应用越来越广。这是因为在各种测评方法中，面试具有考查的直观性、内容的灵活性、信息的复合性和交流的直接互动性等优点，可使考官直观地、灵活地考查应聘者的多种能力和素质，同时，还可以直接考查应聘者的个性、动机、仪表、谈吐及行为，有助于对应聘者做出比较全面和真实的评价，为企业招聘到真正需要的优秀人才。这是其他招聘方法无法比拟的。

面试是人力资源管理中大量、反复进行的重要工作，这里就面试中应把握的关键技术阐述如下：

1.面试考官的素质要求及组成

面试考官的选择是影响面试成功的关键因素，因为面试考官的工作能力、性格特征及各方面素质将直接影响面试的质量与效果。合格的面试考官必须具备的素质可以归纳为以下几点：一是必须具备良好的个人品格和修养；二是应具备相关的专业知识和丰富的社会工作经验；三是能应对多种应聘者，熟练地运用各种面试技巧，控制好面试的整个过程；四是能公正、客观地评价应聘者，不因个人的好恶或应聘者的外表、性格、习惯、家庭背景等主观因素影响评价的结果；五是了解组织状况、职位要求并掌握相关的人员测评技术。

2.面试问题的设计技巧

面试考官应依据工作说明书、工作规范，充分理解岗位职责和任职资格条件，分析应聘者必须具备的主要能力和素质，再根据这些要素设计相关的面试问题，以此来考核应聘者是否具备岗位所要求的能力和素质。此外，设计的基本面试问题须具备开放引导性，这样能够给应聘者提供充分展示自己才能、表达自己见解的机会，面试考官也能对应聘者的各项能力和素质有更深入的了解，进而将不同应聘者的差异显现出来。

3.面试提问的艺术

(1) 掌握面试的提问策略。面试考官要控制好面试节奏，引导好整个面试进程，应清楚面试中的提问并不是要难倒、问倒应聘者，而是要开放性地引导应聘者通过回答问题来展示他们的才华、个性优势，显现他们独特的思想和见解。

(2) 注意面试的提问方式。面试考官要获得应聘者不同方面的情况，如能力与行为特征、心理特点等。由于测评的内容是多方面的，考官要根据测评内容的不同采取相应的提问方式。面试中常用的提问方式有开放式提问、连串式提问、假设式提问、压迫式提问和行为描述性提问等。

6.3.3 评价中心法

评价中心法是一种综合性的、较为复杂的招聘方法，它使用各种不同的技术对许多心理维度进行评定。它是为组织判断和预测那些与组织的工作绩效目标相关联的个体行为、以评价求职者的操作能力及管理素质为中心所进行的一种标准化活动程序，是一种比较全面的测评方法。它最突出的特点就是情景模拟性，所以它的核心部分就是情景模拟测评。

情景模拟测评主要有以下几种形式：公文篮（或公文筐、文件筐）测验、小组讨论（包括无领导小组讨论和有领导小组讨论）、即席发言、角色扮演、管理游戏、小组任务（包括无领导小组任务和有领导小组任务）、书面案例分析、事实判断、面谈模拟、与人谈话等。到目前为止，除对公文篮测验和无领导小组讨论略有研究外，人们对其他形式的研究甚少。

从实际的使用频率看，使用频率较高（>50%）的有文件筐测验、案例分析及无领导小组讨论。其他形式的使用频率并不高，如角色扮演、小组任务等甚至都没有实际的调查数据。文件筐测验是能力测试中经常运用的方法。它是对实际工作中管理人员掌握和分析资料、处理各种信息，以及做出决策的工作能力的考查。文件筐测验具有考查内容范围广、表面效度高的特点，因而非常受欢迎，使用频率居各种情境模拟测验方法之首。

评价中心方法的效度一般是较高的，但此种方法费用太高，测评过程耗时较长，所以它的应用并不广泛，而更适合高层管理者的选拔。

6.3.4 基于胜任特征模型选拔法

20世纪中后期，哈佛大学的戴维·麦克利兰（David McClelland）教授的研究成果为企业人力资源管理的实践提供了一个全新的视角和一种更有利的工具，即对人员进行全面系统的研究、从外显特征到内隐特征综合评价的胜任特征分析法。这种方法不仅能够满足现代人力资源管理的要求，构建起某种岗位的胜任特征模型（competency model），对于人员担任某种工作所应具备的胜任特征及其组合结构有明确的说明，也能成为从外显特征到内隐特征进行人员素质测评的重要尺度和依据，从而为实现人力资源的合理配置提供科学的依据。

基于胜任特征的人才招聘与选拔有着超越传统招聘方式的优势，它是参考工作中绩效表现最优秀的人群而制定的，组织可以通过招聘和选拔拥有这些胜任特征的员工，从根本上提高组织的整体绩效。基于胜任特征模型选拔法能够帮助组织在招聘和选拔绩优者时有一个稳定而有效的参考框架，帮助企业找到既满足当前岗位要求，又符合企业文化、适应企业发展需要的员工，降低人员流动率和控制管理成本，提升个体和团队的绩效。

本章小结

本章详细地介绍了招聘方案的设计内容，包括招聘渠道设计、招聘流程设计和招聘方法设计。

招聘渠道包括内部招聘和外部招聘。这两种招聘渠道都有很多不同的实现形式，各有其优缺点，没有好坏之分，只是合适与否的问题。招聘流程的设计对于招聘的成败是非常重要的，成功的招聘必须有完美的招聘流程，当然流程的执行也是很关键的。设计一种好的招聘方法，可以为应聘者的职业性向、发展前途及潜力提供有效建议，为企业选拔人才提供依据。另外，本章还介绍了几种常用的招聘测验方法。选择合适的测验方法对于招聘而言无疑是非常重要的。通过对本章内容的学习，学员能够对企业招聘的总体方案有较深刻的理解和掌握。

第6章基础知识测评

复习思考题

1.员工招聘的途径有哪些？分别包括哪几种？
2.内部招聘和外部招聘的优缺点是什么？哪些岗位更适合内部招聘？
3.招聘的一般流程是什么？
4.什么是心理测验？主要有哪几种方法？
5.企业在招聘中常用的几种心理测验方法是什么？

案例分析题

欧莱雅的招聘渠道

欧莱雅通过各种渠道与方式来招募人才，主要的招聘渠道包括：

刊登招聘广告

欧莱雅通过在报纸、网络刊登招聘广告发布用人信息，招募所需人才。欧莱雅运用互联网这一覆盖面广、富有效率的新传媒，在网上进行招聘，使人力资源在全球共享，欧莱雅在15个国家和地区10%的招聘工作在网上得以实现。

猎头公司

有时，为了招聘某些高级经理人为欧莱雅服务，欧莱雅也与全球一流的猎头公司等人力资源中介服务机构合作，通过猎头公司提供的专业人力资源服务，寻找优秀的人才加盟。欧莱雅中国人事总监戴青介绍说，她时常叮嘱开展合作的猎头公司，一旦发现欧莱雅需要的具备“诗人与农民”禀赋的人才，无论花多少费用，都要尽力把他们吸引到欧莱雅。但猎头公司在欧莱雅的招聘渠道中所占的比例不大，因为仅仅是中高级人才通过猎头公司寻找。

校园招聘

欧莱雅会根据需要每年在相关大学召开校园招聘会，招募管理培训生，为培养未来的高级经理人做精心准备。

每年，来自世界几十个国家和地区顶尖学府的千余名管理培训生会申请加入欧莱雅。欧莱雅中国公司也广泛地与中国各著名大学展开交流与合作，每年在北京大学、清华大学、复旦大学、上海交通大学、中山大学等高校招募管理培训生，为培养欧莱雅未来的高级经理人奠定坚实的基础。

欧莱雅校园招聘选择的大学是世界各地优秀的大学，招聘著名学府中的佼佼者进入欧莱雅。在全球，欧莱雅通过“欧莱雅校园企划大赛”等方式来寻找人才。

实习生制度

欧莱雅还通过实习生制度每年从大学吸收大量优秀学生来公司实习，促进双方的沟通与了解，为将来的合作奠定基础。

内部招聘

欧莱雅的员工招聘信息同样在公司内部发布，欢迎公司员工应聘。内部员工与外部应聘者竞争某一岗位，完全是在公平的前提下，参加同样的面试，最终由用人部门决定。

建立人才后备力量

区别于每年毕业季节各种公司在校园的招聘会，欧莱雅对人才的物色显示出开放的态度。1993年，欧莱雅开始举办“欧莱雅校园企划大赛”。从2000年开始，欧莱雅在中国区举办“欧莱雅校园企划大赛”，这一鼓励大学生投身实际企业商业运行的全球经典赛事，赋予当代中国大学生活力和创意，使中国学生无论是在创新意识还是对市场的了解及使理论与实际相结合上，都拥有与世界各地同龄人同台竞技的机会，受到了大学生们的热烈欢迎。获得头奖的代表队会被邀请到巴黎的欧莱雅总部参观其主要生产基地和研究中心等，对欧莱雅这一跨国企业的管理风格和市场经营策略有更深入的了解。欧莱雅相信这一系列活动会给学生们留下先入为主的良好印象。

欧莱雅推出了“全球在线商业策略大赛”，让参加游戏的大学生们在互联网上模拟商战，并许以重奖。中国中欧国际工商学院（CEIBS）的参赛者第一次参加就取得了中国第一名、亚洲第三名、全球第十一名的好成绩。这是欧莱雅培育后备力量的策略之一，这样一个“培养人才，发现人才，吸引人才进公司”的策略，已经成为欧莱雅人才良性循环的法宝。

欧莱雅建有自己的全球互联网人才数据库，全球各地的人才都可以随时利用欧莱雅的系统在线申请欧莱雅在全球的职位，或申请实习机会。欧莱雅已经初步建立起庞大的人才后备库，并从中挖掘了许多优秀人才加盟。

资料来源　宫惠民. 用人大师［M］. 天津：天津人民出版社，2003.

讨论题：

（1）试分析欧莱雅为什么如此确定本企业的招聘渠道。

（2）结合该案例说明各个招聘渠道的优缺点。

（3）欧莱雅招聘成功的主要因素有哪些？

第6章案例分析提示

推荐阅读资料

1.姚裕群．人力资源管理概论［M］．大连：东北财经大学出版社，2017.

2.张德．人力资源开发与管理［M］．5版．北京：清华大学出版社，2016.

3.萧鸣政．人员测评与选拔［M］．3版．上海：复旦大学出版社，2015.

网上资源

1.HR369人力资源网，http：//www.hr369.com。

2.MBA智库百科，http：//wiki.mbalib.com。

3.CN人才网，http：//www.cnrencai.com。

4.人力资源培训网，http：//www.hr2009.net.cn。

第7章 甄选——招聘遴选的决策

学习目标

✓掌握有效筛选申请表和简历的方法；
✓了解如何跟踪应聘者的信息；
✓掌握正确评估测试和面试的方法；
✓了解信度和效度的关系；
✓重点掌握如何做出正确的聘用决策；
✓理解内容效度比率公式。

引例

CR公司的人才遴选

CR公司是一家大型跨国企业，是集研发、生产、销售于一体的实体企业。因企业发展需要，要招聘两名技术主管和一名大区经理。如何识别出符合企业需要的销售经理和技术方向的人才呢？知识、经历和技术把关应该不是问题，各项目经理有足够的水平来做好这项工作，但实践证明，发挥不好的人才往往不是因为知识背景不行，更多的是个性等综合素质不适合企业的工作。

而人才素质测评恰好可以解决这样的问题。于是，CR公司请来管理咨询公司进行专业测评。管理咨询公司在接受委托之后首先考虑了这样一个问题：在目前情况下，该公司最需要什么样的人才？经过深入的调查，管理咨询公司确立了不同的选人标准，并针对这个标准选择、开发了测评工具：(1) 纸笔测验，包括"能力测验""MBTI行为风格测验""兴趣测验""企业文化测验""动力测验"，考查应聘者的基本能力素质和发展潜力，以及必备的心理素质、行为风格和在日常工作中的偏向等。(2) 评价中心技术。无领导小组讨论，考查应聘者分析处理问题的能力、口头表达能力、人际沟通意识与能力等。(3) 结构化面谈，考查应聘者的经营观念和组织管理意识，并深入考查其人际沟通意识与能力。整个测试分为3个单元，需要花费两天时间。几项纸笔测验共用半天时间，无领导小组讨论用半天时间。经过这两轮筛选，从11名候选人中确定了8名进行结构化面谈，历时一天。

最后，管理咨询公司写出详细的选拔评价报告，评价了11名候选人的差距、优势和不足，并针对大区经理和技术主管两个岗位进行选择性排序，对其中的3人给出推荐意见。看过评价和推荐报告后，CR公司的领导班子进行了认真的分析和讨论，一致认为评价非常科学并有说服力，欣然采纳了管理咨询公司的建议。CR公司还高兴地发现，报告不仅有利于对人才进行选拔和评价，还能为将来如何使用人才、使其在岗位上更好地发展提供良好的建议。

资料来源　佚名. 某跨国公司招聘选拔案例［EB/OL］.［2015-12-21］. http://www.china-b.com/jyzy/rsgl/20090317/957258_1.html.

通过CR公司的人员遴选工作，我们可以看出，把下面的事情做好，才有可能把招聘成功率提升到一定程度：筛选出有效的申请表和简历；将测试和面试的评估结果作为招聘甄选的依据；对真正需要的人才做出正确的聘用决策。

7.1 筛选申请表与简历

7.1.1 筛选申请表

1.申请表的特点和目的

招聘申请表是由招聘单位设计、包含职位所需基本信息并用标准化的格式表示出来的一种初级筛选表，其目的是筛选出那些背景和潜质与职务规范所需的条件相当的候选人，并从合格的应聘者中选出参加后续选拔的人员。一般来说，申请表有以下特征：

（1）节省时间。经过精心设计、合理使用的申请表可以使选择过程节省很多时间，加快预选的速度，是较快、较公正准确地获取与候选人有关资料的最好办法。

（2）准确地了解应聘者的信息。申请表相对于简历而言更加可靠，因为申请表是由招聘单位决定填写哪些信息，并且所有应聘者都要按表中所列项目提供相应的信息，可以使招聘单位比较准确地了解候选人的比较真实的背景资料，其中包括教育、工作经历以及一些与岗位有关的个人信息。

（3）提供后续选择的参考。申请表有助于在面试前设计具体的或有针对性的问题，有助于在面试过程中做交叉参考，以判断应聘者的信息有无矛盾之处。

申请表的最大优点是结构清晰，易于申请人填写。申请表要求申请人提供招聘单位所需的全部信息。正是基于这些原因，招聘人员才便于根据申请表做出评估。在需要对申请人进行第一轮筛选时，申请表的这一特性就显得特别重要。但是，申请表的格式限制会影响申请人创造性的发挥，这对招聘某些工作岗位来说是一个缺陷。

2.筛选申请表的方法

对申请表的初审及评价是招聘录用系统的重要组成部分。初审的目的是迅速地从应聘者信息库中排除明显不合格者，以挑选出符合招聘条件、有希望被聘用的应聘者。因为在申请表和简历的筛选过程中招聘者并不与应聘者直接接触，所以评价标准往往以招聘条件的硬性指标为主，如工作经验、学历、年龄等。

对申请表进行筛选，应注意以下几点：

（1）判断应聘者的态度。在筛选申请表时，首先要筛选出那些填写不完整和字迹难以辨认的材料。为不认真的应聘者安排面试纯粹是在浪费时间，可以将其淘汰掉。

（2）关注与职业相关的问题。在审查申请表时，要估计个人材料的可信度，要注意应聘者以往经历中所任职务、技能、知识与应聘岗位之间的联系，以及不同信息是否有矛盾之处。在筛选时要注意分析其离职的原因、求职的动机，对那些频繁离职的人员要加以关注。

（3）将可疑之处作为面试的重点提问内容。不论是简历还是申请表，很多材料都会或多或少地存在虚假的内容。在筛选材料时，应该用铅笔标明这些疑点，在面试时作为一项重点考查的内容加以询问。为了提高应聘材料的可信度，必要时应检验应聘者的各类证明身份及能力的证件。

认真审阅申请表，将那些明显不适合这个岗位的人挑出来。根据工作说明书和人员招聘条件，给剩下的申请人排队，参考下列标准对每一位申请人进行评估：①不够最起码的标准；②符合标准；③超出标准。

对所有的申请人进行认真的甄别和排队之后，就可以将结果引入表7–1中进行比较了。

表7–1 **申请人条件比较表**

	身体情况			教育培训			知识经验			特长才能			性格特征			专业特长		
申请人	1	2	3	1	2	3	1	2	3	1	2	3	1	2	3	1	2	3
1			√		√		√				√			√				√
2																		
3																		
4																		
5																		
6																		
7																		
8																		
9																		

进行比较之后，就可以相对容易地进入候选人分类阶段：一部分选定为继续测验对象，一部分列入后备名单，还有一部分准备向他们发回绝信。

7.1.2 筛选简历

简历是求职者提供其背景资料的一般方法，也是人力资源部门初步筛选应聘人员的常用材料之一。经过面试、测评后，应聘候选人已不多，到底录用哪一个将主要由招聘主管来决定。招聘主管可能会认真审核面试或测评的结果以帮助其做出录用决策，而往往忽视了简历的再次利用。其实，再次审视简历，往往会获得意想不到的信息。同时，还可利用简历对应聘者的背景资料进行调查。

简历通常是由个人制作的，有的可能包括一些烦琐的内容，有些粗心的应聘者在制作简历时还会遗漏一些对招聘单位而言相对重要的信息。当面对堆积如山的简历时，学会如何有效地筛选简历显得尤为重要。

筛选简历的要点有：

1.分析简历构成

简历的结构在很大程度上反映了应聘者的组织能力和沟通能力。一般而言，简历由以下信息构成：

（1）个人基本资料，包括姓名、性别、籍贯、近照、出生年月、身高、体重、婚姻状况、健康状况、联系地址及电话等；

（2）教育背景，包括本人受教育水平、主修专业科目、学习成绩等；

（3）能力资格，包括专业训练级别、证书、语言沟通能力、文字处理能力等；

（4）工作经历，包括以往工作单位名称、工作年限、职务与工作性质、离职原因等；

（5）自我描述，包括个人性格、自我评价、社会关系、未来规划、兴趣爱好、自信心等；

（6）其他，如期望待遇、对工作环境的期望、应聘动机等。

2.重点看客观内容

客观内容主要指个人信息、受教育经历、工作经历和个人成绩等。要审查应聘者的专业资格和经历是否与空缺职位相关并符合要求，如这项工作的要求是什么、工作成功的必要条件是什么等。此外，也要考虑应聘者过去的工作经历，以及和这次申请的岗位的相似程度。例如，招聘计算机专业岗位的人才时，求职者最好具备相关工作经验或最起码具备相关专业学位，有这方面的知识储备。

3.审查简历的逻辑性

在工作经历和个人成绩方面，要注意简历的描述是否有条理，是否符合逻辑。比如，应聘者在描述工作经历时包括了一些著名的公司和一些高级职位，而他所应聘的却是一个普通职位。又比如，应聘者在简历中称自己在许多领域取得了优异的成绩，获得了很多的认证，但是从他的工作职位来分析很难有这样的条件和机会。这样的简历都需要引起注意。

4.判断是否符合职位技术和经验要求

在客观内容中，首先要注意个人信息和受教育水平，判断应聘者的专业资格和经历是否与空缺岗位相关并符合要求。如果这两项不符合岗位要求，就没有必要再浏览其他内容了，直接就可以淘汰掉。

5.对简历的整体印象

不要根据简历想当然地或匆忙地做出结论，不能以偏概全、主观臆断。求职者为了得到招聘单位的面谈机会，篡改简历、编造信息已经成为一种普遍现象。要标出简历中不可信的地方以及面试人员可能感兴趣的地方，以便面试时询问。

6.鉴别简历中的虚假信息

在招聘市场中，招聘工作者最先面对的就是个人简历。它是一个变化的，且因个人所编制而常常带有误导性的资料，就连最精明的招聘主管在阅读个人简历时也不免遇到麻烦。招聘方可以通过开展周边调查、背景调查或再次联系应聘者让其做出解释等方法来提高鉴别简历中虚假信息的能力。

7.1.3 跟踪应聘者的信息

跟踪应聘者的信息是对应聘者的相关工作背景信息进行查证，以确定其应聘资料的可信度。可以通过背景调查对简历、面试与测试结果做进一步的分析和确认，同时也为做出录用决策提供重要依据。

求职者在工作经验方面往往夸夸其谈，把做过几天保健品直销的经历夸大为具有丰富的市场销售经验，把出纳经历发挥为熟悉财务部运作，把协助某个项目演变成主管某个项目，以满足应聘职位的要求。美国一项资料显示，有3 000万人曾经因为伪造简历被录用。背景调查是拒假于门外的有力武器，放弃它意味着公司失去了招聘的“基本免疫力”。

背景调查最好安排在面试结束与决定录用之间。一是因为此时大部分不合格人选已经被淘汰，对这些人自然没有调查的意义；二是因为较为优秀的应聘者数量已经较少，进行背景调查的工作量相对小一些；三是因为根据测试和面试的结果，已经熟悉应聘者的资料，此时在设计调查项目时更有针对性。结合调查结果来决定是否录用应聘者，可以避免在应聘者上岗后再调查出问题，令公司和人力资源部进退两难。

一般来说，背景调查通常采用以下方式：

1.电话咨询

通过电话咨询可以收集关于求职者过去的职责和成绩的信息。例如，求职者一年以内跳槽两次的原因是什么？求职者有半年的工作间断，这半年他究竟干了什么，是休假还是上学？

2.档案调查

招聘人员可以与人力资源部一起调取应聘者的档案，了解其过去的工作经历、有无获得处分等。

3.面对面访谈

招聘人员可以给应聘者一个面对面谈话的机会，让其提出与公司以及所提供工作岗位有关的问题。这时，动机特别强烈的和有才能的应聘者总能提出许多好的问题。招聘人员也可以进一步向应聘者提出与招聘岗位、工作经历相关的问题。

7.2 招聘测试结果评估

在员工的甄选过程中，招聘单位会通过各种测评方式来考核应聘者。那么，测试与面试的结果一定是准确可信的吗？会出现哪些负面效应呢？招聘单位在对应聘者完成各种测试，尤其是面试之后，一般都要及时对测试与面试的内容、过程进行系统的评估和分析，纠正可能出现的错误，以便进一步提高测试和面试的效率，获得更好的效果。

7.2.1 招聘测试的可靠性和有效性分析

招聘测试的可靠性和有效性要通过信度和效度来分析。信度和效度是企业在决定采用何种甄选方法时所依据的两个非常重要的指标。采用合适的方法对应试者测评出来的结果对其以后的工作表现有一定的预测作用。

1.测试的可靠性分析

在员工的甄选过程中，如何对测试的可靠性进行评估？这就要进行信度评估。

（1）信度的定义。

信度也叫测试的可靠性，指的是测试结果是否稳定可靠。信度是用来检验人员测评与选拔质量的重要指标，从测评与选拔指标体系的制定，到测评与选拔的整个实施过程，始终都要考虑可靠性，即测评与选拔的信度问题。

（2）信度的分类。

按照衡量测评信度的方法的不同，信度可分为再测信度、副本信度、内在一致性信度、评分者信度等。

①再测信度。再测信度是指用同一套试卷在两个不同时间来测试同一批被测者，这样便获得两组分数，然后计算出两组分数的相关系数。当然，在两次测试中，第二次的测试成绩理应比第一次的高，因为被测者在第二次测试时已经有了进步而且临场经验也更丰富了。若该试题是比较可靠的，每个被测者在两次测试中的排名次序应该是基本不变的。

②副本信度。副本信度是指对同一被测者先后进行两次内容相当的测试，然后计算出这两次测试结果间的相关程度（减少了再测信度中前一次对后一次测试的影响，但两次测试间的相互作用依然存在）。

③内在一致性信度。内在一致性信度是指所测素质相同的各测评项目分数间的一致性程度。若被测者在第一个项目中的分数高于他人，在第二个项目中的分数还高于他人，在第三个项目中的分数仍高于他人……且这些测评项目所测评的是同一素质，那么可以认为测评的结果较可靠。内在一致性信度就是通过分析同一测评中各测评项目之间的一致性来分析测评信度，它实质上是一种跨测评项目的一致性。再测信度与副本信度都需要组织两次测评，而内在一致性信度只需进行一次测评，

增加了人员测评的可操作性，同时也为实际工作带来了极大的方便。

④评分者信度。评分者信度是指多个评分者给同一组被测样组进行评分的一致性程度。评分者及其测评的差异越小，测评与选拔的结果就越可靠。知识水平、对测评标准的把握、因心理效应而产生的各种心理误差等，都会使不同的评分者对同一被测者的评分产生差异，评分者信度就是用来分析这种差异程度的指标，它实质上是一种跨评分者的一致性。

（3）影响测试信度的误差来源。

①被测者的特征。被测者的个人影响因素有应试动机、测试经验、身心健康状况、动机、注意力、持久性、求胜心、回答态度等。被测者的团体影响因素有团体的异质性和团体的平均水平等。

②招聘者或主测者的影响因素。它包括不按规定实施面试或测试、制造紧张气氛、给予某些被测者特别协助、主观评分等。

③测试内容方面的影响因素。它包括测试题目取样不当、不一致性低、题目数量过多或过少、题目意义含糊等。

④实际测试的情景方面的影响因素。它包括测试的现场条件、通风、温度、光线、噪音、桌面好坏、空间宽窄等。

⑤其他干扰因素，如停电、计时设备出了问题、题目或答题纸出了问题、考场上有人生病等。

2.测试的有效性分析

（1）效度的定义。

效度又称为有效性或正确性，指一套测试对应该测试的内容所测的程度。也就是说，一套测试是否达到了它预定的目的以及是否测量了它要测量的内容。在员工甄选过程中，有效测试的结果应能够正确地预计应聘者将来的工作成绩，即甄选结果与以后的工作绩效考评得分是密切相关的。

效度指的是从测试结果中进行推测或判断的恰当性，重要的不是知道甄选工具本身有效或无效，而是知道从甄选工具得出的结论是否有效。例如，某研究生英语入学成绩为55分，意味着55分被称为效度的判断标准，而不是入学考试本身产生了效度。

效度是个相对的概念。任何一个人员测评方案都是为特定的目的而设计的，不存在一个对任何目的都有效的测评方案。

（2）效度的分类。

效度的分类有多种，目前较常见的是将它分为3类：从内容性质方面分析的内容效度、从效标相关性方面分析的关联效度、从实证方面分析的结构效度。

①内容效度。内容效度是指测试是否代表了工作绩效的某些重要因素。当进行数量上的测试较困难或不适合，如衡量完成工作所需要的知识、技能和能力时，就用得上内容效度了。内容效度由招聘人员凭借经验判断，多用于知识测试与实际操作测试，如对打字应聘者的打字速度及准确度的测试，不适合用于对能力和潜力的

预测。

②关联效度。关联效度是指测评结果与某种标准结果的一致性程度。关联效度的关键在于效标的选择。效标作为衡量测评结果有效性的参照标准，应该是可以直接测评到且独立于所分析的测评结果的行为结果。行为效标的选择以客观性为基准。常用的行为效标有以下几种：学术成就、特殊训练成绩、实际工作表现与成绩、团体特征、等级评定结果、先前被证明是有效的测评结果。①

③结构效度。结构效度是指实际所测评的结果与我们所想测评素质的同构程度，或者是指测评分数能够说明心理学理论的某种结构或特质的程度。结构效度的检验效果与人对素质结构的理解有直接的关系，而且它关系到人们依据测评成绩所做的对评价测试结果的解释是否有意义和恰当。罗德和诺维克认为，“测试最重要的特性在于它的结构效度”②。

（3）影响测试效度的误差来源。

①测试组成方面的影响因素。试题是构成测试的要素，测试的效度取决于试题的性能。测试的取材、测试的长度、试题的难度、试题的编排方式等对测试都有影响。如果测试试题经过审慎选择，测试的长度合适、难易程度适中且安排得当，则效度比较高。

②测试实施方面的因素。在测试实施的过程中，场地的布置、材料的准备、作答方式说明、时间的限制等，应该按标准化的程序进行；否则会使效度降低，失去测试的意义。

③被测者的反应方面的影响因素。被测者的兴趣、动机、情绪、态度和身心健康状况等都足以决定其在测试情景中的反应。无论是能力测试还是人格测试，只有在被测者的反应真实时，才能对其做出正确评价。

3.效度与信度的关系

信度是效度的必要而非充分条件。一种测试方法对于某一目的具有一定的信度，但并不一定是有效的；而一种测试方法如果对某一目的是有效的，那么它一定是可信的，测试的效度受其信度的制约。

要避免测试的缺陷，必须遵循的甄选测试准则有：

（1）将测试仅作为甄选技术的补充手段。

（2）选择合适的测试手段。

（3）对企业现行的录用和晋升标准进行分析。

（4）保留准确的记录。

（5）寻找测试的有效方法。

（6）由心理学专家或人力资源方面的专家实施测试工作。

（7）选择合适的测试环境。

---

① 萧鸣政. 人员测评理论与方法［M］. 北京：中国劳动社会保障出版社，2004.

② 罗德，诺维克. 心理测验分数的统计理论［M］. 叶佩华，译. 福州：福建教育出版社，1992.

7.2.2 面试结果与评估

面试是一种被广泛采用的审核评价应聘者的形式。通过面试，主试者可以目测应聘者的仪表、举止、言谈，初步了解其语言表达能力、逻辑思维能力和反应敏捷程度，以及知识内涵的广度和对问题认识的深度，同时也能直观地接触和了解对方，形成初步印象。令人遗憾的是，国外专家对面试所做的长时间研究表明，如果主试者没有充分的准备或不具备面试相关技能，面试可能是不可靠的，而且效度也会很低。这里我们对面试的结果与评估做进一步的分析。

1. 面试结果记录

为了消除招聘者甄选的主观性，提高聘用决策的准确性，招聘者在面试过程结束后，应立即把面试结果记录下来。记录的方式可以是表格，这样更加直观、准确。以下是两个范例表格——面试记录表和应聘者评分表。

(1) 面试记录表。

面试记录表格式见表7-2。

表7-2 **面试记录表**

项目		极不合适	不合适	合适	非常合适	评分者意见
个人行为项目	仪表态度					
	动机意愿					
	情绪管理					
	团队合作					
	积极主动					
	忠诚度					
	沟通能力					
	其他					
专业特殊项目	专业知识					
	特殊技能					
	工作经验					
	公司所需专长					
	其他					
备注						
总评		□可试用		□保留		□不适用

（2）应聘者评分表。

应聘者评分表见表7-3。

表7-3　　应聘者评分表

姓名：　　毕业学校：

住址：

面试日期：　　面试人：

项目	1	2	3	4	5	得分
仪容	非常不整洁	不太注重穿着及外表	整洁	对于个人的细节非常注意，注重穿着及修边幅	极度注重穿着及修边幅	
态度	极紧张，局促不安	呆板，不自在，惴惴不安	没有不寻常的紧张，颇自在	一点也不紧张，很机灵	非常冷静	
表达能力	不清晰，不合逻辑，说话不经大脑	说话不切题，没有条理，不擅长表达思想	可清楚表达思想，说话有内容	具有说服力，构想非常合逻辑	具有超水准的能力，可合理表达中心思想	
自信心	害羞，胆怯，畏缩	柔顺，不爱争辩	有自信，率真	具有自信	具有不寻常的自信	
主动积极	没有野心，被动	安于现状，不求上进	有野心，愿意工作	渴望成功与成长，设定未来努力的目标	野心勃勃，对未来已有妥善规划	
学历经历	学历经历皆不适合工作所需	学历、经历略差	好的学历，经历也不错	学历、经历超出一般水准	学历、经历非常好	

评语：

面试人评分：

面试人签字：　　日期：

2.评估面试过程

评估面试过程可以从信度和效度两方面进行。

（1）面试的信度。

面试的信度是由同一主试者随时间推移做出判断的一致程度（主试者内部信度）与不同主试者对同一个应聘者判断结果的一致性（主试者之间信度）二者组成的。

主试者的评价都有相当程度的内部一致性。不管他们个人对应聘者的态度究竟是喜还是恶，由于应聘者的情况是稳定的，因此主试者的评定结果也是稳定的。研究发现，主试者在有一个相对的评价标准可以用作比较或者应聘者差异非常大的情况下，其内部稳定性会有所提升。

尽管主试者内部信度很高，但他们之间的信度并不总是可靠的。专家对主试者之间的信度研究主要集中在主试者之间的差异上，主试者之间信度高者达0.8，低者却只有0.15。研究发现，在面试中，要求主试者做出评定的内容会影响其评定的一致性。例如，如果评定的内容是应聘者在某一岗位上过去的工作情况，则大多数主试者之间的评定结论是一致的，但若是要求其评定应聘者的人格特点及与岗位的相关程度，则会出现较大的分歧。

（2）面试的效度。

面试的效度表现在两个方面：一是面试过程的效度；二是主试者的效度。前者是指面试作为一个整体的效度，即主试者根据所注意到的应聘者的所有信息，有效地预测应聘者未来的工作绩效的程度。这些信息不仅包括面试内容本身，还包括测验分数、推荐信内容、过去的工作记录等。后者则是指主试者正确地、敏锐地判断应聘者的才能、特点的程度。面试的效度分析比信度分析更为困难。国外学者的研究认为，面试的效度与面试的对象、目的和内容有密切的关系。

对面试进行评估可以尝试采取以下方式：

首先，面试结束后，可以让相关主试者填写一张面试自我检核表，对整个面试过程做出合理评估。

表7-4是对面试过程的整理，检核的方式是当主试者看完题目且认为做到题目所陈述的内容时，就在右方的（）中打√。打√的次数越多，代表主试者在面试上的准备越充分、能力越高，面试的效果也会越好。

表7-4 面试主管自我检核表

（1）面试时间	
①面试时间是依计划而确定的	（ ）
②对双方来说面试时间很充裕	（ ）
③主试者有足够的时间做资料检核	（ ）
（2）面试场地控制	
①在面试中未出现干扰	（ ）
②面试气氛不压抑，有利于应聘者发挥	（ ）
③面试场地舒适明亮	（ ）
（3）拟订面试内容主题	
①针对应聘者的能力和工作条件设计问题	（ ）
②针对应聘者的性格品质设计问题	（ ）
③提问后有评价应聘者的意愿	（ ）
④使应聘者对公司留下了良好印象	（ ）

续表

（4）面试技巧	
①使用开放性问题	（ ）
②避免问一些不该问的问题	（ ）
③使用引导性的提问	（ ）
④让应聘者有充分表现的机会	（ ）
⑤主试者掌握了面试的整个过程	（ ）
⑥主试者曾受过面试技巧的训练	（ ）
（5）面试资料收集及核查	
①面试中得到了想要的资料和信息	（ ）
②使用结构式面试	（ ）
③能够注意应聘者的身体语言	（ ）
④使用面试记录卡或做笔记	（ ）
⑤面试的结束方式恰当	（ ）
（6）面试后的记录	
①在面试后立即填写面试记录	（ ）
②重新检查资料收集有无不足之处	（ ）
③对应聘者的能力和工作动机进行了评估	（ ）
④与其他主试者或相关人员讨论面试结果，作为最后评定的参考	（ ）

其次，一定要收集参与面试的相关评委的书面意见，以便在对应聘者进行综合评价时有据可查。

7.3 聘用决策与评估

人员录用是指从招聘选拔阶段层层筛选出来的候选人中选择符合工作岗位需要的人，做出最终录用决定。录用工作是招聘工作的关键环节，它将直接决定招聘单位吸收的人力资源的素质。

从大的方面看，有效的人员录用可为招聘单位节省费用，减少雇用不合格人员的风险，降低员工的辞退率与辞职率，节约离职成本，也减少对员工的培训费用；从小的方面看，有效的录用有助于提高招聘单位的工作绩效。研究表明，在同一职位上，好的员工比差的员工的生产率高3倍。因此，聘用决策就显得特别重要。

7.3.1 决定聘用的原则

1.全局观

录用前的考核应该兼顾德、智、体、能诸方面，对知识、能力、思想、品德等进行全面考核。这是因为各类员工与各层次管理人员的素质不仅取决于其文化程度，他们还有智商、能力、性格、思想上的差别，而且非智力素质对其日后的工作绩效起决定性作用。

2.用人所长

企业聘请人才是看中他能做什么，而不是不能做什么。因此，企业要重视的是员工有什么贡献，而不是他有什么特点。优秀的管理者总是以“他能干什么”为出发点，注重发挥人才的长处，而不是把精力放在讨论其短处上。每个人都有缺点，但是可以通过有效的人员搭配，使企业的人力资源完善起来。例如，一个物流策划人员可能不善于人际应酬，把他纳入企业当中，只要安排适当，就可以发挥他的技术之长，而让其他擅长交际的人来补其之短，这样企业就可以同时拥有物流策划与交际两项优势了。

3.人数最少

在录用过程中，既要考虑最大限度地节约人力成本，也要尽可能地缩短信息传递时间，提高企业的战斗力和市场竞争力。在满足岗位要求的前提下，要对高素质、多才能的应聘者给予足够重视。在做出录用决策时，如果最终合格人选少于所要录用的数量，应尽量避免降低录用标准。

4.选拔要求不能过高，也不能过低

录用标准设得过高，会导致“地板效应”，即符合录用标准的人很少，从而使企业在招聘方面的投入得不偿失；录用标准设得过低，则会出现“天花板效应”，即符合录用标准的人占了绝大多数，从而增加企业在招聘方面的成本。

录用标准应定得恰到好处。如果招聘人员对此犹豫不决，较好的选择是回到工作分析阶段，重新审视一下，看看该工作究竟需要什么样的人。不过，工作说明书不应成为“圣旨”，灵活性是成功录用的关键所在。

5.合适的，但不是最好的

“合适的”是指招聘人员在选才过程中必须围绕企业文化以及工作说明书的要求，来判断人才的能力和文化素质与企业的适应性。

“但不是最好的”指的是招聘人员在合适的基础上要给人才的岗位胜任度留有一定的空间，挑选既能满足岗位能力需求，又具备一定的提升空间和培养潜力的人才，使其“永远有差距，永远有追求”。同时，企业也要善于通过把握这样的原则来控制人员稳定、减少新员工流失率。

6.能力重于学历

在实际工作中，能力显然比学历更重要。现在许多企业招聘时要求应聘者拥有学士或硕士学位等，应该说这本身是一个社会整体文化水平提高的表现。企业看重的并不是学历本身，而是其背后的学识和涵养，这才是重视学历的初衷。

学历只是证明能力的一种工具，它所包括的内容也不全面。招聘人员必须综合运用背景调查、经验判断、面试、测试等多种考核手段来对人才的能力、品质、性格、学识等诸多方面做出全面而深入的评价。

7.尽快做出决定

一个应聘者在找工作或者换工作的时候往往不会只对一家公司或一个岗位感兴趣，他可能面临很多选择，而且越优秀的人才面临的选择机会也越多。如果招聘主管迟迟不能做出聘用决策，那么优秀人才可能就另谋高就了。当然，如果确无合适的人选，也不能急于求成，不能为了招聘而招聘。

8.其他一些通用的条件

这些条件包括敬业精神、专业能力与学习能力、反应能力、健康的体质、个人品质、环境适应能力、团队精神、自我了解的程度、交流能力等。

7.3.2 聘用决策的模式

聘用决策有两种模式，即单一的决策模式与复合预测的决策模式。

1.单一的决策模式

单一的决策模式是从多个应聘者中为某一职位或某类性质相似的职位甄选一个或若干个任职者的决策模式。如应聘者A、B、C都适合电脑编程员这一职位，从他们中选取一到若干个任职者。这种决策模式较为简单，对应聘者进行综合比较后即可做出决策。决策时常用的方法是对考核因素进行加权，然后再根据综合得分甄选。

2.复合预测的决策模式

复合预测的决策模式是指在一次招聘中分别测定众多求职者，并把他们安排到多个不同性质的职位上去。这种方法是将职位与人之间进行匹配的过程，既包括对人员的选择，也包括安置，适用于同时招聘多人的情况。这种方法的成本也较低。

7.3.3 录用决策的步骤

1.审定各维度的重要性

管理者在评价应聘者之前，首先要考虑一下，工作岗位的工作表现维度是否可以按重要性分类，其中有些维度是否比其他维度更重要。我们用接待员的工作分析做例子来说明。

工作岗位：接待员。

工作表现维度：按照公司规定办事；能迅速有效地解答来电问题，而非因语言或其他原因延误了来电的传达；热情地接待访客，明白其来访目的，而不会让不速之客骚扰同事；有礼貌并清楚地使来访者及来电者明白事情的进展情况，而非半途而废，冷漠地拖延工作；主动工作并令客人感到满意，而非在工作上犯错及拖延工作进度。

若管理者认为，上述5项工作表现维度的重要性难分伯仲，他便不需要为它们定优先次序，可以使用没有加权的应聘者评价量表。

若管理者认为，有些工作表现维度较其他维度更重要，他便需要先为它们定优先次序。在招聘面谈进行之前，管理者应为每一个应聘者准备一份评价量表，而且事先填上工作表现维度，定下不同的重要性并分配合适的权重，然后再进行后面的工作。

2.记录应聘者的回答

管理者在准备了评价应聘者的表格之后，就可以开始招聘面谈了，用预先编排妥当的行为描述式问题，来询问应聘者在各个工作表现维度内的经历，从而取得有效的资料，预测应聘者在未来工作上的可能表现。

招聘面谈记录与一般记录的要求不同，管理者不能写下主观及概括性的词语，也不应用自己的文字来描述应聘者所说的话，而是用逐字记录的方式来写。若管理者不能记下应聘者所说的每一句话，也要记录下那些与工作表现维度有关的回答中涉及行为的部分。

招聘面谈结束，管理者应及时根据面谈记录填写评价量表，在每一个工作表现维度上评分。

管理者在评价一个应聘者时，尽量不要翻阅其他应聘者的评价量表。他应根据原先定下的工作要求来评分，而非尝试在这个步骤中做招聘决定。管理者在评分时，应参考自己在面谈时所做的记录，重温应聘者的回答重点，留意与该工作表现维度有关的问题，然后写下评分。

在评分过程中，管理者要极力避免主观因素的影响，不应以个人印象及个人喜好作为准则。一个有根据的评分不但可以为管理者在日后翻看评价量表时提供参考价值，而且可供其他管理者参考，以便判断被录用人员是否适合其他工作岗位的需要。

3.核对评分与记录

管理者在完成所有的招聘面谈后，填好所有的应聘者评价量表，就完成了评分工作。管理者应取出记录核对一遍，看不同的应聘者是否有相同的回答。若真的有类似的答案出现，管理者还要进一步检查评价量表，看看他是否给予相同的评分。

此外，管理者还要对不同评价量表中一些关键性工作表现维度的评分进行检查，比较高分者与低分者的答案，重新看看他们的行为表现是否与评分匹配。

4.做出招聘决定

招聘面谈的最后一个步骤是将评价量表的评分加起来，然后将应聘者按分数高低排列出来，这样做的好处是，管理者只需按照名单招聘得分最高的应聘者。

7.3.4 招聘工作的评价

录用工作完成后，还需要对整个招聘活动以及每项工作进行评价，对所做的招聘工作的完成情况进行总结，从而不断改进和提高。

招聘工作评价主要涉及以下3个方面：

1.应聘者的数量

由于一个好的招聘计划的目的是引来大量可供选择的应聘者，因此应聘者数量应作为评价招聘工作的基础，应考虑应聘者的数量是否足以填满全部工作空缺。

相对来说，录用比越小，录用者的素质越高；反之，则录用者的素质可能较低。如果录用比等于或大于100%，则说明在数量上全面或超额完成了招聘计划。

应聘比越大，说明发布招聘信息的效果越好，同时说明录用人员的素质越高。

2.应聘者的质量

除了数量以外，另一个应关注且更重要的方面是应聘者的质量。除了运用录用比和应聘比这两个数据来反映录用人员的质量外，也可以根据招聘的要求或工作说明书的要求对录用人员进行等级排列来确定其质量。这实际上是对录用人员的能力、潜力、素质等进行的各种测试和考核的延续。

3.平均聘用成本

平均聘用成本因所需填补的职务数量以及成功招聘员工的数量而不同。核算填补一个职位空缺的成本时，还需考虑人员接替率和工资成本。聘用成本评价是指对招聘中的费用进行调查、核实，并对照预算进行评价的过程。

聘用成本评价是衡量招聘效率的一个重要指标。如果成本低，录用人员质量高，就意味着招聘效率高；反之，则意味着招聘效率低。另外，成本低、录用人数多，就意味着招聘成本低；反之，则意味着招聘成本高。

企业进行小型招聘时，成本评价工作很简单；如果是大型的招聘活动，一定要认真做好成本评价工作。

本章小结

本章主要介绍员工选择决策。对于企业来说，招聘遴选是非常重要的。本章从3个大的方面展开详细的论述：筛选申请表与简历；招聘测试结果评估；聘用决策与评估。

市场竞争归根到底是人才的竞争。随着经济的发展，企业对人才的需求也越来越强烈，企业要不断壮大和发展就要源源不断地招收新的员工。员工选择决策是管理者最困难也是最重要的决策之一。为了招到企业想要的人才，借助科学的人事测量和评价技术甄选员工是经营管理者的明智之举。本章所阐述的主要内容是企业管理者应如何有效地组织招聘活动，综合评估招聘过程，最后为企业相关岗位找到合适的人才。

第7章基础知识测评

复习思考题

1.申请表有什么特点？筛选申请表有哪些方法？

2.筛选个人简历的要点有哪些？

3.面试的优缺点是什么？

4.设计一份面试记录表格和应征者评估表，在模拟面试时使用。

5.如何做好聘用决策？

案例分析题

创新人才的招聘瓶颈

长期以来，公司的招聘人员和人力资源专员习惯于“公正地”对待所有应聘者和岗位。对大部分公司来说，“公正”是“一视同仁”的同义词。不幸的是，如果你真的对所有应聘者一视同仁，就很可能错失一些能对公司业绩产生重大影响的人才。这样的人才往往被称为创新者、游戏规则颠覆者、思想领导者和多元思考者。

尽管在招聘中追求卓越和效率一度是公司的目标，但情况已经完全变了。现在，增长和绩效不是由一致的流程、严格的政策或既有的标准推动的，而是由创新推动的。在新时代，招聘人员和招聘经理需要把他们以往对招聘的认识统统丢掉，创造出一个全新的、能够发现创新者并对其区别对待的招聘流程。

在公司招聘中，有许多原因导致经理人不能采用特定的流程和计划来寻找人才，而长期以来猎头公司都能对游戏规则颠覆者区别对待。最常见的原因是，很难计算出将创新者招至麾下能对公司产生多大的影响。

谷歌、苹果、微软和通用电气这样的领先企业在理解这种人才的价值方面有独到之处。比如，谷歌就发现，一名顶尖工程师创造的价值是一般工程师创造的价值的300倍。实际上，谷歌创造了世界上第一个旨在为该公司的每个职位发现和聘用创新者的招聘流程。正如谷歌说的那样，“不论你在什么岗位，都不能墨守成规。创新是我们的血统。即使是最好的技术也能继续改进”。

苹果招募了法德尔（Tony Fadell）来帮助公司创造iPod，这个产品为苹果带来了数百万美元收入，也展示了该公司对通过招聘来建立竞争优势的认识。这些创新者能带来多少现金价值，并没有公布出来的研究数据，但是几乎现有的所有研究都表明，他们产生的价值至少是一般员工的5倍。

大多数传统的招聘制度存在招募创新者的阻碍：

（1）过于看重教育程度。多数公司都对应聘者的大学学历非常着迷，但他们必须接受的事实是，这个世界到处都是没进过大学或从大学辍学的成功人士。实际上，在这个时代，一些最成功的人都是中途从大学辍学者，比如盖茨（微软）、埃里森（甲骨文）、乔布斯（苹果）、扎克伯格（Facebook）、戴尔（戴尔），以及布林与佩奇（这两位谷歌的创始人中断了斯坦福大学的博士学业）。原因是什么呢？关键在于，多数大学教育结构是明确的，结果，那些想法与众不同的人总是在那里受挫，于是他们只好中途退出。

（2）过于强调工作经验。过去，商界的变化非常缓慢，创新要花很多年的时间，所以工作经验就很有意义。而现在，怎么可能有人在Facebook、eBay、iPhone这样的新兴行业工作过数年时间？这些行业的概念在以前根本就不存在。“创新者”这个词本身就意味着不可能在他们的想法和概念涉及的领域拥有丰富经验。现实是，世界上的变化和革新正在激增，而知识、答案和经验在短短两年后就可能过时。

（3）以为简历能反映想法。如果企业在寻找创新者，就不能总是单纯依靠简历。传统的简历强调经验和教育，而大多数简历筛选者可能错失像Facebook的创始人扎克伯格这样的人才，因为传统的简历没有位置展示正式工作经验和教育经历以外的创新观点。

资料来源 SULLIVAN J.创新人才怎么招？[EB/OL].［2015-12-21］. http：//www.ceconline.com/hr/ma/8800052799/01/.

讨论题：

针对企业创新人才招聘存在的问题和困难，你有哪些解决办法？

第7章案例分析提示

推荐阅读资料

1.廖泉文. 招聘与录用［M］. 3版. 北京：中国人民大学出版社，2015.

2.于海波. 员工招聘与素质测评［M］. 北京：对外经济贸易大学出版社，2009.

3.福克斯，泰勒. 招聘与甄选完全工具箱［M］. 李海龙，金凤斐，译. 上海：上海远东出版社，2011.

4.萧鸣政. 人员测评理论与方法［M］. 3版. 北京：中国劳动社会保障出版社，2015.

5.罗德，诺维克. 心理测验分数的统计理论［M］. 叶佩华，译. 福州：福建教育出版社，1992.

网上资源

1.中国人力资源网，http：//www.hr.com.cn。

2.中国人力资源开发网，http：//www.chinahrd.net。

3.HR369人力资源网，http：//www.hr369.com。

4.17HR人力资源论坛，http：//bbs.vsharing.com/management/hrm/1097615-1.html。

5.HRoot网，http：//www.hroot.com。

第8章 笔试与面试

学习目标

✓了解面试的基本概念及特点；

✓熟悉面试的基本过程；

✓掌握面试中经常出现的问题及解决办法；

✓重点掌握面试的方法以及面试问题的设计。

引例 **公安干警面试**

某公安局面向社会公开招聘公安干警，拟定具体招聘计划后，上报有关部门批准，接着审查“应聘申请表”，进行初次筛选。笔试考核后进行面试。

面试包括目测、口试和技能测试3项。主考官按照交“自我介绍”的顺序在门外呼叫考生的名字，若叫三声不到者，作弃权论。

（点评：放弃原因是缺席考生“无组织无纪律，未在指定的时间地点报到”。）

在目测时，主考官十分重视考生的仪表风度，对身高、体型、外貌、气质、衣着、举止、精神状态等都不放松。凡是留长发、胡子的男生，戴耳环、项链和穿高跟鞋的女生，衣冠不整、站姿和坐姿不端正的考生，主考官就笑容可掬地说：“你的面试结束了，请你叫下一位考生进来！”

（点评：招聘公安干警要求仪表端正、衣着整洁、举止文明，这样才是做事有规律、注意自我约束、责任心强的人，才有希望被培养成为优秀的公安干警。）

目测合格后，开始口试，主考官提出的问题不多，譬如“请介绍一下你和你的家庭情况”“谈谈你的学习、工作经历好吗”“你想找一份什么样的工作”等。

（点评：面试就是考官与应聘考生面对面地观察、交谈的双向交流活动，是在特定场景下，经过精心设计而进行的。应聘的考生应通过谈话和观察，力求与考官沟通思想，产生心灵的碰撞，让对方感受到自己的基本素质和能力状况。）

经过主考官面试，合格的考生坐到主考官的长桌旁进行技能测试，4个人一组，每位考生的面前都摆了一副六角珠跳棋。主考官出题，让考生操作。

例如，“把红色珠子放进蓝色格子里，把蓝色珠子放进黄色格子里，把黄色珠子放进红色格子里”，连续说两遍后，再说一声“开始”就用跑表计时，要求考生放完30颗不同颜色的珠子并以时间计分，越快越好。反应敏捷的考生一开始就把3种珠子各放一颗在规定颜色的格子里面，然后就迅速地放完其余的珠子。有的考生虽放完了，但没有按规定的颜色放，所以是不合格的。

第二个技能测试是拼图，让考生看两分钟后把图拆成若干块，乱放成一堆，然后计时拼图，若2分20秒内拼不成原图形，即为不合格。

经过这两项简单的技能测试，又淘汰了一部分考生，最后录用了14名男生、8名女生。

（点评：以上两项技能测试的确有明显的职业特点。这两项简单的技能测试让考生体验到以下3点：一是沉着冷静，克服紧张心理和手忙脚乱的现象；二是注意平常生活经验的积累；三是充分发挥自己的想象力和创造力。）

资料来源 佚名. 公务员面试以案说“法”［EB/OL］. ［2015-12-21］. http: //learning.sohu.com/20060224/n241988710.shtml.

通过本案例，你觉得面试的过程应当有哪几步？面试主要有哪些方法？

8.1 笔试与面试概述

“如何招聘到合适的员工”这一问题已经受到越来越多的管理者的重视，而做好面试工作，正是提高组织人力资源管理效能的一个重要方面。

8.1.1 笔试

1.笔试基本分析

笔试作为公开选拔的一种招聘方式，在考查应聘者知识掌握程度和知识运用能力方面发挥着不可替代的作用。笔试的优点在于花费时间少、效率高、成本低，对报考者的知识、技术、能力的考查信度和效度较高，成绩评价比较客观。但是笔试也有缺点，主要表现在它不能全面直接地考查求职者的工作态度、品德修养以及其他一些隐性能力。因此，笔试只作为人员甄选方式的补充或初步筛选方法。

2.笔试的特点

笔试的特点表现在以下几个方面：

（1）客观性。笔试的试题一般都是具有明确答案的客观试题，在不出现舞弊的情况下能够通过得分反映应试者的知识水平。即使有一些用来考查知识运用能力的主观性试题，如公文写作等，考试组织者往往也会事先设定一定的评判标准。

（2）公平性。同样的试题、同样的标准，由考试成绩来决定“胜败”，笔试对于竞争者来说，是一种相对公平的竞争方式。

（3）权威性。尽管考试的科目和试题都直接体现用人单位的意图，而且不同单位的考查重点可能会相差很大，但是，对于参加用人单位招聘的竞争者来说，用人单位的试卷设定了一定的考核标准，就具有一定范围内的权威性。

（4）筛选性。笔试主要适用于应试人数较多、需要考核的知识面较广或需要重点考核文字能力的情况，一些专业技术要求很强和对录用人员素质要求很高的单位经常采用这种方式对众多的应试者进行必要的筛选，选拔一部分优秀者进入后面的考查环节。如国家和一些地方政府的公务员招录、教师招考等都把笔试作为首要的环节。

3.笔试的分类

笔试的方法很多，根据一些招聘单位的经验和做法，比较常见的有知识测试法、素质测试法、能力测试法和综合测试法等。

知识测试法主要是通过笔试的形式了解应试者对用人单位要求的某些方面知识的掌握程度。如银行业对应试者的金融、银行、会计、保险等方面的知识测试，IT业对应试者的计算机软硬件、语言、编程等方面基础知识的测试，司法机关对应试者法律知识及实务的测试等。

素质测试法主要是通过笔试的形式了解应试者的心理、智商、生理等方面的状况。进行素质测试时，招聘单位往往借助事先编制好的标准化量表或问卷，要求应试者在规定的时间内完成，根据完成的数量和质量来判断应试者的智力、态度、动机、兴趣及个性差异等。其内容一般包括人格测试、心理健康状况测试、气质测试、智力测试、兴趣测试、人际关系测试、专业素质测试以及心理适应测试等。

能力测试法主要是通过笔试的形式反映应试者在某些方面所具备的相应能力。作文法、论文法和上机操作等是能力测试法经常使用的方式。作文法包括公文写作、命题写作、素材作文、情景作文等，从内容方面考查立意和取材，从形式方面考查段落结构、词句、文字、书写、标点符号等，能够客观地反映应试者的文字表达能力、逻辑思维能力等。论文法主要包括调研报告、事故分析报告、学术研究报告等，这种测试远比简单的知识和素质测验题更能判断一个人的能力和水平。

对上面几种笔试方法的综合运用，就是综合测试法。

8.1.2 面试的含义

面试是一种在特定场景下，考官有目的地与应试者进行面对面的观察、交流、互动的可控的测评方式，是考官通过双向沟通来了解面试对象的素质状况、能力特征以及应聘动机的人员甄选手段。通过面试，不仅可以考查应试者的学识水平，还能考查应试者的能力、才智及个体心理特性等。

面试作为选拔方式虽然存在已久，但一直没有统一和公认的定义。我们可以从以下几种定义来延伸理解：面试是招聘者与职位申请者之间进行的有目的的、面对面的、双向互动式的信息交流过程①；面试是在特定情境条件下，经过精心设计，以面谈和观察为主要手段，对被测者的相关素质进行测评的过程②；面试给予招聘者亲自评价候选人，并以测试无法使用的方式提问的机会；面试使得招聘者有机会对候选人的热情和智力做出判断，并且评价候选人的主观方面——面部表情、仪

① 廖泉文. 招聘与录用［M］. 北京：中国人民大学出版社，2004.
② 况志华，张洪卫. 人员素质测评［M］. 上海：上海交通大学出版社，2006：31.

表、紧张程度等[①]。

综上所述，我们可以这样理解面试：

1.面试双方都抱有目的

不管是作为面试主导方的企业还是作为面试参与方的应聘者，他们或主持或参与面试都是为了取得信息以供判断和决策。

（1）企业方的面试目的。

①补充简历、申请表等无法提供或提供不完全，但又与招聘职位要求密切相关的信息。

②评估应聘者胜任应聘职位的能力。

③评估应聘者与企业和应聘职位的匹配程度。

④适当地兼顾宣传企业品牌和介绍应聘职位。

⑤根据面试过程的互动情况判断应聘者加入本企业的意愿。

（2）应聘者的面试目的。

①展示自身所具备的能力、价值观以及素养。

②收集关于企业和应聘职位的信息。

③根据面试过程的互动情况判断对方雇用自己的可能性。

④根据收集到的各种信息初步判断该企业和该职位是否适合自己。

2.面试是一种测评方法

面试以及事实记录法、资料分析法、测量法、评价中心技术是当代人员素质测评中最为常用的几种方法。从测评方法的角度来说，应聘者是被测对象，在面试测评过程中处于被动状态，但因面试是人与人之间的互动过程，应聘者也可以通过有意识的活动影响作为主试方的企业面试官。因此，面试作为一种测评方法，其是否有效的关键在于面试官本身的素质、能力，面试的互动过程，以及应聘者的配合程度。

3.面试是一个过程

面试是通过人与人之间的交谈来获得信息的双向沟通过程。它需要有过程前的准备工作、过程中的行动，以及过程后的整理与决策。这涉及一个面试程序的问题，关于这一点我们将在后文详细阐述。在面试过程中，面试官通过与应聘者之间的交谈、提问与回答，观察应聘者的面部表情、肢体动作等，判断应聘者的各种素质和能力，并做好记录，以供面试后做出决策。

8.1.3 面试的特点[②]

1.面试内容的灵活性

面试的主动权主要掌握在考官手里，其深浅难易、范围选择，全在于考官，因

① 德斯勒. 人力资源管理［M］. 吴雯芳，刘昕，译. 9版. 北京：中国人民大学出版社，2005：202-226.

② 国家公务员录用考试教材编写组，国家公务员录用考试命题研究组，国家人事考试命题研究中心. 面试［M］. 北京：西苑出版社，2007.

而具有很大的灵活性、调节性与针对性。不同的职位对人的素质和能力有不同的要求。面试可以根据不同职位的特点和需要，灵活地采用不同的手段去测评一个人的能力。在形式上，可以采用面谈法、无领导小组讨论、情景模拟等方法；在内容上，可以针对不同职位、不同的应试者灵活地变化测试内容，准确地测试出应试者在某一方面是否适应这一职位及应试者的实际能力水平。

2.面试时间的持续性

面试与笔试的一个显著区别是，面试不是在同一个时间展开的，而是逐个地持续进行，这在单独面试中体现得尤为明显。笔试不论报考人数的多寡，均可在同一时间进行。面试则不同。首先，面试因人而异，考官提出问题，应试者针对问题进行回答，考查内容不像笔试那么单一，往往没有标准答案，因此面试既要考查应试者的专业知识、工作能力和实践经验，又要考查其仪态风度、反应能力、组织能力等。其次，每一位应试者所需的面试时间没有硬性规定，应视其面试表现而定。如果应试者对所提问题对答如流，阐述清楚，考官很满意，在约定时间甚至不到约定时间即可结束面试；如果应试者对某些问题回答不清楚，需进一步追问，或需要进一步了解应试者的某些情况，则可适当延长面试时间。

3.面试测评的主观性

面试的判断带有一种直觉性，往往包括很大程度的印象性、情感性，面试结果由面试官给出，因此他对人的评价与判断，包括成绩的评定，容易受主观因素影响。从这个方面来说，面试评价的主观性似乎是面试的一大弱点，但从另一方面来说，由于人的素质评价是一项非常复杂的工作，考官把自己长期积累的经验运用到面试评价中，这种主观性也有独特的价值。面试考官依据应试者在现场的全部表现，对其素质状况做出评定。在面试中，考官不仅分析应试者的回答是否正确，更重要的是看应试者回答问题的灵活性、逻辑性、应变性。对应试者面试结果的评定，不把观点正确与否作为第一位的指标，而是看应试者的整体素质。

4.测评功能的包容性

笔试主要是应试者用纸笔作答，着重测试应试者掌握的知识及逻辑思维能力、文字表达能力等，缺少对综合素质的评定。面试能对应试者的多方面素质进行有效测评，包容性广。面试重点测试以下内容：一是应试者的口语表达能力（是否清晰、明确、简洁、富有逻辑性）；二是应试者的应变能力（是否灵活、敏捷、快速、当机立断）；三是应试者的综合分析能力（是否善于进行条理分析和归纳概括）；四是应试者的仪表、风度、举止（是否端庄、稳重、练达、得体、精力充沛）；五是应试者的有关实际工作能力（是否高分高能或高分低能）；六是应试者的交往能力和某些性格特征（是内倾还是外向）。

5.主客体的交融性

面试是考官和应试者之间的一个双向沟通过程。在面试过程中，应试者并不完全处于被动状态。考官可以通过观察和谈话来评价应试者，应试者也可以通过考官的言行来判断考官的价值判断标准、态度偏好、对自己面试表现的满意度等，从而调节自己在面试中的行为表现。同时，应试者也可借此机会了解自己应聘的单位、职位情况等，以此决定自己是否可以接受这一工作。所以，面试不仅是考官对应试者的一种考查，也是主客体之间的一种沟通、情感交流和能力较量。

8.1.4 面试的作用

1.全面考查报考人的素质

面试时考官和应试者直接见面，采取边提问、边观察、边分析的方法来考查应试者，直观性强，所提问题针对性强，可以全面了解应试者的情况，包括应试者的知识、能力、经验及自然素质等。对通过笔试不易了解的问题，如能否熟练运用所学的专业知识，思想政治水平及工作态度怎样，应变能力、组织管理能力是强还是弱，语言表达能力、头脑机敏程度如何，体质、精力等方面能否适应岗位工作要求，均可通过面试来考查。

2.有效避免“高分低能者”入选

笔试作为考试录用的主要遴选方法，虽然有许多优点，但难以全面考核应试者的能力素质，若单纯通过笔试录用工作人员，可能造成“高分低能者”入选。而政府机关及企事业单位录用人员，应以能力为主。运用面试方法，能较真实地了解应试者的能力素质，弥补笔试的种种缺陷，有效地防止“高分低能者”入选。这一点在政府机关及企事业单位的考试录用工作中被实践所证实。

3.为用人部门合理使用人才提供依据

现代人力资源管理，主张“因事设岗”“因岗择人”，以期达到人员和岗位的最佳配置，提高工作效率。任用得当，可以人尽其才，使人的聪明才智与学识技能在工作中得到充分的发挥，使用人单位的各项工作得以顺利开展。由于不同人员在学识、专业经历、品德、志向、智力、体质以及性格等方面往往存在较大的差异，因此，任用某人担任某项职务，除了要考虑他的专业种类和能力水平高低外，还必须使其爱好、兴趣、体质、精力等与所任职务相适应，做到适才适岗。

8.2 面试的基本过程

8.2.1 面试前的准备阶段

面试前的准备阶段的主要工作包括确定面试的目的、科学地设计面试问题、选择合适的面试类型、确定面试的时间和地点等。面试考官要事先确定面试的事项和范围，写下提纲，并且在面试前要详细了解应聘者的资料，知道应聘者的个性、社会背景、对工作的态度及有无发展潜力等。

8.2.2 面试开始阶段

面试时应从应聘者可以预料到的问题开始发问，如工作经历、文化程度等，然后再过渡到其他问题，以消除应聘者的紧张情绪。只有这样，才能创造和谐的面谈气氛，有利于观察应聘者的内外表现，以求全面、客观地了解应聘者。

8.2.3 面试实施阶段

在正式面试阶段，要采用灵活的提问和多样化的形式交流信息，进一步观察和了解应聘者。此外，还应该察言观色，密切注意应聘者的行为和反应，对所问的问题、问题间的变换、问话时机以及对方的答复都要多加注意。所提问题可根据简历或应聘申请表中发现的疑点，先易后难逐一提出，尽量创造和谐自然的环境。

在面试的时候，考官不但要积极倾听，还应该做一些笔记。面试记录可以帮助考官评估某个应聘者与职位要求的符合度。通过对面试记录进行整理，可以形成对应聘者个人工作能力的评价依据。

在面试过程中，为了便于记录和做好记录，需要注意以下几点：①

（1）应聘者与考官的空间距离不能太近，太近的话记录时会使双方感到紧张。

（2）做记录时为了不让应聘者看到或影响应聘者的注意力，最好准备一个夹子，将其稍微立起，与桌面成一定的角度。

（3）做记录时，考官只记录一些关键性的回答中的要点和关键非语言行为中的要点。记录要点包括关键工作经历、关键客户信息、关键知识信息、关键项目经历、数字、时间起止等。

（4）若是集体面试，对面试评价表的打分可以在一个应聘者的面试快结束时用画钩的方式或填写分数的方式完成，对应聘者的评语则可以在面试进行中通过简单符号、标记的方式在面试评价表或其他专用纸上完成，一组面试结束后再逐个填写好。若是单独面试，则面试考官可以在面试进行中用简单符号、标记给应聘者写评语，在面试结束后完成面试评价表的打分和详细评语。

（5）做记录时，尤其是给应聘者打分时，各位考官之间不要相互影响。

面试组织者（一般是人力资源部人员）应该及时将各位面试考官填写好的面试评价表收集起来，一般是在一个（单独面试）或一组（集体面试）应聘者面试完成后。

8.2.4 面试结束阶段

在面试结束之前，面试考官确定问完了所有预设的问题之后，应该给应聘者一个机会，询问应聘者是否有问题要问，是否有需要加以补充和修正错误之处。不管

---

① 苏进，刘建华．人员选拔与聘用管理［M］．北京：中国人民大学出版社，2007：64.

录用还是不录用，均应在友好的气氛中结束面试。如果考官们对某一应聘者是否录用有分歧，不必急于下结论，还可安排第二次面试。同时，要整理好面试评价表，还可以标注其中的重点内容。

8.2.5 面试评价阶段

面试结束后，应根据面试评价表对应聘人员进行评估。评估可采用评语式评估，也可采用评分式评估。①

面试综合评估的具体操作程序如下：

（1）编制面试综合评估表。表中常见的栏目包括编号、应聘者姓名、性别、年龄、应聘岗位、面试考官姓名、评价指标、指标平均分、面试总分、主考官评语、主考官签字等。

（2）根据收集起来的面试评价表，当场核算各位考官的评分，将各位面试考官评出的每一个指标得分，扣除一个最高分和一个最低分，其余的分数相加并除以有效面试考官人数（即总人数减去2），得到指标平均得分，最后将所有指标的平均分相加，即为面试总分。核算分数时，要有一两个人在场监督。

（3）主考官根据各位面试考官在面试评价表中的评语集体讨论，得出总评语，填入到面试综合评估表中的“主考官评语”栏中。

（4）在每份面试综合评估表后，附上各位面试考官的面试评价表，以备查阅。

知识链接

面试表格范例

1.面试约见时间表（表8-1）

表8-1 **面试约见时间表**

姓 名	电 话	面试时间	通知结果	复试时间
A				
B				
C				
D				

① 姚裕群．人力资源开发与管理概论［M］．北京：高等教育出版社，2003：237-238.

2.面试人员测评表（表8-2）

表8-2 面试人员测评表

岗位： 主持人： 时间： 年 月 日

姓名	测评内容				是否转入其他岗位面试（若转入，请具体标明）	是否通过面试		备注
	1	2	3	4		是	否	

注：（1）面试主持人应在面试前填写“测评内容”的具体项目。

（2）“是否通过面试”只表示是否通过本次面试，不表明通过面试者一定会被录用。

（3）请将通过面试的人员直接介绍到办公室谈待遇问题。

（4）面试结束后，请及时将此表随面试人员资料递交办公室，以免延误招聘进程。

（作用：记录应聘者的面试表现。在面试结束后，可以将各面试人员测评表进行比较而决定何人更能胜任。）

3.面试评价表（表8-3）

表8-3 面试评价表

姓名			申请职位		
评分项目	评分				
	5	4	3	2	1
仪容、礼貌、精神态度、衣着	极佳	佳	平实	略差	极差
体格、健康	极佳	佳	普通	略差	极差
领悟、反应	特强	优秀	平平	稍慢	极劣
对其工作各方面及有关事项之了解	充分了解	很了解	尚了解	部分了解	极少了解

续表

所具经历与本公司的匹配程度		极匹配	匹配	尚匹配	未尽匹配	未能匹配
前来本公司服务的意愿		极坚定	坚定	普通	犹豫	极低
外语能力	区分	极佳	佳	平平	略通	不懂
	英语					
	日语					
评语	初试			签名：		
	复试			签名：		
总评		○拟予试用		面试人：		
		○列入考虑				

提示：请主持面试人员在适当之格内画“√”，无法判断时，请免画“√”。

4.招聘面试构成表（表8-4）

表8-4 **招聘面试构成表**

姓名： 申请职位：

(1) 工作兴趣

①你认为这一职位涉及哪些方面的工作

②你为什么想做这份工作

③你为什么认为你能胜任这方面的工作

④你对待遇有什么要求

⑤你怎么知道我们公司的

(2) 目前的工作状况

①如果可能，你什么时候可以到我们公司上班

②你目前的工作单位是哪个？工作职务是什么

(3) 工作经历

①目前或最后一个工作的职务（名称）是什么

②你的工作任务是什么

③在该公司工作期间，你一直是从事同一种工作吗（是或不是）

④如果不是，说明你曾从事过哪些不同的工作、时间多久及各自的主要任务

⑤你最初的薪水是多少？现在的薪水是多少

⑥你为什么要辞去那份工作

(4) 教育背景

①你认为你所受的哪些教育或培训将帮助你胜任所申请的工作

②对你受过的所有正规教育进行说明

续表

(5) 工作以外的活动（业余活动） 工作以外你做些什么 (6) 个人问题 ①你愿意出差吗 ②你最大限度的出差时间可以保证多少 ③你能加班吗 ④你周末可以上班吗 (7) 自我评估 ①你认为你最大的优点是什么 ②你认为你最大的缺点是什么 ③你认为你是否适合本公司及本公司的岗位 (8) 你希望的薪水是多少 (9) 你为什么要换工作 (10) 你认为你上一个工作的主要成绩是什么 (11) 你对你上一个工作满意的地方在哪里？还有哪些不满意 (12) 你与你的上下级及同事的关系怎么样 (13) 你认为你有哪些有利的条件胜任将来的职务 (14) 你对我们公司的印象怎样？包括规模、特点、竞争地位等 (15) 你对申请的职位的最大兴趣是什么 (16) 介绍一下你的家庭情况 (17) 对你的工作有激励作用的因素有哪些 (18) 你更喜欢独自工作还是协作工作

8.3 常用面试方法

面试方法是指在面试中为达到面试目的，由专业人员和机构根据某些特定环境、条件、行业特点、应聘者特点以及工作岗位实际需要等，认真设计、选择的应用于面试中的各种具体技术及应用程序。

按照面试的结构化程度，常用的面试方法可以分成两大类：一种是结构化面试，另一种是非结构化面试。非结构化面试更灵活自由，考官有更大的自主权，应聘者也有更广阔的发挥才智的空间。

8.3.1 结构化面试

1. 结构化面试的概念及特点

结构化面试又称标准化面试，它要求对整个面试的实施、提问内容、方式、时间、评分标准等过程因素都进行严格的规定，这些因素在面试前应当经过相当完整的设计，主考官不能随意变动。

结构化面试具有内容确定、程序严格、评分统一、形式活而不乱等特点。从最近几年的面试实践来看，其测评的效度、信度较高，同时保证了每一个面试者有平等的机会，比较适合规模较大、规范性较强的录用、选拔性考试。因此，结构化面试已经成为目前公务员录用面试和事业单位招考面试的基本方法。

2.结构化面试的程序

（1）结构化面试过程。

总体来看，结构化面试过程分为3个阶段：

①预备阶段。以一种轻松的、熟人似的交谈，使面试人员自然放松地进入面试情境之中，以消除应试者的紧张心理，使面试气氛和谐、友善。在这一阶段，安排的结构化问题是导入性问题，一般来说不涉及正题，也较易回答。

②正式面试阶段。面试进入实质性阶段，安排的结构化问题应该是行为性、专业性、智力性、情景性、倾向性和反应性问题。针对不同面试而进行考查的要点问题可灵活穿插在提问过程中，而压力性问题则必须安排在后面，使应试者不受情绪波动的影响。

③结束阶段。结构化面试的结束要顺畅、自然，否则会给应试者留下不好或太突然的感觉。在这一阶段，一般安排应试者对自己的情况做出补充或提出问题。

（2）结构化面试的操作。

如前所述，规范化的操作实施过程是结构化面试的重要特点之一。一般来说，在员工录用中，结构化面试的具体操作步骤如下：[①]

①向进入面试阶段的应试者讲解本次面试的整体计划安排、注意事项、考场纪律。

②以抽签的方式确定应试者面试顺序，并依次登记考号、姓名。

③面试开始，由监考人员或考务人员依次带领应试者进入考场，并通知下一个应试者准备。

④每次面试1人，面试程序为：首先由主考官宣读面试指导语；然后，由主考官或其他考官按事先的分工，请应试者按要求回答有关问题；根据应试者的回答情况，其他考官可以进行适度的提问；各位考官独立在评分表上按不同的要素给应试者打分。

⑤向每个应试者提出的问题一般以6~7个为宜。

⑥面试结束，主考官宣布应试者退席。由考务人员收集每位考官手中的面试评分表，交给记分员；记分员在监督员的监督下统计面试成绩，并填入应试者结构化面试成绩汇总表。

⑦记分员、监督员、主考官依次在面试成绩汇总表上签字，结构化面试结束。

① 马德顺. 面试教程［M］. 2版. 北京：机械工业出版社，2005：76.

3.结构化面试注意事项

考官在结构化面试中负有重要责任，具体来说应该注意7个方面的问题：

（1）确定考核题目时，对应聘同一职位的人员应给出大致相同的题目，以确保公平；

（2）认真阅读工作说明书，熟悉职位要求；

（3）对话流畅，发音清楚，语速适中；

（4）注意应试者的非语言沟通行为，排除面试过程中的干扰因素，洞察相关信息，包括应试者的仪表、体态、手势、眼神、表情等；

（5）避免无根据的判断，避免晕轮及刻板效应的影响，以客观、公正、负责的态度观察与评价面试者的表现；

（6）考官应善于听取面试者的陈述，让其充分表达自己的思想；

（7）控制面试过程，把握面试时间。

8.3.2 非结构化面试

所谓非结构化面试，就是面试工作中没有结构化面试那种既定的流程模式和问题框架，考官可以相对随意地向应试者提出问题，而对应试者来说也无固定答题标准的面试类型。考官所提问题的内容和顺序有时可能取决于考官本身的知识结构、兴趣和现场对应试者回答情况的追问。

这种方法的优点是给面试谈话双方以充分的自由，主考官可以针对应试者的特点进行有区别的提问，应试者也有更广阔的发挥才智的空间。

虽然非结构化面试的形式给面试考官以很大的发挥空间，但这种形式也存在一些问题，即它易受主考官主观因素的影响，许多面试结果难于量化，以及无法同其他应试者的评价结果进行横向比较等。

在非结构化面试中，比较成熟、已经相对规范的方法有无领导小组讨论、文件筐测验、角色扮演以及案例分析等。这些方法在第11章专门论述，这里不再赘述。

8.4 面试工作的常见问题

面试是各类单位最常用的，也是必不可少的测试手段。但是，有时花费了大量时间和精力的面试，其效果并不十分如意。很多时候，适合的应聘者被打发走了，而那些还需要考查的应聘者却很快就来上班了。很显然，无效的面试不仅浪费有限的人力、物力和财力，而且会因选择不当造成诸多不良影响，如低绩效、高离职率等。在面试工作中常见的问题主要有：

8.4.1 面试目的不明确

在进行面试前，面试考官就应考虑很多问题，比如，在面试过程中，我要达到什么目的？我要向应聘者介绍我们单位吗？面试的重点是否放在考查技能水平上？要不要先向应聘者介绍一下工作岗位的真实情况？允许应聘者在这段时间里提问吗？其他面试考官会问些什么问题呢？这些都是很重要的问题，不要等到面试开始时才考虑它们。

8.4.2 对于挑选应聘者的条件不清楚

许多主持面试的人把重点放在问一些能使他们洞悉应聘者是否能够成功的问题上，可是在很多情况下，对于究竟是什么原因能使他们获得成功并不明确。对于任何一个岗位来说，应聘者应具备的才能指的是胜任工作的才能，是工作获得成功所必需的相关知识、技能、能力和动力等范畴。

8.4.3 面试缺乏系统性

面试的系统性要求面试考官设计结构完整的面试流程，流程的各环节之间密切联系。为了保持面试的系统性，面试考官应事先根据拟招聘岗位的要求制定完善的面试提纲。面试的流程应该有怎样的顺序，每一个步骤要完成什么工作、获取什么信息，在制定面试提纲时都应该考虑到。这样就能避免一系列不应该发生而现实中又经常发生的现象，如面试试题的保密措施不严、应聘者的面试顺序任意指定、应聘者的面试题目难度不同、应聘者的面试时间长短不一等。

8.4.4 面试问题设计不合理

在面试中，直接让应聘者描述自己的能力、特点、个性的问题提得较多，这种类型问题的答案难以为面试考官提供有价值的信息，因为面试考官无从判断应聘者的回答是否真实。如果问了这种类型的问题，应该继续问一些行为性问题，让应聘者举出一些具体的实例来证明自己的答案。如果应聘者讲不出来，或含糊其辞、前后矛盾，那么他所讲的自己的优点就要大打折扣。

8.4.5 忽略应聘者的求职动机

有的面试考官将大量的精力放在测试应聘者的专业知识和专业技能上，而忽视了应聘者的求职动机。如果应聘者对所应聘的工作持消极的态度，或者他对工作本身没有任何的兴趣（仅仅是为了获得临时性的保障而工作），这种求职动机必然会影响工作，甚至会带来严重的负面影响。所以，面试考官在面试中一定要注意考查应聘者的求职动机。

8.4.6 面试考官存在偏见

每一位面试考官个人的偏好和过去的经历常常对面试产生很大的影响，如个人喜好、信仰等与工作无关的因素，会在一定程度上影响他去正确挑选应聘者。

1.第一印象

第一印象也称首因效应，即面试考官根据面试刚开始的几分钟甚至是面试前从资料（如笔试、个人简历等）中得到的第一印象对应聘者做出评价。

2.对比效应

对比效应即面试考官相对于前一个接受面试的应聘者来评价目前正在接受面试的应聘者的倾向。如第一个应聘者的表现一般，而第二个应聘者表现比较好，考官可能会给予第二个应聘者“出色”的、比他本应得到的分数更高的评价。

3.晕轮效应

晕轮效应就是“以点带面”地看待应聘者，也就是只从应聘者的某一个优点或缺点出发去评价应聘者的其他方面。例如，过分强调应聘者的“不利因素”，以致不能全面、客观地了解这个人。

4.投射效应

投射效应是指在认知过程中，认知主体用自身的兴趣、爱好等去评价认知客体的心理趋势。在面试中，这表现为考官在对应聘者进行评价时，自觉或不自觉地把自己的个性特征投射于测评活动中，以此评判应聘者的表现。

5.趋中效应

趋中效应是指中国传统中庸文化心理在面试过程中的折射和反映。在面试中，趋中效应通常表现为有的考官强调“辩证”地看待、评价应聘者，认为每个人都有所长和有所短，对表现最好的不给满分或高分，对表现最不好的不给零分或低分，使应聘者的分数向中间集中，区分度不够，难以恰如其分地区别应聘者的素质和才能。趋中效应貌似公平，实质上会导致面试结果失去意义，应当引起我们的重视。

6.录用压力

当上级对招聘结果有定额或时限要求时，面试考官对应聘者的评价就会偏高，或由于招聘时间紧迫，为完成招聘任务，不得不加快速度，急于求成。

消除上述面试中常见的问题、提高面试效果的方法是：对面试考官进行培训，并尽可能在面试前做好准备，尽量采用结构完整的面试。

本章小结

笔试和面试是招聘员工的筛选方式，其中面试作为一种人员甄选手段，可全面考查应聘者的知识、能力、经验及素质，为用人单位合理使用人才提供依据。面试方法可以分成结构化面试和非结构化面试（包括无领导小组讨论、文件筐测验、角色扮演等方法）两种。为使面试客观有效，做面试记录是必要的。面试结束后还应该对面试评价结果进行综合评估。面试考官在面试过程中应采取各种措施尽量避免常见问题的出现，保证面试结果的有效性。

第8章基础知识测评

复习思考题

1.什么是笔试？什么是面试？面试有什么作用？

2.面试有哪些特点？包括哪些方面的内容？

3.常用的面试方法有哪些？

4.面试时应该注意哪些问题？

5.假如你是某公司的招聘主管，你的公司计划招聘一名销售部经理，目前你手头有5个候选人，已经经过了笔试、测评等基本测试程序，下一步就要进行面试了。请根据你所学的知识，设计一份面试计划，并说明设计理由。

案例分析题

M公司的招聘面试过程

这个案例展现的是一个典型的面试过程，面试官所提的问题是面试时常常涉及的问题。下面我们开始进行招聘的面试工作：

（1）应聘人员提前30分钟到指定候考室集中，并进行面试顺序抽签。

（2）主任评委宣布面试开始，工作人员按顺序引导应聘人员入场。

（3）应聘人员到位后，主任评委向其宣读指导语并简要交代面试规则、注意事项等。

指导语：×号考生，你好。首先祝贺你顺利通过了笔试，欢迎你参加今天的面试。对我们的问题，希望你能认真和实事求是地回答，尽量反映自己的实际情况、真实想法。面谈的时间为30分钟左右。回答每个问题前，你可以先考虑一下，不必紧张。好，现在就让我们开始。（稍微停顿一下）

面试官：你好！介绍一下自己，好吗？

应聘人员：……

面试官：你了解我们公司吗？

应聘人员：……

面试官：你学过的课程与我们的工作有什么关系？

应聘人员：……

面试官：你有哪些特长和爱好？

应聘人员：……

面试官：你对加班、出差怎么看？

应聘人员：……

面试官：你是否打算将来继续深造？

应聘人员：……

面试官：你有什么问题要问吗？

应聘人员：不知贵公司什么时候能给我一个明确的结果？

面试官：一个星期内我们将公布此次招聘的人员名单。

应聘人员：谢谢你们！

面试官：再见！

资料来源　佚名. 应届毕业生面试案例分析［EB/OL］.［2015-12-21］. http：//www.yjbys.com/bbs/304114.html.

讨论题：

（1）考官在面试开始时首先要求应聘者介绍自己，这在面试过程中有什么作用？

（2）应聘者在回答考官的提问时应该注意什么？

（3）考官在面试过程中如何避免主观偏见对面试结果的影响？

第8章案例分析提示

推荐阅读资料

1.鲁林. 面试心理学［M］. 龙红明，译. 北京：人民邮电出版社，2019.

2.李靖. 面试官不会告诉你的那些面试技巧［M］. 天津：天津人民出版社，2018.

3.白山. 人力资源管理模板速查手册［M］. 北京：中国言实出版社，2008.

4.杨毅宏. 世界500强面试实录［M］. 2版. 北京：机械工业出版社，2010.

5.谭林妃. 面试案例［M］. 北京：中国人民大学出版社，2015.

6.王贵军，丁雯，李明昱. 招聘与录用［M］. 4版. 大连：东北财经大学出版社，2018.

7.孙祺奇. 面试官到底想听什么？［M］. 北京：中国经济出版社，2013.

8.阿瑟. 员工招聘与录用：招募、面试、甄选和岗前引导实务［M］. 卢瑾，等，译. 5版. 北京：中国人民大学出版社，2015.

网上资源

1.去面试网，http：//www.qumianshi.com。

2.易面试网，http：//www.yimianshi.com。

3.面试网，http：//www.mian4.net。

第9章　员工录用

学习目标

- 重点掌握录用决策的程序与原则；
- 掌握背景调查的主要环节和应注意的问题；
- 了解入职体检的目的及应注意的问题；
- 掌握录用决策的原则；
- 掌握录用决策的步骤。

引例

小李的选择

小李，女，英语语言专业应届硕士毕业，学业成绩优异。由于受到就业压力的影响，小李在较大范围内展开了其应聘工作，并根据用人单位的初步反应和个人的职业兴趣爱好，列出了3个有聘用意向的单位：××学院、××进出口有限公司、××出国咨询公司。小李本人很希望到××学院做一名大学英语教师，××学院对小李也非常满意，但由于程序的原因，给不了小李明确的聘用决策；××出国咨询公司根据公司的录用程序，很快与小李取得了联系，进行了录用面谈，并对小李的各项条件都非常满意，发放了录用通知书；××进出口有限公司虽然口头上同意接受小李到公司来，但没有正式通知小李去签订就业协议。眼看到了××出国咨询公司所限定的报到的最后期限，小李抱着一线希望给××学院打了电话，但该学院领导表示录用决策需要经过领导班子开会研究，还要再等一等。于是小李到××出国咨询公司工作。一个月后，××学院给小李打来电话，通知小李去签订就业协议，但小李已在××出国咨询公司开始自己的职业生涯，并对现在的工作较为满意。此后，××学院因为做出录用决策的时间太晚，优秀的人选多数已有了其他出路，因此又多次打电话给小李，希望她重新进行选择。

在引例中，××学院没能获取最合适的人才，问题出在哪个环节？录用环节对人力资源配置的影响如何？

9.1 背景调查

9.1.1 背景调查概述

背景调查是人力资源管理招聘领域使用的一种方法，是获取候选人的第一手个人资料与信息的方法。美国学者R.韦恩·蒙迪、罗伯特·M.诺埃指出，背景调查是从求职者提出的证明人那里搜集资料，包括求职者以前的就职单位和就读学校。背景调查的强度取决于招聘职位本身的职责水平。[①②]背景调查作为员工招聘甄选的工具之一，是指应聘者申请职位时，组织针对某些内容从应聘者提出的证明人等途径获取相关的背景资料。该方法一般用于调查中层及中层以上管理人员或关键性职位的人员，是直接获取应聘者较深入和真实情况的有效办法。随着人们对背景调查重要性的认识逐渐加深，特别是目前我国人才流动性大、个人档案及信用体系不健全，越来越多的组织开始运用背景调查甄选雇员。进行背景调查，不仅能为组织用人的安全提供保障，有助于降低组织的用人风险，而且能体现招聘工作的专业水平。

背景调查的具体作用体现在：①通过背景调查，可以验证应聘者在履历材料及面试过程中所谈及的经历是否属实；②背景调查有助于发现关于应聘者的新信息，如从前任管理者那里得到应聘者的工作习惯、品格、个性和技能等方面的信息，了解应聘者以往的工作经历中有无违纪等道德风险事件；③通过证明人评估应聘者在工作中的行为表现，可以预测应聘者录用后的工作绩效、文化适应性等。研究表明，领导与一般同事提供的材料比较真实，人事部门提供的材料并不翔实，而亲戚朋友提供的信息往往夸大其词。

9.1.2 背景调查的准备工作

背景调查通常由组织的人力资源部门承担或委托外部中介机构进行。当组织考虑将背景调查委托给中介机构开展时，由于组织必须对代理人的作为或不作为负法律责任，因此应当对中介机构进行评估；而当组织人力资源部的工作人员自行实施背景调查时，应事先征得应聘者的同意。

开展背景调查需要注意做好以下两方面的工作：

1.选择并培训调查核实人员

进行背景调查时，应选择精通相关的法律和法规、具备丰富经验的调查核实人员。例如，公共部门在选择调查核实人员时可以选择能熟练掌握和运用公务员法等

① 蒙迪，诺埃．人力资源管理［M］．葛新权，郑兆红，王斌，译．北京：经济科学出版社，1999：193-194.

② 王海光．人力资源管理［M］．大连：东北财经大学出版社，2008：88.

法律法规和有关章程条例的人员。调查核实人员应能够通过情感交流与证明人建立融洽的关系，打消证明人的戒备和顾虑；应能够阐明调查的要求，努力与证明人建立共同立场，争取证明人的积极合作。

参加背景调查的人员都应接受相关培训。调查核实人员所提的问题越专业，调查所取得的效果也就越好。特别是当采用非结构化形式收集数据时，数据质量取决于调查核实人员的技能和培训状况。因此，应当对调查核实人员进行充分训练，使其能够依据准备好的与工作有关的问题并针对证明人的回答做一些探究，确保他们全面了解并有效完成调查核实的工作任务。对调查核实人员的培训可注重3个方面：掌握有效识别文凭及材料的技能；熟练掌握与组织的主要业务相关的关键术语和一定的专业知识；能够进行有价值的提问。另外，依据不同的调查方法，开展相应的技巧培训，如电话调查时需要一定的电话沟通技巧，亲自调查时应具备相应的面谈沟通技巧。

2.确定证明人范围

在选择证明人时，具备以下4个条件的证明人被认为是有效的：①证明人有时间观察应聘者在相应条件下的表现；②证明人具备评估应聘者的能力；③证明人愿意提供真实、坦率的评价；④证明人具备表达能力，使其评价能被理解。在调查范围方面，应优先选取前任管理者或同事等直接了解应聘者工作情况的证明人，并且可以考虑建立并扩充证明人合作网络，下属、客户或人力资源部等都是获取信息的良好来源。证明人合作网络不仅有助于收集更加全面的重要信息，而且能够减轻证明人的顾虑，提高调查的有效性和可信度。由于在观察应聘者的时机、排除主观偏见和对应聘者的了解等方面存在差异，证明人所提供的证明材料的质量也必然存在差异。为此，与证明人联系时，必须对证明人做可信度方面的调查，注重收集证明人认识应聘者的时间、证明人的职位等信息，以获得必要的信息或验证证明人的回答。

9.1.3 背景调查的主要环节

背景调查既可在面试之前进行，也可在面试之后进行。通常情况下，在面试结束后与正式录用之前，人力资源部有关人员可对应聘者开展背景调查。背景调查的主要环节如图9-1所示。

各环节的具体运用如下：

1.制作背景调查表

人力资源部的工作人员应根据岗位分析、工作申请表和个人履历表的有关内容，选择与理想任职者工作绩效有直接因果关系的能力、个性、工作风格等因素制作背景调查表。调查内容应以简明、实用为原则，确保每个应聘者都经历相同的程序，保证背景调查的客观性和公正性。背景调查表（样表）见表9-1。

制作和使用背景调查表应注意以下事项：

①对组织内不同职位所进行的背景调查，需要使用不同的背景调查表，具有相似知识、技术和能力的职位可以采用同一份背景调查表；

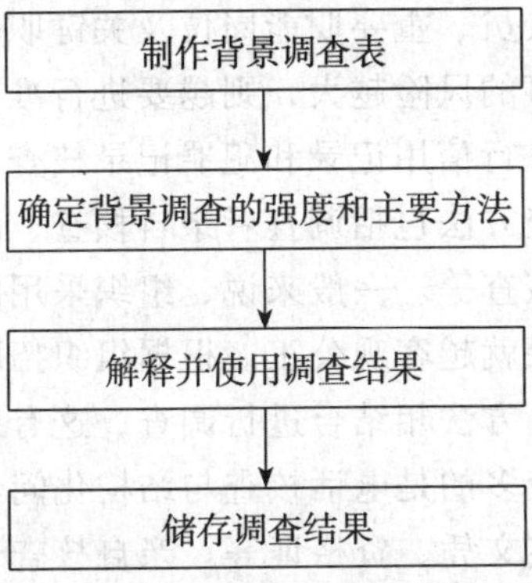

图9-1 背景调查的环节

表9-1 **背景调查表（样表）**

求职者姓名：

教育状况调查	
学校： 所获学历及学位：	联系人： 调查日期：
工作情况调查	
工作单位： 工作时间： 基本职责： 出勤率： 工作表现：	联系人： 最后担任职务： 担任的其他职务： 职务工作态度： 调查日期：
主管姓名及评价： 离职原因： 主要优点：	下属评价： 薪资情况： 主要缺点：

②背景调查表项目的设计应基于过去的行为，尽量把这些问题具体化和量化，避免直接询问；

③背景调查应尽可能使用公开记录来评价应聘者的工作情况和个人品行，尽量忽略应聘者性格等方面的主观评价内容，坚决避免调查中涉及个人隐私问题；

④背景调查表需要列出最关键的淘汰因素，同时还有必要将组织对应聘者个人提供的材料或在面试回答中存有疑问的项目列入调查项目，特别是应聘者有意含糊其辞的可信度最差的部分；

⑤调查人应以书面形式做好记录，如是哪位证明人说的、说了什么，证明人的职务、与被调查者的关系，收集资料的日期和时间等，以作为录用或拒绝的依据。

2.确定背景调查的强度和主要方法

人力资源部门的工作人员还应结合组织规模、所处行业、调查职位的职责重要性及应聘者自身因素等确定调查的强度。一般而言，背景调查的强度取决于招聘职位的职责水平。对于管理人员、重要职能岗位及关键职位人员的聘用，职位责任越大或者该职位对客户与同事的风险越大，则越要进行准确、详细的调查。涉及金钱和贵重物品的职位还需要进行信用记录和犯罪记录核查。

目前，常用的背景调查方法包括调查者亲自核查、邮寄核查、发函核查、电话核查、数据库核查、网络核查等。一般来说，组织采用的调查方法越多样化，联系的证明人越多，调查的结果就越客观公正。根据组织招聘工作的实际需要，在多数情况下采用两种或两种以上方法相结合进行调查，这有助于提高背景调查结果的有效性和客观性。目前采用较多的是电话核查与结构化问卷调查法相结合。数据库核查和网络核查通常用于核实文凭、资格证等。亲自核查通常用于涉及对在职者构成潜在工作威胁或涉及财务风险的职位。由于亲自核查成本较高，需要对大范围的人群进行了解并深入实地访谈，故适用范围并不广泛，常常为猎头公司所采用。

3.解释并使用调查结果

解释并使用调查结果阶段的主要任务是对调查所取得的各类信息资料进行汇总、筛选和进一步运用，包括正面信息和负面信息、客观信息和主观信息、与有效业绩有关的信息和与有效业绩无关的信息等。一般情况下，证明人不愿意非常客观地评价他人，也就是说，调查所获得的信息大多高估了应聘者的实际情况。而通过筛选信息资料，把有效的和客观的调查结果公正地运用到对每个应聘者的背景调查报告中，则能够为组织的录用决策提供一定的参考。

4.储存调查结果

背景调查的最后环节是对每个应聘者的背景调查报告进行储存，便于组织做出录用决策，或用于解释录用决策。

9.1.4 背景调查应注意的问题

1.取得应聘者的理解和支持

进行背景调查的工作人员应及时向应聘者说明背景调查的有关情况，信守保密义务，保护应聘者的隐私，争取应聘者的配合，取得应聘者的支持和理解。组织应使应聘者意识到提供虚假信息的代价，从源头上减少应聘者提供虚假信息的可能性。组织应当确认应聘者已经告知原单位离职意向后再开展调查，以免造成不利的影响，这既表明组织对应聘者的充分重视，使其感受到双方处于平等地位，也为日后的合作打下良好的基础。

2.建立健全管理制度

组织需逐步建立健全与背景调查相关的管理制度及措施，严格人员招聘工作的各项规章制度。组织应明确遵循劳动合同的相关条款，为背景调查提供保障。例如，雇员有提供真实信息的义务；设置必要的试用期，为发现问题后的操作留足空间；明确相应的责任，对于提供虚假材料的情况，一经发现，即刻解除劳动关系。人力资源部门的负责人应当对背景调查工作实施全程监督。

3.了解并遵守相关的法律法规

背景调查与其他人力资源管理的甄选方法一样，需要核实该方法的公平性和有效性。人力资源部门应随时了解并关注国家颁布实施的有关法律法规，在法律法规许可的范围内通过背景调查进行甄选，不能因调查而侵犯应聘者的隐私权。当应聘者对调查报告所提供的内容存有疑问，尤其是涉及负面信息或者出现完全相反的情况时，人力资源部门应当根据实际需要在一定的时限内开展二次调查，扩大调查范围或重新确定证明人，调整使用的方法和技巧，如是否与应聘者工作过的组织内各个层级的人员进行了较长时间的面谈、是否对比不同证明人叙述的不同和共同之处等，最后确定真实的调查结果。

9.2 录用决策基本内容

9.2.1 做出录用决策的条件

在录用决策中，应遵循最合适原则，即“最合适的就是最好的”，而最好的却不一定是最合适的。在做出录用决策时，应当依据以下5个条件：

1.准确可靠的信息

这里的信息包括应聘人员的全部原始信息和全部招聘过程中的真实信息。

（1）应聘人员的年龄、性别、毕业学校、专业、学校的学习成绩。

（2）应聘人员的工作经历、原工作岗位的业绩、背景资料、在以往的工作经历中领导和同事的评价、信誉度、美誉度等。

（3）应聘过程中的各种测试成绩和评语，包括笔试、情景模拟、心理测试、人-机对话测试、面试的成绩和面试评语等。

所有这些都必须是准确、可靠、真实的信息。

2.正确的资料分析方法

（1）注意对能力的分析。在繁杂的信息和资料中，要注意对应聘者能力的分析，包括沟通能力、应变能力、组织能力、协调能力等。

（2）注意对职业道德和高尚品格的分析。在市场竞争日益激烈的今天，有能力而缺少操守的人似乎多起来了，这些人能适应市场的变化，却缺少内在的坚强，缺少对个人品行的修炼，缺少对事业执着的追求，缺少对职业道德的训练。因此，在做出录用决策时，既要注意应聘者是否品学兼优，又要注意他在以往的工作中所表现出来的忠诚度、可靠度、事业心。

（3）注意对特长和潜力的分析。特长带有一定的先天气质，并需要有倾向性的后天培养，某些特长可能会对企业发展起至关重要的作用，为此，对具备某些特长的人要加以特别的关注。潜力是一种尚未被开发的、获得新的知识和技能的能力和素质，或者说是不能一眼见到的能力和水平，但潜力标志着应聘者个人未来可能达到的高度，也标志着他未来的行为可能对企业产生的重大贡献。因此，就像未被开发的处女地会被优秀的房地产商一眼看中一样，考官必须对应聘者的潜力独具慧眼。

(4) 注意对个人的社会资源的分析。个人的社会资源是指家庭、朋友、老师以及个人长期积累起来的良好的社会关系、良好的资信度和良好的社会基础。这些社会资源对某些特殊企业来说无疑是一笔财富，做出录用与否的决策时应加以重视。

(5) 注意对个人的学历背景和成长背景的分析。一流的大学有一流的教师和教学设备等软、硬件资源，因此对个人的学历背景应予以一定的重视。另外，成长背景、家庭状况对一个人的心理健康也是至关重要的。人的一生必然要接受4种教育：家庭教育、学校教育、自我教育、社会教育。在融洽、和美的家庭中成长起来的孩子，比较快乐，无忧无虑；在单亲家庭中成长起来的孩子容易忧郁；经过名师指点的学生有很好的知识底蕴。

(6) 注意应聘者在面试中的现场表现。面试是对一个人综合能力和综合素质的考查。应聘者在面试中的现场表现包括应聘者的语言表达能力和形体表达能力、控制自身情绪的能力、分析问题的能力和判断能力等，还包括他的素质、风度、礼貌、教养和心理健康。

3. 科学的招聘程序

招聘一定要经过一层层的筛选，程序的科学性要求招聘步骤不能颠倒，但是不同企业的招聘程序根据企业规模、效益、文化、价值观和其他多种因素，也可以有所差别。例如，三星公司在招聘时通常进行3轮面试：第一轮是人力资源部的初步筛选；第二轮由业务部门进行相关业务的考查和测试，此时提问均集中在相关的业务知识上；第三轮是由招聘职位的最高层经理和人事招聘专员参加的面试。每轮均有被淘汰者，最后再进行匹配度分析，从而决定最终录用人选。

4. 高素质的考官

主考官要确保面试公正、公平，这是必备的一个要素，同时主考官的能力和素质也至关重要。一位优秀的主考官可以充分利用自己的知识、智慧、经验、信息、判断力和分析力做出相对正确的录用决策。主考官的素质越高，招聘录用的成功率就越高。其他面试考官也应具备较高的素质。

5. 能力与岗位的匹配

第5章对能力和岗位的匹配已有专门的阐述，这里不再重述。

9.2.2 录用决策的原则

1. 最合适原则

录用决策的根本原则是最合适原则，最合适的就是最好的，而最好的并不一定是最合适的。

2. 公平竞争原则

在招聘时，组织的空缺职位向所有符合条件的人开放，不管是组织内部还是外部的应聘者，都一视同仁、机会均等，这样才能保证组织录用最合适的人才。

3.因事择人原则

组织应根据工作需求招聘员工，按照组织的人力资源规划招聘员工，切莫出于主管人员的管理需要或为达到个人目的而随意增加人员招聘。

此外，录用决策的原则可能因为组织文化对人才的看法不同而各具差异，也可能因为企业的人力资源发展战略不同而有所差异。例如，微软有一套自己独特的选人之道，应聘者即使不是专家，即使没有经验，只要有激情，只要有开发的潜能，微软就视其为人才。而华为更希望通过录用决策传递企业文化："我们想要的是能抗压、能创新、具备良好的道德和较强的团队精神的员工。"

9.2.3 录用决策者

1.人力资源专业人员

在录用选拔中，除个别项目外包外，大部分企业的人力资源工作者是最基本的决策者，他们应该参与人员选拔的全过程。基于工作内容和相关经验、阅历，人力资源专业人员可以为直线经理（line manager）提供一些他们没有觉察到的有关应聘者的情况。例如，人力资源专业人员能提供应聘者的人际关系技能等信息。他们经过专业训练，对这些问题更为敏感。此外，他们还具有解释笔试结果的知识。

2.用人部门主管

用人部门主管是业务方面的专家，他们通常能解释雇员个体的成功。用人部门主管是直接领导和管理员工的人，因而录用决策通常也吸纳直线经理参与。用人部门主管的参与程度与其对管理工作知晓多少相一致。如果用人部门主管参与到不熟悉的领域，其决策的有效性是值得怀疑的。

3.员工

在一般意义上，员工不是招聘录用的决策者，但在一些现代组织中，自我管理团队中的员工越来越多地被授权自己决定录用哪些应聘者。也就是说，员工在录用决策中具有一定的发言权。这种变化有助于老员工更好地认同组织目标，培养员工的主人翁意识；也有助于新员工与岗位匹配、与组织融合。当然，员工作为录用决策的参与者，需要掌握一定的关于人员聘用方面的知识与技能。①

9.3 录用决策程序

9.3.1 内部录用程序

在招聘过程中，甄选的目的就是有效地对应聘者做出判断，正确做出接受或拒

① 赫尼曼，贾奇．组织人员配置［M］．王重鸣，陈学军，译．4版．北京：机械工业出版社，2005：259-260.

绝应聘者的决定。为了保证评价信息的完整性，还需要一个信息整理和分析的过程，如图9-2所示。

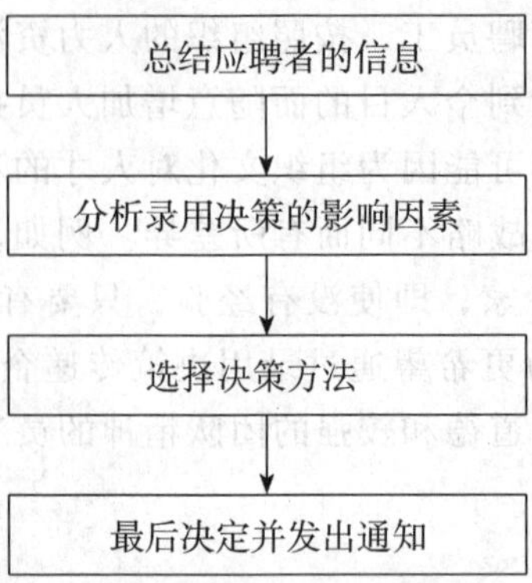

图9-2 录用决策程序图

1.总结应聘者的信息

评价小组或专家委员会对应聘者的兴趣在于应聘者“现在能做什么”“愿意做什么”“将来可能做什么”“志向是什么”等方面。根据企业发展和职位需要，专家最终把注意力集中在“能力”与“态度”两个方面。其中，能力指的是知识和技能以及获得新的知识和技能的能力（或潜力），态度则指工作动机、兴趣和其他个人特性。

2.分析录用决策的影响因素

对录用决策的影响因素的分析主要包括：

（1）是注重应聘者的潜能，还是注重组织现有的需要？

（2）企业现有的薪酬水平和应聘者的薪酬要求有多大差距？

（3）是以应聘者当前对组织的适应度为准，还是以其将来的发展潜力为准？

（4）在判断应聘者合格与不合格方面是否存在特殊要求？

（5）超出合格标准的应聘者是否在考虑范围之内？

3.选择决策方法

一般来说，人员录用决策有以下3种：

（1）多重淘汰式。

在多重淘汰式中，每种测试方法都是淘汰性的，应聘者必须在每种测试中都达到一定水平方能合格。该方法是将多种考核与测验项目依次实施，每次淘汰若干低分者。通过全部考核的应聘者再按最后面试或测验的实得分数，排出名次，择优确定录用名单。

（2）补偿式。

在补偿式中，不同测试的成绩可以互为补充，最后根据应聘者在所有测试中的总成绩做出录用决策。例如，分别对应聘者进行笔试与面试，再按照规定的笔试与面试的权重，综合算出应聘者的总成绩，决定录用人选。值得注意的是，由于权重不一样，录用人选也会有所差别。假设在甲、乙两人中录用一人，两人的基本情况与考核得分见表9-2。到底录用谁，关键要看不同项目的权重。

表9-2 **各项目的权重情况**

		技术能力	学历	政治思想水平	组织领导能力	事业心	解决问题能力	适应能力
甲的得分		0.9	0.5	1	1	0.8	0.8	1
乙的得分		0.7	0.9	0.8	0.8	1	1	0.7
权重	W_1	1	1	1	1	1	1	1
	W_2	1	0.5	1	0.8	0.8	0.7	0.6
	W_3	0.5	1	0.8	1	0.8	0.7	0.6

如果各考核因素的权重相同，则甲的综合得分为6，乙为5.9，甲为优；如果突出技术能力与政治思想水平，则甲的综合得分为4.75，乙为4.51，甲为优；如果突出学历与组织领导能力，则甲的综合得分为4.55，乙为4.61，乙为优。

（3）结合式。

在结合式中，有些测试是淘汰性的，有些是互为补偿的，应聘者通过淘汰性的测试后，才能参加其他测试。

4.最后决定并发出通知

最后由评价小组或专家委员会做出录用决定，并反馈给人力资源管理部门。

当录用决定做出后，为了不失去合格的应聘者，人力资源管理部门要及时送出录用通知。在现实中，许多官僚作风严重的组织因通知不及时而损失了重要的人力资源，并影响组织的外在形象。

（1）录用通知书。

在录用通知书中，应说明报到的起止时间、报到的地点以及报到的程序等；在附录中，应详细讲述如何抵达报到的地点和其他应该说明的信息。当然还有欢迎新员工加入的致辞。

在录用通知书中，要让被录用的人员了解他们的到来对企业发展的重要意义。应该说这是企业吸引人才的一种手段，表示企业对人才的重视。另外，要对被录用的人员一视同仁，以相同的方式通知他们，一般用信函的方式为佳。

以下是录用通知书的范例：

录用通知书

______先生/女士：

上周二与您的会面是愉快的。我们现在很高兴地通知您，我们企业向您提供______职位。

接受该职位的工作意味着您要完成下列的工作职责______，您的工资按我们商谈的结果支付。

我们很希望您能接受该职位的工作。我们会为您提供难得的发展机会、良好的工作环境。

我们希望在________年________月________日之前获得您是否接受该职位的信息。

如果您有什么问题，请尽快与我们联系。我们的联系电话是________。

此致

人力资源经理：________

________年________月________日

（2）辞谢通知书。

许多企业都忽视了辞谢的程序。周到的辞谢方式除了有助于树立良好的企业形象外，还可能对今后的招聘产生积极影响。因此，应该用同样礼貌的方式通知未被录用的人员。可以通过电话用委婉的语言通知对方，也可以用信函的方法告知对方。

以下是辞谢通知书的范例：

辞谢通知书

________先生/女士：

您好！十分感谢您对我们公司________职位的关注。您对我们公司的支持，我们不胜感激。您在应聘该职位时的良好表现，给我们留下了深刻的印象。但由于名额有限，此次我们只能割爱。但我们已经将您的资料备案，并保留半年，如有空缺，我们会优先考虑您。

再次感谢您对我们公司的关注和支持！祝您早日找到理想工作。

此致

人力资源经理：________

________年________月________日

9.3.2 外部录用程序

对于一般的企业类组织来说，做出录用决策后，通常还需报请公司高层审批；对于事业部制的企业来说，用人部门做出录用决策后，通常还需报请总公司人力资源部审批。

对于公共事业单位来说，做出录用决策后，还需报请上级主管单位或相应级别的人事组织部门审批并备案。我们可以看到，在很多行政事业类单位的招聘中有这样的字眼："拟录用为国家公务员的人员，由用人单位提出，报同级人民政府人事部门审批。其中录用为县级和县级以下国家行政机关国家公务员的，由县级人民政府人事部门初审，报行署、市人民政府人事部门审批。新录用的国家公务员，试用一年。试用期满，合格的由用人单位按照管理权限，予以正式任职，并报录用主管机关备案；不合格的，由用人单位报请原录用主管机关审批，取消其录用资格，可退回原工作单位，或另行安置。被取消资格的人员也可自谋职业。"

需要注意的是，组织在获取员工的过程中，必须注意处理好录用的各项法律问题。

9.4 入职体检

9.4.1 入职体检概述

入职体检是专项体检之一，旨在通过体检保证入职员工的身体状况适合从事该专业工作。

不同的职位对于员工健康程度的要求不同，一些单位和岗位对员工的健康状况有特殊要求，如食品生产行业生产线上的员工就必须没有传染病。一些对健康状况有特殊要求的职位在招聘时要对应聘者进行严格的体检，否则可能给企业带来许多麻烦。

对新员工进行体检的目的主要有3个：

①确定应聘者是否符合职位对身体的要求，发现对应聘者进行工作安排时应当予以考虑的体格局限因素。

②可建立应聘者健康记录，以服务于未来为员工购买保险或合理给付员工的赔偿要求。

③通过确定应聘者的健康状况，还可以降低缺勤率，减少事故的发生，以及发现员工自己可能不知道的传染病，同时这也是对组织中其他员工的生命健康负责。

体检一般委托医院进行。入职体检有相对固定的体检项目与体检标准，选择专业体检中心能保证体检质量。一般企业会指定一个信誉良好或有长期往来的医疗机构，要求应聘者在一定时期内进行体检，或是集中组织应聘者前往体检。在一些规模较大的组织中，体检往往在自己的医疗部门进行。

体检一般仅限于初步获得职位的人，他是否最后被录用，视其是否通过体检而定。体检不但决定应聘者在身体上能否从事该工作，而且决定他是否有资格享有集体生活、健康和残疾保险。体检费用通常由组织支付，体检的结果也应交给组织。由于费用问题，体检一般是人才选择过程的最后一步。

发达国家的求职体检有3种：一般体检、临床体检和药检。一般情况下，所有应聘者都要接受一般体检和药检，只有申请中高级管理职位的应聘者才接受临床体检。国外有些企业开始使用基因测试，以确定一个人是否携带可能导致某种疾病的突变基因，但该测试有较大的争议。

9.4.2 入职体检的注意事项

体检前3天应注意饮食清淡，体检前一天不要饮酒，晚8点后不要进食，保持心情舒畅，不要紧张。体检当天早上空腹，体检前一小时避免剧烈运动。

入职体检要注意合法性，不能对求职者有疾病歧视。以乙肝病毒携带者为例，虽然我国《病毒性肝炎防治方案》早有规定，乙肝病毒携带者不应按现症肝炎病人处理，除不能献血及从事直接接触入口食品和保育工作外，可照常工作和学习，但是不少企业仍然谈乙肝色变，招聘中一旦发现应聘者是乙肝病毒携带者，或者曾经感染过乙肝病毒，都会找其他理由拒绝。“对于企业来说，谁家都想招到完全健康的员工，不想招来任何可能的隐患和麻烦。”某有限公司的项目经理表示。近年来，企业在招聘中对健康标准的要求越来越高，最愿意招聘完全健康的人才，对于存在健康问题的员工必须谨慎处理，以免引起法律诉讼。

本章小结

录用程序是巩固招聘成果的关键环节。做出录用决策前，需要对应聘者进行背景调查。在录用决策中，应遵循最合适原则。录用决策可通过多重淘汰式、补偿式和结合式做出。在录用的整个过程中，都必须遵守相关的法律法规，避免引起不必要的麻烦。最后，不论录用与否都应发放通知书：录用人员发放录用通知书，不录用人员发放辞谢通知书。

第9章基础知识测评

复习思考题

1.为什么要进行背景调查？

2.如何进行背景调查？

3.在背景调查的过程中需要注意哪些问题？

4.影响做出录用决策的因素有哪些？

5.在做出录用决策的过程中需要注意哪些问题？

案例分析题

录用赵安还是苏天

天琪瑞公司为了对生产部门的人力资源进行更为有效的管理、开发，希望在生产部设立一个处理人事事务的职位，主要负责生产部与人力资源部的协调。人力资源部经理王量对应聘者做了初步的筛选，留下5名候选人交由生产部经理李初再次筛选。李初对其进行选择，留下了2个人。这两个人的个人简历如下：

赵安：男，32岁，企业管理硕士学位，有8年一般人事管理及生产经验，在此之前的两份工作均有良好的表现。

面谈结果：可录用。

苏天：男，32岁，企业管理学士学位，有7年人事管理和生产经验，以前曾在两个单位工作过，第一位主管评价很好，没有第二位主管的评价资料。

面谈结果：可录用。

了解了候选人的相关信息后，生产部经理李初来到人力资源部，与王量商谈录用决策。

李初说："两位候选人看起来都不错，你认为哪一位更合适呢？"

王量说："两位候选人的资格审查都合格了，唯一的问题是，苏天的第二位主管给的资料太少。虽然如此，我也看不出他有什么不好的背景，你的意见呢？"

李初说："很好，王经理，显然你我对苏天的面谈表现都有很好的印象，人嘛，有点圆滑，但我想会很容易共事，相信在以后的工作中不会出现大的问题。"

王量说："既然他以后主要和您共事，当然由您做决定更好，明天就可以通知他来上班。"

于是，苏天被公司录用了。进入公司工作6个月以后，他的工作不尽如人意，指定的工作任务经常不能按时完成，有时甚至做出不能胜任其工作的行为，引起了员工和管理层的抱怨。显然，苏天对此职位不适合，公司必须处理。

资料来源 佚名. 为什么这是一次失败的招聘［EB/OL］.［2015-12-21］. http：//www.pinggujob.com/News/Info/3/191447.html.

讨论题：

（1）案例中，导致聘用失败的原因主要有哪些？

（2）结合案例，分析背景调查在招聘中的作用。

（3）结合案例，分析录用决策对整个招聘的影响。

第9章案例分析提示

推荐阅读资料

1.胡劲松. HR人力资源实战整体解决方案［M］. 北京：中国法制出版社，2018.

2.廖泉文. 招聘与录用［M］. 3版. 北京：中国人民大学出版社，2015.

3.斯耐尔，莫里斯，伯兰德. 人力资源管理［M］. 张广宁，王天晓，胡文华，译. 大连：东北财经大学出版社，2017.

4.杨辛. 如何招聘与录用新员工［M］. 广州：广东经济出版社，2013.

5.赫尼曼，贾奇，米勒. 组织人员配置：招募、选拔和雇用［M］. 徐世勇，苏中兴，李育辉，等，译. 7版. 北京：中国人民大学出版社，2017.

网上资源

1.中国人力资源开发网，http：//www.chinahrd.net。

2.Society of Human Resource Management，http：//www.shrm.org。

3.智联招聘，http：//www.zhaopin.com。

第10章　招聘与配置中的测评

学习目标

✓重点掌握人力资源测评的方法及各种测评方法的应用；

✓掌握人力资源测评的过程，主要掌握如何确定测评内容、设计测评指标体系和选择测评方法等；

✓理解人力资源测评的基本概念和原则；

✓掌握人力资源测评在招聘与配置中的作用；

✓掌握人力资源测评的类别；

✓熟练应用无领导小组讨论法。

引例

高潜力人才的特征及识别

人才识别与培养越来越成为企业能否持续发展的内在驱动力。企业由过去重视个人绩效的评估，到重视胜任能力的评价，现在越来越多的企业关注提前识别高潜力人才，并进行有针对性的培养。那么何为高潜力人才？如何对其进行识别呢？

管理学家劳伦斯·彼得提出，“在一个等级制度中，每位员工趋向于上升到他/她所不能胜任的职位”。言外之意，就是职场中的每个人穷尽一生能够晋升到多高层级的职位是不同的，即每个人的发展潜力是不同的。潜力（potential）不同于胜任能力，也不同于个人绩效，它是对未来个人发展的一种预测。当组织评估一个人的发展潜力时，需要一个明确的职位目标，比如“他是否具备成为金融领域资深专家的发展潜力”“他是否具备成为CEO的发展潜力”，而绩效和胜任能力评价基本上都是基于当前职位的要求进行的。在目前岗位上业绩出色、能力出众，并不代表其能在更高一个层级的岗位上做出出色的业绩。因此，工作绩效、胜任能力只是对当前状态的评估。

潜力的评价内容

那么，如何对潜力进行评价和预测呢？为了回答这个问题，下面以领导潜力为例进行阐释。对领导潜力的预测一般分为两种：第一，领导特质论，即识别员工成为高层领导者所必需的个性特质，也称为关键性成长因素；识别阻碍员工成为高层领导者的个性特质，也称为阻碍性因素（derailers）。第二，应用领导力管道理论（Leadership Pipeline），结合每个层级的角色要求，预测员工能够达到下一个职位层级的可能性。

一般而言，关键性成长因素是一些潜在的且有长远影响的个人特质，它需要被识别和发展，是能够在将来表现出领导作用的特质。关键性成长因素具有以下特征：

（1）在个人职业发展早期就能够被识别，且在各种情况下都能表现出来的特质。

（2）对于大多数或绝大多数高层领导者而言是必须拥有的特质。

（3）很难被发展的特质。

（4）变成阻碍性因素（阻碍领导力发展的“致命性短板”）的可能性很大的特质。例如，个人的“成就动机”特质在很多情况下是一个关键性成长因素，但是，也可能变为“自高自大”特质，成为阻碍领导力发展的因素。

凯洛格通过多年的高管人才盘点实践经验，总结出3类潜力：思维潜力、人际潜力、内驱潜力，共包含13个关键性成长因素。

思维潜力：对事物保持好奇心、思维敏捷、善于洞察问题本质，能够创造性地解决问题。它包含5个关键成长性因素：

（1）快速反应：思维敏捷，能够快速学习和掌握新事物。

（2）好奇心：对新事物、新问题态度积极，且敢于冒险。

（3）洞察力：洞察问题背后原因和规律的能力。

（4）精细推理：善于对问题进行反思和质疑，且善于应对和处理模糊、不确定的信息。

（5）创新思维：思维灵活，经常突发奇想，超越正常思考问题的边界，给出创新提议。

人际潜力：有清晰的自我认知，善于站在对方的角度考虑问题，能够感知他人的情绪和想法，为人处世稳重且富有影响力。它包含5个关键性成长因素：

（1）人际敏感：善于换位思考，站在他人角度理解他人情绪和意图的个人特征。

（2）开放性：善于接纳反对意见、相左观念的特征。

（3）影响力：说服他人改变观念和立场的能力。

（4）自我意识：善于自我反思，对自我优势、不足以及对自己所承担的岗位角色有清晰的认知。

（5）成熟稳重：善于控制情绪、应对压力的个人特征。

内驱潜力：对取得成就、权力和建立人际关系的渴求程度。它包含3个关键性成长因素：

（1）成就动机：对达成目标或超越竞争对手的内在驱动力。

（2）权力动机：对影响或控制他人行为的内在驱动力。

（3）亲和动机：与他人建立关系或恢复良好关系的内在驱动力。

对于员工潜力的识别，可以采取1~5点评分进行打分。5=完全符合该行为，1=完全不符合该行为。如果平均分在3.5以下，说明该员工发展潜力一般。表10-1是高潜力评估量表样题示例。

表10-1 高潜力评估量表样题示例

维度	样题	评分
快速反应	(1) 快速上手新的或复杂的事情 (2) 脑筋反应很快 (3) 快速洞察复杂因素之间的因果关系	1=完全不符合 2=不符合 3=有些符合 4=比较符合 5=完全符合
好奇心	(1) 喜欢接触新的事物或新的挑战 (2) 主动搜寻新事物 (3) 痴迷于复杂问题或新问题的解决 (4) 勇于冒险尝试新的问题解决方法	
洞察力	(1) 喜欢探究问题的根本原因（不是浅尝辄止，只看到表面原因） (2) 一眼看出解决方案有效还是无效的本质原因 (3) 善于洞察和总结新的经验	
精细推理	(1) 面对矛盾或模棱两可的信息，发现和提出看起来违背了常识却是正确的观念或方法 (2) 思维缜密，即使对于传统的智慧和假设，在行动之前也会思考再三 (3) 善于反思和质疑，不论是对自己还是他人	
创新思维	(1) 对看似无关的事情，善于想象到二者之间的平行关系、类比关系，以及内在联系 (2) 思维发散，善于想出获取数据和答案的多种途径 (3) 将大多数不能联系起来的事物联系在一起考虑	

十字模型法预测

如果评分在4分以上，说明该员工具备良好的发展潜力，但是，这一结果并不能说明该员工可以被提拔。员工能否被提拔还需要评估"该员工是否具备提拔到更高岗位所必需的知识、经验和技能"。这些技能、知识和经验可以通过教育、培训和职业经历来获得，是胜任岗位工作的必要条件。如果员工不具备这些知识、经验和技能，说明其准备度不够。因此，对于员工潜力的评价还需要参照目标岗位的要求来进行。评估员工潜力常用的模型是"十字模型法"，如图10–1所示。

按照员工在集团公司里的发展通道，一般包括6次转型，每次转型（每个十字）都要求不同的技能、思维观念和时间安排。在每个十字内，根据需要达到的绩效标准，可把潜力分为转变的潜力、成长的潜力和熟练的潜力。

基于十字模型法的3种潜力界定（图10–2）。

(1) 转变的潜力：具有调动到十字模型中另外一个不同层级的工作岗位上工作的能力和意愿，即基本晋升的潜力。

(2) 成长的潜力：具有调动到十字模型中同一层级更具复杂性的工作岗位上工作的能力和意愿，基本具备在岗位上承担更大职责的潜力。

(3) 熟练的潜力：基本符合不断变化的工作要求，能够不断深化经验、专业和知识，但是不会沿着十字模型移动到一个更高的层级。

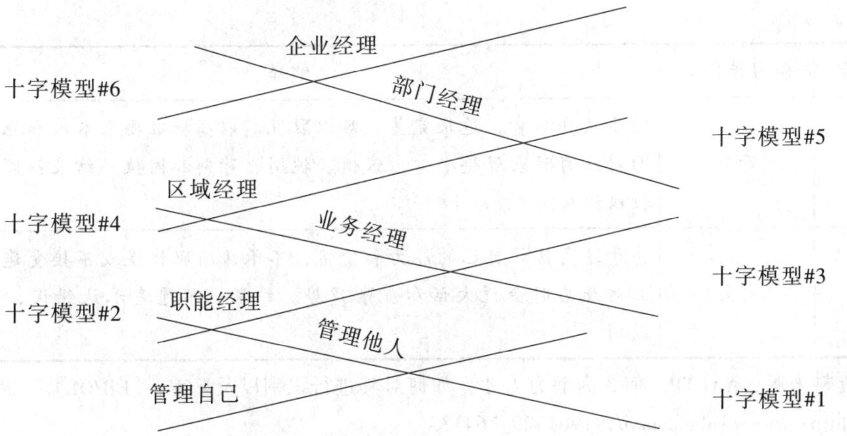

图10-1　十字模型法

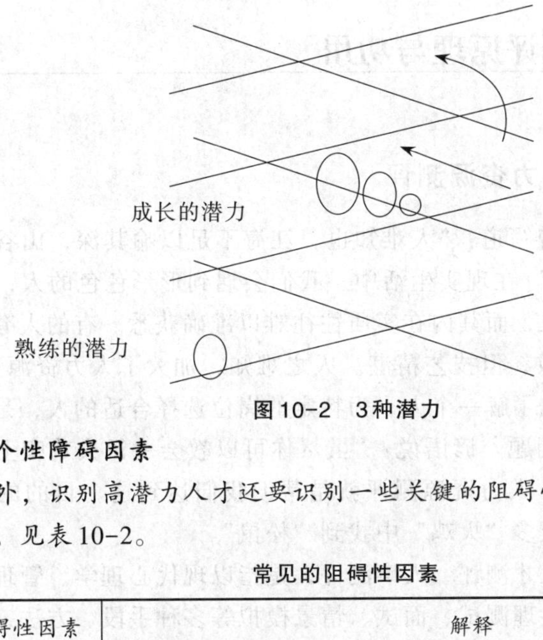

图10-2　3种潜力

致命的个性障碍因素

除此之外，识别高潜力人才还要识别一些关键的阻碍性因素，也就是一些致命的个性障碍，见表10-2。

表10-2　**常见的阻碍性因素**

序号	阻碍性因素	解释
1	激动	对人对事过度热情，然后又对他们产生失望情绪，喜怒无常，容易生气，难以取悦，处理压力的方式通常为放弃或终止关系。结果：缺乏恒心
2	怀疑	有较强的社交洞察力，但有些愤世嫉俗，且对批评过于敏感。不信任他人的意图，非常在意不恰当的待遇，并在发生上述情况时质疑或责备他人。结果：对人缺乏信任
3	害怕冒险	过于担忧被批评。对犯错或陷入尴尬境地过分担心，在遭受压力时趋于自我保护、因循守旧。结果：不愿冒险一试
4	冷漠	对他人的感受漠不关心或毫无觉察，独立、冷漠、孤僻，不习惯与陌生人相处，在面对压力时容易畏缩并变得沉默寡言。结果：不善沟通

续表

序号	阻碍性因素	解释
5	苛求	做事认真尽责，追求完美，难以取悦。以高标准要求本人和他人，在面对压力时表现得小心、谨慎、挑剔、苛刻和固执。结果：倾向于不授权他人
6	自大	易于过高估计自己的能力和价值，不承认所犯错误或不接受建议，在面对压力时会说大话和虚张声势。结果：不愿意承认错误，或吸取教训

资料来源 AACTP. 何为高潜力人才，如何对其进行识别以及培养？[EB/OL]. [2019-01-11]. http://www.sohu.com/a/191961329_764133.

10.1 人力资源测评原理与功用

10.1.1 什么是人力资源测评

北宋大文学家苏轼曾写道："人难知也，江海不足以喻其深，山谷不足以配其险，浮云不足以比其变。"在现实生活中，我们会遇到形形色色的人，我们所能够了解的大多是他们的表象，而其内在实质往往难以准确获悉。有的人夸夸其谈，其实难副；有的人低调内敛，但技艺精湛。人之难知，加大了人力资源选拔的难度。在企业中，如何更深入地了解一个人、为特定的岗位选择合适的人，是人力资源管理所要解决的一个关键问题。谚语说："虽然你可以教会一只火鸡爬上树，但更简单的是找来一只松鼠。"人力资源测评就是帮助我们达到这个目的的一种技术手段，它可以帮助我们从众多"火鸡"中找到"松鼠"。

人力资源测评也称人才测评、人事测评，是指以现代心理学、管理学、行为科学等理论为基础，通过心理测试、面试、情景模拟等多种手段、方法，对人力资源个体的品德、智力、技能、知识、经验等素质进行测试、评价的活动过程。人力资源测评的目的在于：帮助企业经营者准确了解员工的能力和心理素质，在市场竞争中提高企业员工的能力，使企业人力资源合理配置，促进企业快速、稳定、健康发展；帮助在职员工或求职应聘人员全面了解自我、认识自我，发现和确定自己的成功商数、争取达到某种社会地位的能力和程度，掌握自我心理素质、能力倾向，瞄准职业方向和发展目标，为测评者在转向、进修、择业中提供定位的评价报告。人力资源测评由两部分组成：一是采用科学的方法，收集测评对象在相关活动中的表征信息；二是采用科学的方法，对其素质水平做出量值与价值判断。前一部分主要是"测"的工作，后一部分主要是"评"的工作。

早在我国古代，众多关于"知人"方面的著述就提供了近似于现代人力资源测评的思想。如《庄子·列御寇》中提出了9种知人之法："故君子远使之而观其忠，近使之而观其敬，烦使之而观其能，猝然问焉而观其知，急与之期而观其信，委之以财而观其仁，告之以危而观其节，醉之以酒而观其则，杂之以处而观其色。九征至，不肖人得矣。"庄子认为，只要掌握这9种知人之法，通过考查人的忠实、恭敬、能力、智力、信用、贪心、气节、遵守规矩和是否好色等诸多方面，就可以洞察人们的心灵秘密，分辨出谁是好人谁是坏人。诸葛亮《心书》中的《知人性》也提出了7种知人方法："问之以是非，而观其志；穷之以辞辩，而观其变；咨之以计谋，而观其识；告之以祸乱，而观其勇；醉之以酒，而观其性；临之以利，而观其廉；期之以事，而观其信。"其强调借助于语言或一定的情景刺激，考查被测对象的心理和行为，以测量人的素质。我国古代积累了丰富的人力资源测评思想，总体上说以经验性的定性测评为主，并未形成系统的测评技术。

现代意义上的人力资源测评技术起源于西方工业革命的发展。工业革命推动了西方社会生产方式的深层次变革，使得人才在组织竞争中的重要性日趋增强。因此，通过选拔优秀、合适的人才提高组织竞争力，为人力资源测评技术的发展提供了重要的现实需求。1879年，德国心理学家威廉·冯特（Wilhelm Wundt）建立了世界上第一个心理实验室，对个体行为差异进行研究。1905年，法国心理学家比奈（A. Binet）研制出著名的比奈-西蒙智力量表，开创了现代人力资源测评的先河。其后，心理测验演变为心理评价，为学生升学、就业，人才选拔、晋升和培训等提供指导和服务。20世纪下半叶以来，西方人力资源测评思想迅速发展，开发了名目繁多、内容丰富的测评技术，并得到了广泛的应用，人力资源测评技术逐渐成为企业选人用人的重要辅助工具。例如在英国，85%的公司使用心理测验招募新人，在职经理也常被要求进行心理测试。结果表明，经过测试选拔的管理人员比仅凭主观判断提拔的管理人员成功率高2~3倍。

我国最早的较为标准化的人力资源测评是1916年在清华大学校内开展的职业指导活动。1921年，中华职教社采用自制的4类、9种职业心理测验器对入学人员进行了测验，但因中国社会工业落后以及社会条件的限制，人力资源测评难以实现规模化发展。20世纪60年代，我国因工业和军事发展的需要，人力资源测评获得了长足的发展。70年代，空军第四研究所编制了"学习飞行能力预测方法"，用以对招考新生进行集体心理测验，取得了良好的效果，使飞行员淘汰率大大降低。改革开放后，人力资源测评思想和技术在我国迅速发展，重点集中在引进西方测评技术，并结合我国具体情况做了改进。

目前，企业选人用人进行素质测评已成为普遍的趋势。上海市职业能力考试院近年来已先后接受了数百家企业的委托，运用人才测评手段来选拔中高级管理人才；北京市组织部、人力资源和社会保障局已连续多年在面向社会招考局级干部中采用了人才测评工具；宝洁、IBM、大众、华为、中国人寿保险等都利用人力资源测评进行人员选拔和招聘，取得了良好的效果。

10.1.2 人力资源测评在招聘与配置中的作用

人力资源测评是人力资源管理决策中的主要信息来源之一，是人力资源决策的基本工具，能提供客观、可靠的参考性建议。就一个企业或部门的人力资源管理而言，其实质就是一个不断开发新的人力资源和对已有人才充分使用的过程，涉及人才的招聘、选拔、安置、培训、考核、激励以及实施各种福利和管理措施等内容。人力资源测评在这个过程的每一个环节中都发挥重要作用，可以说人力资源测评是人力资源管理的起点和基础，贯穿整个人力资源管理的过程。表10-3显示了人力资源测评技术在各方面运用的一项调查结果（Hansen & Conrad，1991）。

表10-3 人力资源测评技术的运用频率

人力资源开发的各个领域	人才测评技术的运用频率
最终的选拔决策	83%
提升	76%
职业发展	67%
职业咨询	66%
成功计划	47%
最初的应聘筛选	42%
人员安置咨询	30%

资料来源 HANSEN C P，CONRAD K A. A handbook of psychological assessment in business [M]. Westport，New York：Quorum Books，1991.

1.为员工招聘与配置提供依据

通过人力资源测评对人的素质进行测试、判断、预测，并根据工作岗位和组织特性进行评价，企业可以将最合适的人放在最合适的岗位上，获得最佳效益。可以说，有效的企业招聘甄选在很大程度上取决于对应聘者的测试，企业唯有通过人力资源测评做到“知人”，方能在岗位安排时做到“善任”。从表10-3中可以看出，在人员招聘活动中，最初的应聘筛选和最终的选拔决策都要用到人力资源测评技术，其中在最终的选拔决策中运用频率高达83%。

根据职位与素质相匹配的原理，企业在获取人力资源时必须明确：（1）招聘职位对任职者的素质要求；（2）招募对象是否具有该职位所要求的基本素质。这两方面都需要人力资源测评发挥作用，提供依据。

人力资源测评是人力资源获取过程中不可或缺的环节，它在很大程度上决定了人力资源获取工作的效率。

2.为人力资源的后续使用提供指导

（1）为职位升降提供指导。在人力资源个体的职位升降上，单凭业绩水平来决定是不科学的，必须同时参照素质水平。从逻辑上看，人力资源个体的业绩水平与素质水平之间应存在很强的正相关关系，但也出现了相关度不高，甚至背离的现象。因此，个体职位的升降决策必须综合考虑素质水平与业绩水平两方面的因素。

（2）为岗位竞争提供参照。为激活企业人力资源，竞争上岗制度势在必行。为了实现岗位竞争的公平和公正，除了要对各岗位的任职资格进行严格、科学的设定外，还要对各竞争者的素质及绩效水平进行客观的测评。忽视人力资源测评，必然会影响岗位竞争的公平、公正。

（3）为员工制定职业发展规划提供参考。对自己有一个客观、正确的评价，是企业员工制定职业生涯发展规划的基础。人力资源测评技术，如语言运用能力测验、数字计算能力测验、逻辑推理能力测验、16PF人格测验、个性品质测验等，可以帮助员工更好地了解自己，找准职业方向，从而制定合理、可行的职业生涯发展规划。

从企业角度看，企业通过人力资源测评掌握员工的能力、技能、个性特征、知识经验等信息，可以结合企业的组织架构及岗位设置，帮助员工设计能够充分发挥自己所长的职业发展方向，并根据测评中获得的信息为员工提供培训、进修、工作轮换等机会，帮助员工充分实现自我价值，同时企业也实现效益最大化。

10.1.3 人力资源测评原则

1.整体性原则

人是复杂的客体，人的素质是由多方面因素构成的内容非常丰富、结构非常复杂的客体。因此，对人的素质进行测试必须有整体性观念，从全局出发，分析素质的结构，把握其主要方面，同时又不遗漏虽然相对次要但在职业生涯的设计和调整中仍然发挥巨大作用的方面。

2.目标性原则

素质测试是对人的素质的了解和把握，这种测试从属于一定的目的，是基于个人或者用人单位的实际需要进行的。对于个人而言，有选择所学习的专业、设计人生的道路、选择工作的岗位、考虑职业变动等需要；对于用人单位而言，有安排培训计划、选择提拔目标、招聘择员等需要。因此，素质测试要根据一定的目的，即根据具体的测试需要确定测试的具体项目，再据此选择合适的测试工具和方法。

3.鉴别性原则

测试是观测一个人的具体情况，因此必须有较好的鉴别性。从心理测量学的角度来看，鉴别性好，就是要达到比较高的信度与效度。高的信度，是指测试结果真实、可信，即可靠性高，能够正确地反映被测试的客体；高的效度，是指测试结果区分度高，准确性高，能够很好地反映被测试的客体与一般客体、其他客体的差异。要达到令人满意的鉴别性，需要依靠可靠的测试工具和科学的测试方法。

4.预测性原则

通过测试，除了能正确地反映被测试者的现行状况外，还应当能够对其素质

（总体和某些主要方面）的发展趋势做出判断，从而为个人的职业生涯设计与调整、为用人单位的人力资源管理服务。

5.易行性原则

科学不是越复杂越好，往往是越简单、越明了越好。素质测试是为了使人们能够观察、分析人，好的测试恰恰是应用比较简便易行的工具和方法，而得到正确、满意的测试结果。

10.1.4 人力资源测评类别

这里从4个不同的角度对人力资源素质测试进行划分。

1.从测试材料的角度分

从测试材料的角度，可以分为文字测试和非文字测试。

文字测试所使用的测试材料是文字，被测试者用文字、语言或者数字回答问题。文字测试主要采取测试量表的形式，这是一种相对简便易行的测试方法。

非文字测试所使用的测试材料是图片、实物、工具、模型、器械等。非文字测试在实施上相对复杂，往往受到测试材料，尤其是专门工具、器械的限制。

2.从测试对象范围的角度分

从测试对象范围的角度，可以分为个体测试、团体测试和自我测试（即自测）。

个体测试是一个主持人对一个被测者进行测试，其测试比较精细，但所花费的时间比较长、成本均比较高。它适用于心理咨询、选聘人员、职业指导和心理治疗等。

团体测试是一个主持人对一批被测者进行测试，其优点是测试的范围可以很大，例如一个班50个学生。它可以用于大范围的职业指导、人员筛选以及人文科学的研究。

自我测试是个人使用现成的测试方法，对自己进行一定的心理测试。自我测试的优点是简便易行，测试者目的明确、态度认真；其缺点是一般人的心理学知识不足，由于自测量表鱼龙混杂，测试者难以选择，且只能依赖测试材料所提供的结果，对测试结果难以进行准确的解释分析和深入把握。

3.从被测试者特点的角度分

从被测试者特点的角度，可以按年龄分为婴幼儿测试、青少年测试、成年人测试、老年人测试，也可以按人的身份分为在校学生测试、求职人员测试、在职人员测试。

4.其他划分

人力资源素质测试方法还有谈话法、（活动）观察法、作品分析法、行为分析法等。

10.1.5 招聘与配置测评

企业对员工进行测评，必须先明确测评目的，进而确定测评内容，合理设定测评指标体系，选择恰当的测评方法，并注重测评过程的管理。上述每一项工作的质量都会影响测评效果。

1.明确测评目的

测评是一种手段而不是一种形式，测评之前必须明确为什么测评、测评要达到什么目的；否则，不就是对时间和人力、物力的浪费吗？拥有明确的测评目的也是开展测评的前提及基础。一般来说，人力资源测评有以下3个具体目的：（1）作为人力资源获取的依据；（2）明确培训需求，检验培训效果；（3）为人力资源的使用提供参考。就某一具体的测评而言，还需结合现实情况，将测评目的细化，确定测评应该达到怎样的效果。

根据冰山理论，个体素质可分为可见的“水上部分”和深藏的“水下部分”。其中，“水上部分”包括基本知识、基本技能，是人力资源测评中比较受重视的方面；“水下部分”包括社会角色、自我概念、特质和动机，这部分处于冰山的最下层，在短时期内是比较难以进行有效测评的。也就是说，企业应对人力资源测评制定长期目标。

2.确定测评内容

人力资源测评内容即所需测评的素质要素。测评内容要根据测评的目的确定，应尽最大努力使其具体化，切忌抽象和空洞。在测评内容的确定过程中，还需认真分析被测评群体的特点，针对他们的素质差异选择评价项目。以下是各类人员测评的一般内容：

（1）技术人员测评内容。

对于技术人员来说，测评内容的重点是：智力水平，尤其是思维能力；创造力；与自己专业有关的特殊能力，如工程师应测试机械设计能力；成就动机、意志、毅力等。

（2）管理人员测评内容。

管理人员可以分为政府行政人员（国家公务员）、企事业单位管理人员和“自己当老板”3种。对于管理人员来说，测评内容的重点是：智力水平；言语能力；责任心、意志；人际关系能力；个人修养、包容力；竞争素质；健康状况等。

（3）生产人员测评内容。

对于生产人员来说，测评内容的重点是：与工作内容密切相关的智力因素，如观察力、注意力；与工作内容密切相关的特殊技能，如操作能力、空间想象能力；责任感；工作之中的交往沟通能力；身体素质等。

（4）服务人员测评内容。

对于服务人员来说，测评内容的重点是：与工作内容密切相关的智力因素，如观察力、注意力；与工作内容密切相关的特殊技能，如言语能力、操作能力；责任感、个人修养；人际交往、沟通能力；职业道德等。

3.设计测评指标体系

一般而言，素质测评需要针对每一素质要素编制评价指标，进而形成评价指标体系，并给出评定标准。评价指标体系科学与否，对测评的信度及效度有重大影响。评价标准的确定应力求客观、明确。对每一评价等级应有相对清晰的评价标准，不同的评价等级之间应能明确地区分开来。

如果是知识测验，则需精心组织命题，并给出评分标准。命题者对测评的目的及要求应有清醒的认识，对知识本身也要有清晰的认识。命题应遵循以下原则：

（1）代表性原则，指试题（即样本）要具有代表性，能代表知识总体；

（2）难易适度原则，过于简单或过于复杂都难以区分被测评者之间的差异；

（3）表述简明原则，指试题及答题指导语本身应简明；

（4）迁移原则，指试题中对知识迁移的考查应占较大比重，注重学以致用。

4.选择测评方法

选择测评方法是指针对每一素质要素提出相应的测评方法。某一素质要素可能有多种测评方法，这就需要对各种方法进行深入分析、比较，认真选择。在确定测评方法时，切忌简单化或复杂化。比如，对心理健康水平的测评可采用量表进行，也可采用面试的方法进行。倘若心理健康水平测试是针对企业管理人员的，面试可能过于简单；若是针对一般员工的，采用量表进行测试可能过于复杂了。对某些素质要素的测评可能要选择多个评价主体，比如对人的能力、工作态度等的测评就需要由上级、同事、下级等多个评价主体来进行。此时，应注意各评价主体的权重分配。另外，要注意在其他地方或企业成功的测评方法在本地区、本企业不一定是有效的，在引入新的方法时要对其进行验证，以确定其适用性。

5.测评过程管理

过程管理是指测评全过程的组织与控制，包括测评由哪个部门负责，具体的项目由谁负责，过程中由谁进行协调，主试者的选择与培训，表格设计，时间安排，数据传递、处理程序，费用控制等方面。过程管理对提高测评工作的效率具有重要作用，测评的组织者应精心设计、认真实施测评的每一个环节、每一个方面。

测评的设计者及组织者应对各类人员的素质构成以及各素质要素间的相互关系有深入的研究及认识；否则，测试过程很可能是低效率的。测评的设计者及组织者应注重对人员素质理论以及素质测评理论、技术的学习与研究，成为这方面的专家，以便充分发挥人力资源测评的功能。比如，评价中心一般会存在被测试者准备不足、测试者缺乏训练、测试结果被误用等问题。[①]测评的设计者及组织者如果对此缺乏认识，未能采取相应的防范措施，测评效果势必受到影响。

10.2 招聘与配置测评常用方法

招聘与配置测评的方法很多，概括起来，主要有测验法、面试法、申请表法，

---

① CALDWELL，THORNTON，GRUYS. Ten classic assessment center errors：challenges to selection validity［J］. Public Personnel Management，2003（1）：73-88.

以及履历分析法、民意测验法、观察评定法等。

10.2.1 测验法

1.测验及其分类

所谓测验，是对行为样本的客观的和标准化的测量。通俗地讲，测验是指通过观察人的少数有代表性的行为，对于贯穿在人的行为活动中的心理特征，依据确定的原则进行推论和数量化分析的一种科学手段。

在人力资源开发与管理中，测验通常是指心理测验。按照心理测验中所测量的目标，心理测验可分为4类：

（1）智力测验，测量被试者的一般能力水平（即G因素）。

（2）特殊能力测验，测量被试者的某种特殊才能（即S因素）[①]，了解被试者具有的有潜力的发展方向。

（3）成就测验，测量被试者经过某种努力所达到的水平。知识是人在某领域的成就的反映，因而知识测验也可以被纳入广义的心理测验内容。

（4）人格测验，测量被试者的情绪、兴趣、态度等个性心理特征。

上述类别中的智力测验、特殊能力测验统称为能力测验。从组织实际应用的角度来看，技能与之类似，也可以归入能力的范畴。因此，可以将心理测验分为能力测验、成就测验和人格测验3大类。在组织中测评人力资源时，最常用的是知识测验和能力测验，对一些人员也进行人格测验。

2.心理测验的要求

（1）合理选择样本。心理测验以行为样本为基础。样本可以是一套试卷，也可以是精心设计的一个情景。样本设计必须保证能测出被试者之间的差异性。比如，知识测验的试卷设计要求被试者的成绩呈正态分布、难度适中；否则，该试卷（样本）的设计就是不合理的。

（2）过程标准化。心理测验在测验编制、实施、计分和测验分数解释等方面要保证一致性，即要保证对于所有的被试者来说测试的条件都相同。这样，不同被试者的结果才具有可比性。常模是比较测验分数的标准。常模的可靠性取决于其赖以建立的样本的大小及群体特征，样本没有足够的数量以及样本的群体特征与被试者的群体特征差异大，样本的可靠性都会降低。

（3）测试的客观性。它是指心理测试要剔除主试者的主观影响：一是在测验的编制上，要能在反映被试者的一般水平的基础上充分体现个体间的差距，标准过高或过低都不可取；二是在测评的过程中，要避免主试者的主观影响，要将被试者放在平等的地位上进行比较。

（4）测试的信度。

① 1904年，斯皮尔曼（Spearman）提出两因素智力理论，即一般因素G因素和特殊因素S因素。G因素指在不同智力活动中所共有的因素，亦即一般能力；S因素指在某种特殊的智力活动中所必备的因素，亦即特殊能力。具体内容参见本教材第5章。

（5）测试的效度。

有关信度和效度的详细介绍可参考第7章的相关内容，这里不再赘述。

3.知识测验

知识测验在组织中应用极为普遍，其最有效的形式是笔试，如对操作工人应知应会的测验、对员工培训后的测验等。知识测验一般包括记忆、理解及应用3个方面。

（1）记忆。组织中的员工，无论是操作工人、技术人员，还是管理人员，都需要记住大量的与工作相关的知识。对于操作工人来说，需要记忆的有操作规程、设备性能、安全条例、工作纪律等；对于技术人员来说，则有本专业基础知识、发展动态等；对于管理人员来说，则有管理理论，基础知识，本企业的基本经济指标、技术指标，企业生存环境的基本概况等。总的说来，人力资源的总体素质是与员工的知识量直接相关的。因此，招聘单位有必要对未来员工的知识记忆掌握情况进行测验。

（2）理解。记忆是理解的基础，理解是应用的桥梁。在现实中，知识没有得到很好的理解仍是一个值得关注的问题。就企业管理人员培训而言，其基本内容往往是相关的理论知识。对知识的理解包括3点：一是对知识点本身的理解；二是对知识系统的理解，即对知识的融会贯通；三是迁移理解，即对知识在材料内容不同、关系结构不同的情境中的理解。

（3）应用。知识应用是运用理论知识解决现实问题的活动。在应用层次上测试知识水平，一是看被试者是否具有自觉地运用理论知识的意识；二是看被试者能否分辨具体问题，灵活地运用知识，而不是机械地套用；三是看被试者能否掌握理论的实质，并创造性地运用理论。企业对员工知识水平的测验应形成一种制度，每年至少进行一次。每年测验内容的侧重点可根据具体情况而定。

4.能力测验

（1）智力测验。

现有的智力测验一般是对认知能力的测验。企业招聘中常用的智力测验有以下几种：

①奥斯特的心理能力自我测验。该测验以集体形式进行，所花的时间短，适用于筛选不需要很高智力的职位的应聘者。

②韦斯曼人员分类测验。该测验也是一种集体测验，时间为30分钟左右。测验包含语言部分及数字部分，提供了推销员、生产监工等的常模。

③韦克斯勒成人智力测验。该测验主要用于高级人员的挑选，包括语文与作业两个量表，共有测试题311个，费时较长。

④桑斯通个别智力测验。桑斯通认为，智力包括言语理解、言语流畅性、归纳推理、空间知觉、数字、记忆和知觉速度等7种互不相关的因素，并对每种因素设计了测验。

⑤瑞文推理测验。该测验是广泛使用的非文字性能力测验，可用于个别及团队

测试。

如前所述，20世纪90年代以来，情绪智力颇受学术界及社会的关注，但到目前为止，情绪智力还是一个有较大争议的概念，也没有公认的量表（参见本教材第5章）。

（2）能力倾向测验。

在人力资源测评中，能力倾向测验的应用较为广泛。能力倾向与智力不同，后者是一般能力，前者是在某一方面所表现出来的潜在能力或特殊能力。能力倾向测验也不同于成就测验，前者测评的是某种潜在的能力，后者测评的是经过开发的结果。

普通能力倾向成套测验，简称GATB，最初由美国劳工部职业安全局从1934年起用了10多年时间研制而成，是许多职业群同时检测各自的不适合者的一种成套测验。这套测验在许多国家和地区得到广泛应用。它由15种分测验构成，如工具匹配、名词比较、计算、组装、分解等。其他能力倾向测验有文书倾向测验、运动技能倾向测验、机械倾向测验、音乐能力测验等。

（3）工作技能测验。

企业中存在不同的工作类别，各类工作需要不同的工作技能。企业应开展对各类人员的工作技能测验。比如，对于管理人员而言，主要应测试其决策技能、人际技能和创新技能等。不同企业对各类人员工作技能的要求会存在一定的差异，测验标准因此也不可能完全相同。同一企业在不同时期对员工的技能要求也会有所变化。

5.成就测验

成就测验就是我们通常所说的考试。成就测验主要是针对特定领域，为检测被试者对有关知识和技能的掌握程度而设计的。成就测验是评估被试者在接受一定教育或训练程序后所获得的学习成果，它的实施发生在教育、训练过程后。大多数学者认为，成就测验测量的是一些特定的、限定于某一范围的能力和知识。

考试的应用非常广泛，自我国科举首创考试以来，一直沿用至今。现在考试已逐步向标准化、客观化发展。考试更偏重于知识和技能的考查，所以其全面性常常受到质疑。

6.人格测验

人格测验是对人的兴趣态度、价值观、气质、性格等方面的测验。进行人格测验的目的是考查人格特点与工作行为之间的关系。不同的职位对人格的要求有一定的差异，进行人格测验有利于企业提高人力资源的获取、使用及开发效率。人格测验的方法有问卷调查量表法、投射法、情景测验法等。最常用的为卡特尔16因素（16PF）问卷法。卡特尔16PF问卷法共有187个问题，每一个因素有10～13个问题，每个问题后附有3个选项。此外，也有人通过卡特尔16PF问卷法来测量管理人员的情绪智力。

10.2.2 其他方法

1.面试法

关于面试法和面试问题分别在本教材第6章和第8章有较多的阐述，这里不再赘述。

2.观察评定法

观察评定法是借助一定的量表，在观察的基础上对人的素质进行评价的一种测评活动。观察评定法有以下几种：日常观察评定法、现场观察评定法、间接观察评定法等。其优点是客观、方便；缺点是可控性差，观察结果难以记录及处理。

3.申请表法

申请表法是素质测评中最常用的方法之一。对于求职量特别大的企业来说，该方法可以提高筛选的效率。关于申请表法的详细介绍可以参考第7章。

4.民意测验法

民意测验法对敬业精神、合作意识、工作态度、领导方式等素质要素的测评具有较好的效果，主要原因是对于上述素质要素而言，使用其他测评方法时被试者易于伪装，民意测验法则能有效地消除短时期的伪装的影响。

5.履历分析法

履历分析法是指根据档案记载的事实，了解一个人的成长历程和工作业绩，从而对其素质状况进行推测的一种评价方法。该方法可靠性高，成本低，但也存在档案记载不详而无法全面深入了解的弊端。

10.3 评价中心——未来测评发展趋势

10.3.1 评价中心的含义与特点

1.评价中心的含义

评价中心是指采用多种方法对管理人员的素质进行测评的一系列活动。评价中心是一种测评方式，是一个程序，而不是一个单位，也不是一个地方。评价过程中针对特定的目的与标准采用测验、情景模拟测评、面试等多种评价技术在集中的几天时间内对管理人员的各种能力进行评价。评价中心由美国电报电话公司（AT&T）率先用于人员素质测评和人才选拔。在这之后，美国许多大公司，如IBM、柯达、福特汽车等都相继使用此技术进行人员素质测评。在我国，越来越多的企业和政府也开始采用这种方法并收到了良好的效果。

2.评价中心的特点

（1）评价技术的多样性。评价中心往往采用问卷、量表、测验、投射、面试、小组讨论、公文处理、角色扮演等多种测评技术对管理人员的素质进行评价，而不是只采用一种技术进行评价。

(2) 有多个评价人员。评价中心对管理人员的评价是在团体中进行的，由多个评价人员对一组管理人员同时进行评价。这与管理工作的性质是相近的，管理工作总是通过人与人之间的相互作用来完成的。每个小组的人员一般为6~12人。

(3) 对管理人员从多个方面进行评价。评价的素质项目一般有领导能力、决策水平、人际关系能力、合作意识、创新意识、灵活性、现实性、动机和智力等。

(4) 评价程序的标准化。评价内容、评价方式以及评价标准等都是以工作分析为基础而精心设计的，具有一致性。评价活动中每个管理人员都有平等的竞争机会。

(5) 时间较长，费用较高。一般来说，评价中心需要3~6天才能完成对管理人员的评价，评价时间长，评价费用也相对较高。相应地，评价结果的质量也较高，具有较高的信度与效度。

10.3.2 评价中心法种类及实际操作

1. 文件筐测验法

(1) 文件筐测验的含义。

文件筐测验（in-basket），又称文本筐测验或公文处理测验，是评价中心最常用和最核心的技术之一，通常用于管理人员的选拔，考查授权、计划、组织、控制和判断等能力素质。一般做法是让应试者在限定时间内（通常为1~3个小时）处理事务记录、函电、报告、声明、指示及有关材料等文件，内容涉及人事、资金、财务、工作程序等方面。文件筐测验一般只提供日历、背景介绍、测验指示和纸笔，应试者在没有旁人协助的情况下回复函电，拟写指示，做出决定，以及安排会议。如果测试的是一般管理岗位，问题可能仅涉及理解并遵循指令、安排日常事务性工作、文稿归类整理、协调各方面执行等任务；如果测试的是高层次的管理岗位，则可能涉及比较广泛的问题，诸如人事安排、经费支出、控制下属的能力、内部关系和组织结构等。评分除了看书面结果外，还要求应试者对其问题处理方式做出解释，考查其思维过程。

通过文件筐测验方法，考官可以较好地观察应试者对文件的处理是否有轻重缓急之分，是有条不紊地处理并适当地请示上级或授权下属，还是拘泥于细节、杂乱无章地处理，由此来判断应试者在管理方面的计划能力、组织协调能力、判断能力、沟通能力、决策能力以及领导能力等。此外，考官还能够考查应试者对信息的收集和利用能力、处理问题的条理性和灵活性以及对他人的敏感性等。

(2) 文件筐测验的优缺点。

文件筐测验兼备了情景模拟技术和传统纸笔测验的优点。从形式上看，文件筐测验将应试者置于模拟的工作情景中去完成一项任务，与通常的纸笔测验相比，更加生动，能激发应试者的答题兴趣。

文件筐测验有两个突出的优点：

①考查的内容范围广。作为纸笔形式的文件筐测验，测评应试者的依据是文件处理的方式及理由，是静态的思维结果。因此，除了必须通过实际操作的动态过程才能体现的要素外，任何背景知识、业务知识、操作经验以及能力要素都可以蕴含于文件之中，通过应试者对文件的处理实现对应试者素质的考查。

②考查的表面效度高。由于文件筐测验所采用的文件类似于应试者应聘职位常见的文件，有时就是完全真实的文件，因此，应试者能妥善处理测验文件，就理所当然地被认为具备职位所需的素质。

文件筐测验在实施中也有两个缺点：

①评分比较困难。在文件处理过程中，除了个人素质的影响外，机构、氛围、管理观念等不同的组织有不同的评价标准。政府机关与企业、私营企业和国有企业对有关文件的处理是大相径庭的。对于文件如何处理才能充分反映应试者具备招聘职位所需的素质，专业人员与实际工作者往往存在理解上的差异。因此，客观地评分是不容易的。

②缺乏经济性。测验的设计、实施、评分都需要较长的时间，投入的精力比较多，所需费用比较大，缺乏经济性。

（3）文件筐测验的设计。

文件筐测验的设计必须紧紧抓住3个环节：

①工作分析。工作分析就是要深入分析职位的特点，确定胜任该职位必须具备哪些知识、经验和能力。工作分析可以通过面谈、现场观察或问卷进行。通过工作分析，可以确定文件筐测验要测评什么要素、哪些要素可以得到充分测评、各种要素应占多大权重。

文件筐测验可以考查以下要素：

- 书面表达及理解能力；
- 统筹计划能力；
- 组织协调能力；
- 洞察问题和判断、决策能力；
- 任用授权能力；
- 指导控制能力；
- 岗位特殊素质。

②文件设计。文件设计主要包括：选择什么文件类型，如信函、报表、备忘录、批示等；确定每个文件的内容，选定文件预设的情境等。若文件数量较多，测验时间以2~3个小时为宜。文件的签发方式及行文规定可以忽略，但文件的行文方向（对上与对下、对内与对外等）应有所区别。特别要注意各文件测评要素的设计。对文件不同的处理可以体现不同的要素，对文件处理方式的设计要进行控制，制定好计分规则或计分标准，尽量避免每个要素同时得分和无法归于某一要素的情况出现。

③测验评分。实施文件筐测验之后，评分一般由专家和具备该职位工作经验的

人（一般是选拔职位的上级主管及人事组织部门的领导）进行。除了前文提到的设计时要制定好评分标准外，更重要的是要对评分者进行培训，使评分者根据评分标准而不是个人的经验评分。在应试者答案不明确的情况下，需要询问应试者，根据其对处理方式的解释确定得分。

文件筐测验的设计要特别注意两点：

一是对测验材料难度的把握。目前国内对各个职位应具备何种水平的知识、经验和能力缺乏客观可靠的依据，对难度的把握比较困难。材料过难，作为选拔测验有时固然可以选拔到很好的人才，但一旦大材小用，应聘者很难安心工作，同时也是人力资源的浪费。材料过易，测验会出现“地板效应”，区分不出应聘者的能力高低。

二是要注意材料的真实性程度。对于完全杜撰的材料，应聘者可以根据一般知识推理，处理的结果没有针对性，看不出应聘者的水平差异，应聘者被录取后需要经过较长时间的培训和适应才能胜任工作。完全真实的材料过于偏重对经验的考查，忽视对潜能的考查，选拔出来的无疑是完全与招聘单位文化气氛相同的人，违背了引入外来人才、给单位输入新鲜血液的目的。同时，完全真实的材料使测验本身对单位外部考生不公平，容易给人留下“一切都是内定，考试不过是走过场”的印象。

（4）文件筐测验的实施程序。

文件筐测验可以集体实施，也可以个别实施。实施过程分准备、测试和评分3个步骤。

①准备。其主要包括测验材料和测试场所的准备。

给每个考生的测验材料事先编上序号，答卷纸也要有相应的序号，实施前要注意清点核对。答卷纸主要由3个部分构成：一是考生姓名（或编号）、应聘单位、文件序号等；二是处理意见（或处理措施）、签名及处理时间；三是处理的理由。文件序号只是文件的标识顺序，不代表处理的顺序，应允许考生根据轻重缓急调整顺序，但给所有考生的文件顺序必须相同，以示公正。

测试场所要比较宽敞、安静，每个人一桌一椅，相互之间无干扰。为了保密，所有考生要在同一时间开始测试并在同一时间停止测试。如果文件内容涉及招聘单位内部的一些情况，测试前应对所有考生进行培训，介绍相关情况，缩小内部考生和外部考生对职位熟悉程度的差别。

②测试。主考官要对测验要求做简单介绍，说明注意事项；然后发给考生测试指导语和答卷纸，回答考生的提问，当考生没有问题后再发测试用的文件。考生人数比较少时，也可以一次性将材料发给考生，但要求考生严格听从主考官的要求，先看测试指导语再看文件。测试指导语是对测试情境、考生扮演的角色、考生任务和测试要求的说明，必须明确、具体、一目了然。在考生正式开始处理文件后，一般不允许考生提问，除非是测验材料本身有问题。

③评分。评分宜在考生做完测验后立即进行，对考生的设计有异议时更应该如

此。为求客观，可按考生编号，由一个人将考生的处理意见及处理理由念给所有评分者听，再由各位评分者独立评分。为了保证评分的一致性，事前的评分者培训很重要，可以考虑对一部分考生（或者模拟考生）进行试评分，考查各个评分者对标准的掌握程度及评分过程中存在的问题，待取得一致意见后再往下进行。评分时，可以评完一个考生再评另一个考生，也可以评完所有考生的同一文件再评另一文件。前一种办法可以对考生的素质形成整体印象，后一种办法容易实现评分标准的一致。

下面是文件筐测验的案例：

导语：这是一个文件筐测验，它模拟实际的管理情境，请你处理商业信函、文件和管理人员常用的信息。

现场：这次模拟的是：你是××部人事处长，叫王海。今天的日期是××××年10月8日，星期三。现在的时间是上午8点15分。你刚刚来到办公室，正坐在办公桌前。今天早些时候，主管人事的副部长打电话通知你，让你把最近的人事变动情况写份报告给他。这里为你准备了你所需要处理的全部材料，放在专用的塑料文件袋里。在测试中，你可以使用以下工具：一份答题纸、文件袋内的材料、铅笔、计算器。不得在文件筐（袋）中的材料上写任何东西，请在答题纸上答题。我们只对答题纸上的回答进行评分。笔记或其他用纸上的回答将无效。

本测验要求你完成4个部分的内容，每一部分都有时间限制：

测验1——计划：40分钟

测验2——预测：30分钟

测验3——决策：30分钟

测验4——沟通：20分钟

考官将在一定的时间提醒你开始和结束每一个部分。

测验1：计划

该测验首先要求考生针对文件筐中的材料所给出的信息制订一份工作计划，请用你认为合理的方式对给出的材料进行分类、总结。

在这一部分，你需要完成下面3个方面的内容：

（1）根据材料的主要内容对材料进行分类，并为每个类别命名。

（2）优先确定要选用的材料或事件。你必须根据材料的重要性和紧迫性，用下列表示优先级的字母确定优先处理的材料顺序。优先级和字母的对应关系如下：

a=优先（材料非常重要，必须立即处理）

b=中等（材料不是特别紧急，可稍后处理）

c=靠后（材料是普通的，可过一段时间后再处理）

（3）列出行动提纲。请对每一份材料给出处理意见，并指出它使用了文件筐中的哪些材料（请用材料右上角的编号来代表每一份材料）。

请把答案写在随附的答题纸上，我们只对答题纸上的内容做评估。

你必须在40分钟内完成这项任务。

注意你现在所处的职位及具体日期。

××部人事处长

××××年10月8日

若有什么疑问，请马上向考官询问，然后等待下一项开始的指令。

测验2：预测

这项测验要求你利用文件袋内提供的相关信息，分别对两个问题进行预测。两个问题单独计分，分值可以相同。

你对每一个问题必须做到：

对每一个方面都预测（要求做简单解释）。你预测所依据的相关因素或假设都有哪些？实现预测所需的方案有哪些？

答案应写在随附的答题纸上，我们只对答题纸上的内容做评估。

你必须在30分钟内完成对这两个问题的预测。

若有什么疑问，请马上向考官询问，然后等待下一项开始的指令。

测验3：决策

这项测验要求你充分利用文件袋内的相关信息，分别对两个问题做出决策。每个问题单独计分，分值可以相同。

按照从好到一般列出各个方案，说明为什么。你对每个问题必须做到：

写出影响你决策的文件袋内材料信息的相关因素。请把答案写在随附的答题纸上，我们只对答题纸上的内容做评估。

你必须在30分钟内对这两个问题做出决策。

若有什么疑问，请马上向考官询问，然后等待下一项开始的指令。

测验4：沟通

这项测验要求你根据副部长提出的要求写出一份备忘录，说明你今后将如何处理他所说的事情的方案，这将作为你今天晚上临时会议发言的底稿。

请把备忘录写在随附的答题纸上，我们只对答题纸上的内容做评估。

我们要求你从以下几方面来完成你的备忘录：

①总体范围，即备忘录利用了文件袋中的哪些材料信息。

②大致结构，要求文章条理清楚，结构严谨，内容简明扼要。

③语言风格，要求行文流畅，有严密的逻辑性。

你必须在20分钟内完成这项测验。若有什么疑问，请马上向考官询问。

2.角色扮演法

角色扮演（role playing）是设置一定的模拟场景，要求应试者扮演一定的角色并进入角色情景去处理各种事务及各种问题和矛盾的面试方法。主考官通过对应试者在不同角色中表现出来的行为进行观察，测评其素质及潜能，如接待来访、主持会议和汇报工作等。

角色扮演一般可分为单人、双人及多人角色扮演。单人角色扮演重在考查应试者独立思考和判断处理问题的能力及应变能力。双人角色扮演通过观察应试者模拟各自角色的活动来考查其沟通、互动、应变及协调能力。多人角色扮演是角色扮演模拟中一种较为复杂的类型，通常设计3人或3人以上的角色分工，通过各自角色的扮演模拟来考查应试者的团队精神、组织协调能力、总结归纳能力、沟通和说服能力。

（1）角色扮演的评价要素。

①角色的把握。应试者是否能迅速地判断形势并进入角色情景，按照角色的规范要求去采取相应的对策行为。

②角色的行为表现。角色的行为表现包括应试者在角色扮演中所表现出来的行为风格、价值观、人际倾向、口头表达能力、思维敏捷性、对突发事件的应变性等。

③角色的衣着、仪表与言谈举止。应试者所扮演的角色对着装、仪表与言谈举止有特定的要求。是否给人以协调、大方、向上的印象，是应试者能否适应未来工作角色的一个重要的参考依据。

④其他内容。与角色扮演评价相关的内容还有缓和气氛和化解矛盾的技巧、达到目的的程度、行为策略的正确性、行为优化程度、情绪控制能力、人际关系技能等。

（2）角色扮演的主要方法。

①布置工作法。要求应试者在阅读一份上级文件或会议纪要后，以特定的身份，结合部门实际，对工作进行分工布置和安排。这一项目可以个别测试的方式进行，考官也可以邀请有关部门的领导一起参加测试。根据需要，考官可以向应试者追问，以对其进行比较深入的整体测评。最后依据评分标准分别评分。

②上下级对话法。模拟接待基层工作人员的情景，由应试者扮演上级，工作人员或考官扮演下级；或由两个或两个以上应试者分别扮演上下级，由模拟下级向模拟上级领导汇报或请示工作。测试前应让应试者阅读有关材料，使其了解测试的背景和要求。测试主题需有一定的难度和明晰的评分标准，时间以30分钟左右为宜。

③会议法。将若干应试者分为一组，就某一需要研讨的问题、需要布置的活动或需要决策的议题，由应试者自由发表议论，相互切磋探讨。应试者分别扮演不同的角色，发言和表现的角度和内容因角色而定。

④作业法。提供给应试者一定的数据和资料，在规定的时间内，要求应试者编制计划、设计图表、起草公文、计算结果等。

10.4 无领导小组法

1.无领导小组法及其功能

按照现代人才测评理论，人的行为和工作成绩都是在一定的环境中产生和形成的，对人的行为、能力、个性等素质特征的观察与评价不能脱离一定的环境，所以要准确地测评一个人的素质，应将其纳入一定的环境系统中，观察分析被评价者在该环境中的行为表现。无领导小组法正是基于这一原理。

无领导小组法也称无领导小组讨论（leaderless group discussion，LGD），是采用情景模拟方式，通过给一组应试者一个可供集体讨论的问题，让应试者在规定的时间内进行讨论，考官不指定谁是小组的领导，也不指定每位应试者应该坐在哪个位置，而是随机安排应试者的座位，让应试者自行组织讨论，考官作为旁观者，以此观察与评价应试者能力与素质的集体面试方法。其主要测试应试者的论辩能力，既包括对法律、法规、政策的理解和运用能力，也包括对拟讨论题目的理解能力、发言提纲的写作能力、逻辑思维能力、语言说服能力、应变能力、组织协调能力，评价其是否达到了所应聘职位的要求，其自信程度、进取心、情绪稳定性、反应灵活性等个性特征是否符合所应聘职位的团队氛围，由此来综合确定应试者之间的差别。

无领导小组讨论作为一种新兴的人事测评方法，已经越来越多地应用于面试领域，并被证明具有良好的效果。很多大批量招聘人才的企业，为了一次性考查更多的应聘者，常采用无领导小组讨论法进行第一轮面试。

无领导小组讨论有3项功能：

①区分功能，在一定程度上能够区分应试者能力素质的相对差异。

②评定功能，能在一定程度上评价、鉴别应试者某些方面的能力、素质和水平是否达到了规定的标准。

③预测功能，能在一定程度上预测应试者的能力倾向和发展潜力，预测应试者在未来岗位上的表现、成功的可能性和成就。

2.无领导小组讨论的试题类型

就试题形式而言，无领导小组讨论可以分为以下5种：[①]

①开放式问题。开放式问题的答案范围可以很广、很宽，主要考查考生思考问题时是否全面、是否有针对性、思路是否清晰、是否有新的观点和见解。例如，你认为什么样的领导是好领导？关于此问题，应试者可以从很多方面，如领导的人格魅力、领导的才能、领导的亲和取向、领导的管理取向等来回答，可以列出很多优良品质。对考官来讲，这种题容易出，但不容易对应试者进行评价，因为此类问题不太容易引起应试者之间的争辩，所考查应试者的能力范围较为有限。

②两难问题。两难问题是让应试者在两种各有利弊的答案中选择其中的一种，主要考查应试者的分析能力、语言表达能力以及说服力等。例如，你认为以工作为取向的领导是好领导，还是以人为取向的领导是好领导？此类问题对应试者而言，既通俗易懂，又能够引起充分的辩论；对于考官而言，不但在编制题目方面比较方便，而且在评价应试者方面也比较有效。对于此种类型的题目，需要注意的是：两种备选答案一定要具有同等程度的利弊，可能存在很大的争议，不能使其中一个答

① 马德顺．面试教程［M］．2版．北京：机械工业出版社，2005：107.

案比另一个答案有明显的选择优势。

③多项选择问题。此类问题是让应试者在多种备选答案中选择其中有效的几种或对备选答案的重要性进行排序，主要考查应试者分析问题实质、抓住问题本质方面的能力。此类问题对于评价者来说，比较难出题，但对于考查应试者各个方面的能力和人格特点则比较有利。

④操作性问题。操作性问题是给出材料、工具或者道具，让应试者利用所给的材料等制作一个或一些考官指定的物体，主要考查应试者的能动性、合作能力以及在一项实际操作任务中所充当的角色特点。此类问题对应试者操作行为的考查比其他类型的问题要多一些，情景模拟的程度要大一些，但对言语方面能力的考查则较少，考官必须很好地准备所能用到的一切材料。此类问题对考官和题目的要求都比较高。

⑤资源争夺问题。此类问题适用于指定角色的无领导小组讨论，是让处于同等地位的应试者就有限的资源进行分配，从而考查应试者的语言表达能力、概括或总结能力、发言的积极性和反应的灵敏性等。如让应试者担当各个分部门的经理并就一定数量的资金进行分配。因为要获得更多的资源，自己必须有理有据，必须能说服他人，所以此类问题能引起应试者的充分辩论，也有利于考官对应试者进行评价，只是对试题的要求较高，即讨论题本身必须具有角色地位的平等性和准备材料的充分性。

3.无领导小组讨论的测评要素

无领导小组讨论的测评要素有以下几点：

①组织能力。主要考查应试者在小组讨论中是否主动发言，阐述自己的观点；能否顾全大局，积极主动地请他人发言，并向他人提出疑问；及时纠正跑题，使讨论继续进行下去；针对大家的观点，适时概括总结，并拿出最终意见。

②洞察力。主要考查应试者在讨论中是否能针对题目，提出新颖、独到的观点或见解，在阐述自己的观点时能旁征博引、引经据典，对题目分析透彻，并搜集证据来支持自己的观点。同时，洞察他人谈话的漏洞，并加以补充和解释。

③倾听。主要考查应试者是否专心聆听他人的见解，并及时与他人进行沟通（如面部表情、点头、摇头等）。倾听是小组讨论中一个很重要的测量标准。

④说服力。主要考查应试者表述论点的口才和逻辑性。口才指的是发言的流畅性、语调、语速，逻辑性是指发言不跑题，有针对性，论点与论据间推理严密。小组讨论不但要求应试者发言，提出自己的观点，最后还要拿出结论。在这里，说服力非常重要。

⑤感染力。主要考查应试者通过语言或行为引起他人相同的思想感情的能力。对于一名管理者来说，感染力是很重要的。在小组讨论中，这个维度能淋漓尽致地表现出来。它包括很多方面，如语调、体态、手势等。

⑥团队意识。主要考查应试者与他人合作的能力及集体荣誉感。小组讨论要求应试者密切合作，拿出一致性的意见。因此，应试者要注意角色定位，不能在讨论

中以自我为中心，而忽视了整个团队。

⑦成熟度。这是对应试者的总体把握，如在讨论中与他人交谈时显示出的成熟风度。它一般与年龄、工作经验成正比。

4.无领导小组讨论的评分标准

在无领导小组讨论中，考官评分所依据的标准主要有：

①应试者参与有效发言次数的多少，其反应的灵敏性、概括的准确性、发言的主动性等。

②应试者是否能够消除紧张气氛，并与其他应试者有良好的沟通场景。

③应试者是否能提出自己的见解和方案，并在坚持自己正确意见的基础上根据别人的意见发表自己的观点。

④应试者能否倾听他人意见，并互相尊重，在别人发言的时候不强行插嘴。

⑤应试者语言表达、分析问题、概括或归纳总结不同方面意见的能力。

本章小结

本章主要介绍了人力资源测评的理论、方法及过程。其中，对人力资源测评的概念和演变做了简单介绍，论述了人力资源测评在人力资源工作中的重要地位，分析了人力资源测评的整体性原则、目标性原则、鉴别性原则、预测性原则及易行性原则，并从心理测量学的角度，对人力资源素质测试的类别进行了划分。本章阐述了人力资源测评的方法，包括心理测验法、面试法、评价中心法以及观察评定法、申请表法、民意测验法、履历分析法等，阐述了人力资源测评过程的各个环节和过程管理的内容，详细介绍了无领导小组讨论法。

第10章基础知识测评

复习思考题

1.为什么说人力资源测评是人力资源开发与管理的重要基础？

2.人力资源测评应坚持什么原则？

3.什么是心理测验？心理测验的要求有哪些？

4.什么是评价中心？它有哪些作用？

5.如何避免人力资源测评工作流于形式？

6.如何对管理人员进行测评？

7.组织一场无领导小组讨论。

案例分析题

人力资源测评在Y研究院招聘中的运用

从事IT行业的Y研究院拟从高校毕业生中招聘软件工程师，为了获得合适的人才，委托咨询公司对应聘者进行了素质测评。测评过程如下：

第一步是确定测评维度。咨询公司与研究院主管人员讨论后得出需要评价的4个主要维度：学习能力、创新能力、合作能力、自我驱动能力。其原因在于，IT行业需要不断跟进世界新技术发展潮流，很多知识在课堂上学不到，因此需要应聘人员具备很强的学习能力，即掌握新知识和新技能的能力。企业目前的竞争越来越激烈，能够不断开发出适合市场需求的新产品和新的服务，才是企业竞争制胜的关键，创新能力就成了对研发人员测评的重点。现代研发工作特别需要团队合作精神，一个人单打独斗很难快速开发新产品，因此，合作能力就成了另外一个测评的重点。在现代企业里，强调的是以人为本、自我激励，那些需要别人督促的人显然会落后于竞争对手的速度和创造能力，所以，这次测评特别提出了自我驱动能力这个维度。

第二步是选择和开发测评工具并实施测评。在招聘测评过程中，首先由技术专家进行技术面试，过关者由咨询公司工作人员进行综合能力测评。综合能力测评主要运用了3类测评工具：心理测验、半结构化面试和管理游戏测验法，每类工具针对不同的测评维度。在以上几个维度中，最难测评的当属创新能力，目前测评创新能力的工具效度和信度普遍偏低。由于创新能力的高低与开放性思维、直觉思维、独立性、灵活性等素质特征有直接关系，咨询专家在面试和管理游戏测验中设计了专门用来考查这些素质特征的问题。学习能力的测评相对比较简单，采用了国际上通行的非文字逻辑推理能力测验。自我驱动能力在个性心理测验和半结构化面试中能够得到比较准确的测量。合作能力的测评主要运用管理游戏模拟工作情景的测验方式，请4~8个人组成一个小组来共同解决一个问题，从活动中观察应聘者的合作能力等综合素质。

第三步是形成测评报告。最终形成的测评报告从个性等综合能力上对应聘者进行了评价，包括合作能力、学习能力、创新能力和自我驱动能力等方面，定性、定量地阐释了应聘者与软件工程师这个岗位的匹配程度。由于它特别关注非技术素质，在两个应聘者技术背景相差很小的情况下，可以在非技术层面做出明确的区分。

资料来源　田效军. A研究院招聘工作中的测评方式［J］. 人才瞭望，2003（2）.

讨论题：

（1）该测评中综合运用的测评方法分别可以测评哪些素质？

（2）该测评是否能够提供可靠的评价依据？为什么？

第10章案例分析提示

推荐阅读资料

1.萧鸣政．人员素质测评理论与方法［M］．2版．北京：北京大学出版社，2016.

2.周路路．人才测评：理论、方法、实务［M］．北京：人民邮电出版社，2018.

3.萧鸣政．人员测评与选拔［M］．3版．上海：复旦大学出版社，2015.

4. WOOD R，TOLLEY H. 深度评价［M］．唐云，等，译．北京：中国轻工业出版社，2007.

5. COOK M. Personnel selection：adding value through people［M］． 4th ed. England：John Wiley & Sons，Ltd.，2004.

6.霍夫曼．人才心理测评［M］．曾飚，艾晔，译．北京：中国财政经济出版社，2002.

网上资源

1.中国国家人才网，http：//www.newjobs.com.cn。

2.中国国家人才测评网，http：//www.chinatest.com.cn。

3.大醍醐网，http：//www.datihu.com。

第11章 招聘操作——校园招聘、网络招聘和猎头招聘

学习目标

✓掌握校园招聘的基本流程；
✓了解校园招聘的特点、发展、形式；
✓了解校园招聘的误区和成功实施校园招聘的关键要素，掌握避免误区的方法；
✓理解网络招聘的基本内容；
✓掌握网络招聘的特性、实施方法；
✓掌握猎头公司的发展历史和未来的趋势，以及猎头公司的分类与开展业务的方式；
✓掌握招聘人员管理与使用猎头的方法。

引例

联合利华的商业夏令营

和很多外企一样，联合利华在华的人才争夺也是从校园开始的。自1999年开始，联合利华每年5月都会举办“商业夏令营”招募活动，面向知名高校三年级的本科生和二年级的研究生。参加商业夏令营是应届毕业生加入联合利华“管理培训生”计划的唯一通道。

商业夏令营招聘程序如下：

（1）申请者填写表格，时间一般在每年5月。

（2）合格者参加面试，面试有两轮。第一轮是案例研究，看一个案例，然后做一个简短的对话，这一轮将会淘汰一半的人；第二轮是和联合利华经理面对面地谈话，这一轮淘汰率还是50%。最后剩下的人就会成为联合利华商业夏令营的营员。

（3）每年8月举行为期3天的商业夏令营，邀请各部门经理介绍每个部门的职能，同时通过商业模拟游戏，让大家体会商场如战场的感觉。

（4）再次挑选优秀学员在新的学期到公司实习，增进双向了解，最终寻找到联合利华需要的管理培训生。

资料来源　陈凯. 如何进入你所梦想的公司（上）[J]. 女友·校园，2006（6）.

从联合利华的经典校园招聘中，你能发现该公司校园招聘的具体流程是什么吗？你能总结一下校园招聘有哪些特点吗？你认为校园招聘更适合哪些企业和岗位？

11.1 校园招聘

11.1.1 校园招聘基本分析

1.校园招聘概述

(1)“校园”作为招聘途径。

校园招聘是指通过招聘应届毕业生来满足业务发展和用人需求。因为大多数招聘活动在校园举行，故称“校园招聘”。

校园招聘伴随着中国高校改革以及高校毕业生分配制度改革应运而生。在传统的计划经济时期，招生分配均采取计划制度，学生毕业后经过毕业分配办公室直接分配到用人单位，学生、用人单位都很少相互选择。

从1989年起，国家在毕业生分配制度上步入中期改革阶段，部分高等院校试探性地在校园内开展规模化的供需见面活动。经过多年的积累和探索，校园招聘这一招聘渠道越来越科学化和规范化，并成为公司人才招聘的重要渠道之一。

应届毕业生经常被比作“一张等待涂抹色彩的白纸”，他们掌握最前沿的知识，思维活跃，能很快融入企业文化，可塑性强，在和公司一起成长的过程中，对组织忠诚度高，因此受到不少用人单位的青睐。但由于应届毕业生没有工作经验，需投入更多的时间和资源对其进行职业化教育，这一点与其他渠道的招聘对象有显著不同，见表11-1。

表11-1 常用招聘渠道优劣势比较

渠道类别	适合岗位	时间周期	其他特点	使用建议
网络	一般白领岗位	两个工作日	刊登迅速、简历数量多、刊登周期长，但不适合资深专业人员和干部岗位	一般白领岗位可首选此渠道发布，如果刊登一周后发现效果不够理想，可考虑其他方式
大型招聘会	一般白领岗位	参加招聘会时间	投入资源（人力、场地）比较多，但有效周期短	如果没有大量的岗位需求和合适的大型招聘会（如每年春季的大型招聘会），建议不参加
报纸	一般性岗位	1～2周	费用较高、有效期短、招聘效果不够理想	一般情况下不建议使用
猎头	资深专业人员或干部岗位	—	招聘周期长，但针对性很强，可以保证招聘效果	可针对难招岗位和稀缺人才使用
校园招聘	应届毕业生	—	有一定的时效性，大约为每年10月到次年1月	适合一般性岗位及储备性人员的招聘

（2）校园招聘对企业的意义。

校园招聘对企业非常重要，最初投入大量资源用于校园招聘的以大企业为主，但发展趋势是越来越多的中小企业也开始进入校园进行招聘。校园招聘对企业有多重意义：

其一，有利于获得高质量、有潜力的人才。几乎所有的成功人士在求职过程中都会经历校园招聘，招聘部门有机会在校园招聘时接触到大量应届毕业生，有机会找到有发展潜力的人才，而这些人在毕业后的短期内不会再到人才市场上求职，几年之后可能需要猎头才能找到他们，这样成本更高且不如公司自己培养人才那样契合企业需求。所以，做好校园招聘，企业就有机会找到最有潜力的人才，事半功倍。

其二，有利于在校园人群中培养雇主品牌，推广企业品牌。近年来，校园招聘的目标不仅仅是招到一定数量的毕业生，更多的企业开始通过校园招聘树立企业品牌形象。通过这种形象的树立和强化，企业也为未来的人才竞争奠定良好基础，因为现在的大学生数年后就会成为人才市场的中坚力量。雇主品牌好，会吸引更多的毕业生选择到本公司求职，这样就有机会招到更合适的人才。退一步讲，即使这些认同企业的学生因各种原因无法成为本企业的员工，但如果未来成为企业的客户、供应商或合作伙伴，对企业发展也是有很大帮助的。

2.校园招聘的形式

企业进校园招聘主要有以下几种形式：

第一种是企业直接到相关学校的院系招人，这类企业的招聘针对性很强。

第二种是企业参加学校举办的专场人才招聘会，或通过校园网站发布招聘信息。

第三种是企业派出专门人员，到校园进行专场招聘会或宣讲会。

据统计，毕业生参加人数最多的是第三种招聘形式。第一种形式是企业直接针对目标人才，针对性强，效率高；第二种形式是学校搭台，企业唱戏；第三种形式是企业自己搭台唱戏。一般大型企业采用第三种形式，中小企业采用第二种形式。对于专业性比较强的人才，则采用第一种形式。

除此之外，行业专场招聘会也越来越受到企业和学生的欢迎，如针对银行系统、卫生系统、经济管理类、法学类、医药类、气象类等行业的专场招聘会。按行业分类的招聘会，可以缓解大型招聘会出现的毕业生人数过多的压力，同时也使用人单位在选择录用毕业生方面更有针对性。只有这样才可以减少毕业生参加招聘会的盲目性，毕业生和企业都提高了效率。

除了直接从校园招人外，还有一些形式和招聘密切相关，可视为校园招聘形式的延伸：

（1）实习生计划。每年夏季6—8月，各大公司会集中进入校园招募实习生，通常通过3~6个月的实习期考查学生表现，挑选优秀者留下来成为公司的正式员工。这种招募方式最初兴起于跨国公司，目前已被更多公司所采用。此外，大多数公司招募实习生的大门通常是全年敞开的，对象主要是大二、大三学生或研究生。有的企业通过公司网站直接发布信息，也有的企业通过招聘中介服务商来进行招募。值得一提的是，不少公司的实习生计划正越来越多样化，为了全方位地考查一个学生的潜力，同时也让学生们更深刻地感受公司文化，跨国公司会创造各种不同的工作环境和氛围。

(2) 职业技能或商业大赛。许多公司在校园举办各类职业技能、商业大赛，通过职业技能或商业大赛获得有“动手”能力的大学生，因为动手能力也是跨国公司选才的重要指标。

(3) 奖学金计划。为了加强与著名高校合作，许多公司喜欢在高校设立奖学金。一方面，在大学生心目中塑造了“好雇主”的形象；另一方面，通过奖学金计划，企业可以获得优秀学生的名单或提前与部分优秀学生达成实习甚至工作意向。

3.校园招聘的特征

近年来，越来越多的企业进入高校直接选拔优秀毕业生，人才竞争的白热化使更多的企业把校园招聘作为人才招募的重要渠道。新形势下，校园招聘主要体现出以下5点特征：

其一，整体形势供需两旺，专业供求基本平衡。企业需求强势递增，同时高校扩招的影响也逐渐增强，每年大批大学生涌入人才市场，不断冲击同类人才的市场价格。学生选择面继续大幅度拓宽，企业、单位选择人群更广，选择阶梯和人才梯度越发清晰。

其二，少数专业生源社会需求旺盛，但优秀生源供给不足。一些较为冷门、从业人员较少的专业，反而就业较为容易，发展也较为平稳。

其三，个别专业毕业生生源充沛，但社会需求反应冷淡，由此造成的人才浪费、人不尽其能的情况也较常见。如这两年高校里较为看好的法学专业，所培养的人才数量已经大大超出了社会需求，反而使这部分学生往往面临就业难的情况。

其四，学习的专业、学校、语言能力在企业、单位评价人才时的重要性更加明显。同时，实习经验等方面也成为大学生初次就业的重要考查方向。

其五，企业对学历的要求趋于理性。更多的企业在选择应届毕业生时能做到按需录取，一味追求高学历的情况越来越少，这一方面是因为企业对人才的认识更趋理性，另一方面也是用人单位合理规避人才流失所带来负面影响的必然要求。

11.1.2 校园招聘流程

校园招聘的程序通常如下：招聘宣传—举办校园宣讲会—筛选简历—笔试面试—录用签约。

1.招聘宣传

公司确定举行校园招聘后，要通过各种形式进行宣传，以吸引更多的应届毕业生投递简历，为公司招聘积累庞大的人才库。其形式包括通过招聘网站及公司网站进行宣传、通过学校就业中心网站进行宣传、定向投递招聘手册等，最终目的是基本覆盖目标应届毕业生，使更多的应届毕业生知晓招聘信息，使更多符合公司文化和岗位要求的应届毕业生加盟公司。

2.举办校园宣讲会

举办校园宣讲会主要有两个目的：第一，宣传公司的校园招聘，吸引更多的学生参加校园招聘活动；第二，通过招聘会，展示公司的形象和实力，为符合岗位要求的应届毕业生最终与公司签约奠定基础。

校园宣讲会的程序一般如下：校领导致辞、公司情况介绍、招聘职位介绍、校友分享感受、互动问答等。

为了表示对校园招聘的重视，一般公司都会请公司高层来参加校园宣讲会。通过面对面的直接沟通和介绍，展示企业的业务发展情况及独特的企业文化、良好的薪酬福利待遇，勾画出职业发展前景。而具有校友身份的公司员工分享自己在公司工作和生活的感受，更具有感召力，使应聘学生对公司有较为深入的了解和更多的信心。

3.筛选简历

目前，大部分公司都是通过网络来接收应聘者的简历，这样便于不同地区的学生投递简历，便于筛选和保存简历。

毕业生通过访问校园招聘的网站，按照公司的要求投递简历。公司安排人力资源部门和业务部门按照职位要求在网上进行简历筛选。通过简历筛选的应届毕业生可以进入下一个环节。

4.笔试面试

通过简历筛选的应届毕业生可以接受企业的招聘选拔。校园招聘选拔一般包括两个环节：笔试、面试。

（1）笔试。笔试主要包括3个部分：通用能力测试、英文水平测试、专业技能测试。能力是做好工作的基础。通用能力测试主要是考查应聘者的阅读理解能力、分析判断能力、逻辑思维能力等，是人才素质考查最基本的一关。英文水平测试主要用于考查母语不是英语的人的英文能力，考试内容包括听力、阅读、写作、口语等。与前两项能力测试不同，专业技能测试并不是申请任何职位的申请者都要进行的，它主要针对的是专业知识要求比较严格的职位，如研究开发部、信息技术部和财务部等，一般由业务部门进行考查评价。

（2）面试。面试一般分两轮：第一轮为初试，一般采用小组面试的形式，一对多或者多对多，在人际互动的环境下考查应聘者的基本素质。第二轮为业务面试，一对一面试，面试人通常为有一定经验并受过专门面试技能培训的公司业务部门经理，主要对应聘者是否符合职位的专业素质要求进行评价。

对于笔试和面试的时间，各企业可根据招聘职位情况及应聘情况进行调整。

5.录用签约

通过公司的笔试、面试后，企业发出录用通知书给应聘者，内容包括岗位信息、工薪信息等。应聘者接受后，会和用人公司签订双方协议（企业、应聘者）、三方协议（企业、学校、应聘者）。

11.1.3　校园招聘的误区

校园招聘本是企业为自身做宣传、吸引优秀人才的绝佳机会，可许多企业却错失良机，陷入以下误区：

1.招聘会的误区

（1）企业领导不重视。许多中小企业仅把招聘会当成收集简历等应聘材料的场所，往往开场几句话自我介绍就完毕，然后等待学生投简历。学生根本无从了解企业，有的学生就很有可能转向其他企业的招聘会。

（2）招聘人员观念错误。21世纪是知识经济时代，人力资源已成为企业最重要的资源，各大企业纷纷加快了争夺人才的步伐。然而，有的企业还停留在“大学生低头求工作”的思想观念上，认为学生非本公司不去，对待学生态度傲慢。有的迟到半小时才到招聘会现场，却连一声“对不起”都不说；有的极不耐烦地回答学生的种种问题；有的言谈举止表现得非常居高临下。这些都反映出招聘人员的观念和素质问题。

（3）招聘人员素质不高。在招聘会上，大学生往往通过招聘人员对公司情况的介绍及回答学生提问的情况来了解这家企业，并决定是否参与应聘。但有的企业招聘人员素质不高，不仅没有把企业情况介绍清楚，现场气氛沉闷，而且回答不好学生的提问，留给大学生的全是失望，投递简历的人顿时骤减。

2.筛选应聘材料的误区

随着电脑和网络的普及，当代大学生在制作简历等应聘材料时可谓技高一筹，而对众多精美的应聘材料，招聘者不禁眼花缭乱，往往陷入以下误区：

（1）删去太多投档者。例如，许多企业可能为了节约后续的劳动量，在收到了200多份简历后，却只筛选出20名应聘者参加笔试或面谈。企业需要严格挑选雇员固然没错，然而简历只是初步的甄选工具，企业不可能通过它对应聘者有充分的了解，如果在应聘材料筛选中就删去这么多的投档者，那么不可避免地会使一些优秀的大学生丧失应聘的机会。

（2）过分看重专业、分数及学历。很多企业错误地认为，该学生学了什么专业，他在这一领域就一定会做得比非本专业的人出色。这种想法比较片面，因为要做好一份工作，最重要的是候选人对工作的兴趣及自身的基本素质。

如果说企业偏好高分、高学历的大学生还说得通的话，那么有些企业宁要中、低等分数的学生不要高分学生，宁要本科生不要研究生的做法便颇令人费解了。有的招聘单位的用人宗旨是要成绩中下等的本科生，不要成绩优秀的本科生或研究生，原因是前者比后者更稳定。这其实是非常没有道理的，没有任何调查数据显示高分、高学历的学生就一定比低分、低学历的学生更易跳槽。

3.笔试的误区

一些企业往往把笔试成绩单独作为筛选依据。目前很多企业使用的笔试题目都大同小异，类似于很多标准化的心理测试模拟题。由于有的学生专门研究过心理测试的软件或题目，其笔试分数必然会高，很有可能出现“高分低能”现象。因此，企业不应单独依据笔试成绩，还应结合面谈时应聘者的表现来决定取舍。

另外，在笔试题目的设计上不科学，也是常见的误区。有的企业出题太简单，所有的考生均以高分通过，还不如不进行笔试，以节省成本；有的企业则为了拉开应聘者之间的成绩差距，专门设计了一些考记忆力的难题，结果许多优秀的应聘者也被淘汰。

4.面谈的误区

面谈是企业所有招聘甄选中效率最高、使用最频繁的工具。

校园招聘与其他招聘方式相比有其独特之处和特殊的困难。首先，招聘者必须在一个比较短的时间里，与大量的毕业生进行面谈，而这些学生在资历方面都差不多，要从中鉴别出有利于企业发展的人才是比较困难的。其次，招聘人员在其他招聘工作中积累的经验在校园招聘中无多大用处。在其他招聘中，招聘人员常常能够依据申请者的工作经历做出判断，而参加校园招聘的毕业生往往没有任何工作经验。

因此，招聘人员在与毕业生面谈时，常常要依靠主观判断，存在一定的误区。

5.招聘结果反馈的误区

层层筛选毕业生之后，接下来就该决定录用与否，并及时把招聘结果反馈给应聘者。绝大多数企业的人力资源部门只将录用通知书发送到应聘者手中或电话通知签约，却忽视了对未被聘用者的辞谢，结果既没有给予未被聘用者应有的尊重，也有损公司的形象。一份得体的辞谢通知能表现公司待人的诚意，并使得应届毕业生们有足够的信心与时间去参加另外的招聘。

学以致用

传统校园招聘遭遇困境

按照教育部门的有关规定，每年从10月份开始，用人单位可以进入院校进行招聘，所以每年第四季度就成了各大院校最火热的时期：对学校领导和主管部门而言，就业率指标能否完成，很大程度上取决于这几个月；对应届毕业生，特别是一般院校、冷门专业的毕业生而言，这个时期更成为大学4年最关键的攻坚期；对用人单位而言，所有的企业都希望将合适的优秀人才“抢进”自家大门，这几个月也成为企业人力资源部门异常忙碌的时节。然而近年来，越来越多的企业开始意识到这种招聘模式本身存在一些难以弥补的弊端。

扎堆进场，学生无所适从

由于绝大多数用人单位都集中在10月到次年1月这一时间段进入校园招聘，一旦这一时间段结束，毕业生可供选择的机会将大幅减少，因此许多毕业生为了降低风险，采取的策略是将简历投递给所有符合基本要求的招聘单位，以求尽可能多地得到笔试和面试的机会，增加胜算。

这种广撒网的做法事实上反映了毕业生对企业缺乏足够了解，不清楚各企业之间在工作环境、职业路径、用人要求上的真实区别，而唯一能够接触到的信息便是企业所属的行业、当前的大致规模、公开资料中的企业文化表述，以及从各种渠道得来的不甚准确的福利待遇等消息。事实上，企业与员工的匹配是一个复杂而全面的问题，从组织层面的战略、愿景、价值观，到部门层面的工作氛围、领导风格，不同的企业都有较大区别。薪酬水平、企业规模和行业、工作场所的硬件环境等属于直观而易于比较的因素，但仅仅基于这些因素去选择一家任职单位，无疑是一种带有冒险性的做法，在某种程度上对用人单位也是不负责任的。

流程仓促，企业选人困难

在校园招聘的两三个月里，企业人力资源部门同样压力巨大：一方面，在短时间内必须处理海量求职简历，工作负荷超大；另一方面，仅仅通过笔试和两三轮的面试就必须对候选人做出准确判断，事实上是相当困难的。

对于组织和团队而言，能否选拔出合适的新人，不仅关乎未来工作任务的完成，还影响到整个团体未来的氛围与人际关系。在《劳动合同法》实施之后，辞退员工更为困难，这种情况下招聘中“看走眼”的试错成本也相应加大，因此企业招聘学生无疑需要更加关注选人的准确性。而在传统校园招聘中，前后加起来不超过5个小时的接触，不论借助什么样的工具和技术，都很难全面了解一个人的工作状态和处事风格，因此这种方式实质上对人力资源部门和组织都具有一定风险。

另外，企业在校园招聘中也面临着招不到人的风险。当前的毕业生人才市场呈现两极分化态势，在大批学生找不到工作的情况下，也有一批学生能得到较多的工作机会，在不同的单位之间都挑花了眼。因此，人力资源部门在确认录用名单之后，仍然承担着可能被学生放弃的风险，如何提高选人的准确性，减少后期补招的工作量，也是传统校园招聘面临的一个难题。

既是实习，也是招聘

在传统的校园招聘思路下，要提高选人的准确性，只能不断改进甄选技术，心理测试、压力面试、无领导小组讨论等各种措施轮番上场。但无法改变的是，整个甄选过程仅有短短几个小时，而这恰恰是制约校园招聘中人员甄选准确性的最大瓶颈。为了真正提高选人的准确性、摆脱扎堆“抢人”的局面，进而彻底解决校园招聘中的问题，许多企业已悄然改变了传统思路，采用实习生制度作为校园招聘的补充，甚至替代。

其实，实习生制度本身并不是新事物，在明代，国子监毕业的学生在获授官职之前，也需要到朝廷各个机构实习，当时称为“历事”——事非经历不知难，对于将成大器的官员，实习是必不可少的一关。在国外，医科、师范等领域，实习更是一种沿袭已久的古老做法。

问题：

(1) 请谈一下你对材料中所列的校园招聘弊端的理解。

(2) 你认为实习生制度要怎样实施才有效？

(3) 校园招聘的优势表现在哪些方面？

分析提示：

(1) 扎堆进场，学生无所适从，因而广撒网的做法事实上反映了毕业生对企业缺乏足够的了解，不清楚各企业之间在工作环境、职业路径、用人要求上的真实区别。流程仓促又带来企业招不到合适员工的风险。

(2) 大多数公司招募实习生的大门通常是全年敞开的，对象主要是大二、大三学生或研究生。有的企业通过公司网站直接发布信息，也有的公司通过招聘中介服务商来进行招募。为了全方位地考查一个学生的潜力，同时也让学生们更深刻地感受公司文化，跨国公司会创造各种不同的工作环境和氛围。

(3) 校园招聘对企业有多重意义，可以帮助企业获得高质量、有潜力的人才，同时又可以在校园人群中培养雇主品牌，推广企业品牌。

11.2 网络招聘

11.2.1 网络招聘基本分析

网络招聘，也称在线招聘或者电子招聘（e-recruiting），是指利用互联网技术进行的一种全新的招聘方式。网络招聘充分利用互联网技术具有的结构化、个性化、智能化、交互性、无地域性等特征，大大提高了招聘的效率。网络招聘不同于传统的招聘方式，它具备远程服务功能，能够与求职者及时互动，并且不会受到地域的限制。广义的网络招聘不仅包括企业招聘主页（career portal）的建立、招聘信息的在线发布、电子简历的搜集，还包括应聘流程的在线管理、电子面试以及在线测评等全部依托于互联网技术的内容。

企业有多种渠道可以用来进行招聘，比如招聘会、报刊广告、猎头、人才中介、内部员工推荐、校园招聘、网络招聘等。其中，猎头和人才中介可以界定为特殊的招聘方式，即由企业方将招聘工作中的信息发布、简历搜集及部分面试工作外包给第三方；网络招聘相比较普通的招聘方式而言可以定义为新型的招聘方式；除三者外的其他招聘方式则可以定义为传统招聘方式。我们将从适用性、招聘网站的类型、成本投入和招聘效果等几个方面了解网络招聘的特性。

1. 网络招聘的适用性

各类招聘渠道由于各自的特点不同，所以在适用岗位等方面有各自的特性，见表11-2。

表11-2 **各招聘渠道特点**

渠道类别	适合岗位	特点	使用建议
大型招聘会	一般职员岗位	投入资源（人力、场地)比较多，但有效周期短	建议在大量的岗位需求和合适的大型招聘会（如每年春季的大型招聘会)上使用
小型招聘会	低端岗位	周期性举办、规模较小	候选人群的区域局限性突出
报纸广告	一般职员岗位	费用较高、有效期短、招聘效果不够理想	建议配合区域招聘会使用
中介	低端岗位	行业不够规范、可靠性不高	充分了解其可靠性，慎重使用
猎头	资深专业人员或高端岗位	花费昂贵、招聘周期长，但针对性很强，可以保证招聘效果	主要针对高端管理岗位和稀缺技术人才使用
内部招聘	所有岗位	内部招聘人员对公司的情况比较了解，工作上手快	需要避免人情型举荐牵扯过多精力
企业招聘会	一般职员岗位	人力成本较高，有利于应聘人员更好地了解公司，不经常召开	在外部求职者活跃的季节统一组织实施
校园招聘	应届毕业生	有一定的时效性，大约为每年10月到次年1月	适合一般入门级岗位的招聘
网络招聘	高端职位以外的大多数岗位	刊登迅速、简历数量大、刊登周期长	主要有招聘网站、专业网站和门户网站可供选择，对于网站的选择需要仔细甄别

网络招聘是招聘模式演进的一个重要形态，但在短期内并不会取代传统招聘方式。在国外，都是将网络招聘与传统的招聘方式相结合，构建一整套完善、多元的人才招募体系。对于国内的情况，两种方式各有优势，对传统行业的招聘，如公共交通（主要需求是公交车司机)、饭店业（主要需求是服务员）等服务业，现场招聘可能更有效，而IT、电子等现代行业的招聘，网络招聘效果就会更好。所以，在今后很长的时间内，网络招聘和传统招聘将并行发展，互为补充。

2.招聘网站的类型

随着国内企业的国际化及互联网的愈加普及，网络招聘的地位稳步提高。网络招聘行业中的服务供应商也伴随着资本市场的竞争进入了“战国”时代。下面简要介绍一下各类招聘网站：

(1）全国性招聘网站。

这类招聘网站是全国性的、综合的招聘服务提供商，在国内的网络招聘行业中处于领先地位。

这类招聘网站中的第一梯队包括：①前程无忧（51job.com），总部设在上海，国内招聘网站中唯一的上市公司，通过网站及《华商报·前程招聘专版》在包括二级城市在内的广大区域具有强大的覆盖能力。背后最大的股东是日本Recruit网站。日本Recruit网站以约11亿美元向前程无忧股东收购15%的股份，并获得在未来3年内再收购25%股份的权利。2004年9月，前程无忧成为首个在美国上市的中国人力资源服务企业，是中国最具影响力的人力资源服务供应商。②中华英才网（chinahr.com），2005年美国最大的招聘网站Monster以5 000万美元收购其40%的股份，于2008年并入Monster的版图。中华英才网的总部设在北京，此外上海、广州、深圳也是其主要业务覆盖区域，在苏州设有近千人的电话营销中心。③智联招聘（zhaopin.com），总部设在北京，猎头公司背景，澳大利亚和新西兰最大的猎头公司Seek在2006年出资2 000万美元收购了其25%的股权。

这类招聘网站中的第二梯队包括：①中国人才热线（cjol.com），总部设在深圳，是该区域内绝对的“No.1”，依托亚洲最大的招聘网站JobsDB.com收购深圳当地另一家竞争对手Job88人才网，并逐步向国内其他城市扩张。②卓博人才网（jobcn.com），总部设在广东东莞，致力于通过电话呼叫中心方式覆盖全国，目前主要在整个珠三角地区以及上海、苏州等地具有影响力。该网站由于资本运作的理念问题先后拒绝多家风险投资，扩张能力受到一定限制。

知识链接

水泥加鼠标

和众多纯粹互联网血统的网络公司不同，51job.com的前身是《中国贸易报》的招聘周刊。1999年1月，《前程周刊》电子版career-post.com在上海开通。1999年9月，网站独立发展，易名为51job.com（前程无忧），开始网上招聘，在此基础上建立了拥有数百万人之巨的人才档案库。

2001年，前程无忧推出了“网才招聘软件”，它如同一个虚拟的招聘员，提供了包括求职者信息登记、初步筛选、来信回复和信息分档存储等一揽子解决方案，使简历处理速度提高了10倍。这一新功能的推出使前程无忧既定的全方位提供人事招聘服务的策略更趋完整。51job.com实施纵向的产业链整合之路，向产业链的上下游逐步拓展，并取得了巨大的成功。

2004年9月，前程无忧成为首个在美国纳斯达克上市的中国人力资源服务企业，融资8 000多万美元，标志着前程无忧的发展进入一个新的阶段。它的盈利方式有报纸广告收入、在线产品、猎头服务和为企业培训4个部分。其中报纸广告收入是主要盈利项目，约占60%；在线产品约占30%；猎头服务和培训约占10%。51job.com的报纸广告收入占到总收入的绝大部分，这和其他招聘网站在收入构成方面有着显著的不同。

从做平面媒体到做网站，再到将两者结合起来，为企业提供全方位的专业人力资源招聘服务，51job.com事实上经历的是一个“水泥加鼠标”的过程。

(2) 区域性招聘网站。

这类网站是以某一地域为营业范围，努力成长为本地区最优秀的网络招聘服务提供商。这类网站极其熟悉当地人才市场，并且往往将现场招聘会等其他服务与网络招聘服务相结合，能够在自己的区域内最大限度地发挥作用。许多全国性网站在局部地区的“功力”往往不敌此类区域性网站。这类网站最具代表性的有南方人才网（job168.com，广州地区最大的招聘网站，间接覆盖整个珠三角地区乃至华南地区）、深圳人才网（szhr.com.cn，深圳地区、东莞地区、粤西地区都有覆盖），另外还有上海招聘网、北京人才网、浙江人才网等。许多全国性网站在扩张业务的时候都将收购此类区域性网站作为迅速进入当地市场的捷径。

(3) 行业性招聘网站。

这种分行业网络招聘模式针对细分市场，提供专业化服务。它以各个行业为中心来做细分市场，突出各个专业和行业的特点，我们也称之为“行业垂直人才网站”。与区域性招聘网站类似，行业性招聘网站往往将现场招聘会等其他服务与网络招聘服务相结合，能够在自己的行业内最大限度地发挥作用。

例如，英才网联（800hr.com）旗下有几十个分行业网站，包括建筑英才网、金融英才网、IT英才网、医药英才网、化工英才网等。英才网联实际上是这些分行业人才招聘网站的公司主体。由于英才网联是建筑行业背景出身，所以在该行业具有相当的影响力。除此之外，在其他行业的影响力有待进一步提高。

(4) 社会性网络招聘网站。

社会性网络，英文全称是social networking（缩写为SN），也称为“社交网络”“人际网络”等。其本质是基于信任的朋友圈，把社会性网络引入网络招聘，通过朋友的推荐和介绍进行求职招聘。目前美国知名社会性网络网站LinkedIn已经开通了采用人际关系寻找工作的频道，人们可以更加方便快捷地建立自己的社会性网络，采用社会性网络进行网络招聘。天际网（tianji.com）和联络家（linkist.com）都是我国比较知名的社会性网络网站，在招聘模块的设计方面都还相对薄弱，至今没有形成比较成形的招聘服务模式。推荐吧（referbar.com）以悬赏推荐的形式形成了自己较为独特的业务模式，并且积累了一定的成功经验，值得借鉴和推广。

(5) 搜索式招聘网站。

搜索式招聘网站是将垂直搜索技术应用于招聘行为的专业网站。所谓垂直搜索，是针对某一个行业的专业搜索引擎，是搜索引擎的细分和延伸，是对网页库中的某类专门的信息进行一次整合，定向分字段抽取出需要的数据进行处理后再以某种形式返回给用户。而搜索式招聘网站是对互联网网页库中的招聘信息进行再次整合，定向分字段抽取出需要的招聘信息数据进行处理后再返回给用户。

垂直职位搜索和Web 2.0社会性网络形式的网络招聘企业，如搜职网、职友集等，发展速度很快。这类网站在招聘功能方面还存在一些缺陷。

3.网络招聘的成本分析

猎头和人才中介等特殊的招聘方式承担了招聘中的信息发布、简历搜集及部分面试等工作，并对招聘工作的结果负责，承诺一定的“人才保证期”(即被推荐的候选人在一定时间内离职，猎头和人才中介将负责继续推荐候选人或者退还招聘费用)。行业普遍的招聘成本为候选人年薪的25%~35%，相比之下猎头和人才中介的成本投入最高。

招聘会、校园招聘等方式在空间和地域方面的限制比较大，前期需要做大量的宣传推广工作，不仅要花费较多的直接费用，而且会务组织工作往往牵扯企业招聘工作者过多的精力。另外，企业还需要指定专人与候选人进行交流，因此人工成本也相对较高。

网络招聘的成本涵盖了招聘信息的在线发布、电子简历的搜集，还包括应聘流程的在线管理、电子面试以及在线测评等全部流程，所以成本也相对较高。但是由于网络招聘的内容包括全部依托于互联网技术的内容，所以随着网络技术的普及和技术成本的降低，成本下调空间也会逐渐加大。

4.网络招聘的效果分析

企业招聘渠道的选择是招聘效果好坏的关键，不同的招聘渠道有各自的招聘特点。

从简历总量来看，网络招聘方式获得的简历无疑是最多的。便捷的投递方式可以降低求职者的心理门槛，但是也会造成简历量过大、无效简历浪费筛选精力等问题，所以，必须辅之以简历筛选系统提高效率。

从有效简历比例来看，猎头和人才中介等特殊的招聘方式的成功率无疑是最高的，因为简历初筛的工作已经由第三方提前完成了，但是这是以较高的成本为代价的。传统招聘渠道与网络招聘相比各有千秋，关键在于信息发布的准确性和所针对岗位的不同。

从成功率角度来看，猎头和人才中介等特殊的招聘方式的成功率无疑是最高的，但是猎头只针对高端岗位，且招聘周期很长，大量使用猎头方式进行招聘，会面临成本方面的巨大压力；人才中介在满足低端职位方面的成功率比较令人满意，但是无法满足中高端职位的招聘需求。

从简历的反复利用方面来看，由于网络招聘中的简历便于存储和流转，所以依托于电子简历管理系统，网络招聘的信息管理优势是无可比拟的，甚至网络招聘中的面试评价和测评结果也可以很方便地留存，以备记录和利用。利用网络技术保持与潜在候选人的关系维系，使网络招聘的效用可以长期显现，并最终达到良好的效果。

11.2.2 网络招聘的实施

1.发布招聘信息

网络招聘信息的发布直接关系到企业招聘的效果，如何根据企业的实际情况，选择适当的信息发布渠道就显得尤为重要。

（1）利用招聘网站进行职位发布。

这是企业采用最为广泛的一种招聘方式。企业通过这种形式，可以在人才网站上发布招聘信息，利用招聘网站提供的在线系统搜集求职者简历。由于人才网站上资料库大，日访问量高，加上人才网站收费相对较低，所以很多公司在进行大批量招聘时往往会同时在几家网站注册。

（2）登招聘广告。

出于吸引求职者和宣传企业雇主品牌的双重目的，企业往往选择在大型网站上登招聘广告的方式，既可以选择招聘网站（如前程无忧、中华英才网、智联招聘等），也可以选择行业性的专业网站（如CSDN、存储在线等），甚至选择大型的综合门户网站（如新浪、搜狐等）。相比较而言，招聘网站在求职者中具备一定的知名度，但是信息传递面局限在近期主动求职的人群，对在职的中高端专业人群吸引力有限；专业网站对吸收某一特定专业的人才效果良好，但是由于专业网站鱼龙混杂，需要花费大量精力予以鉴别，且信息传递方向较为单一，所以广告成本相对较高；大型门户网站的浏览量很大，受众面最广，但是成本最高，往往是品牌推广的效果大于招聘。

（3）利用BBS发布。

BBS是英语“bulletin board system”的缩写，中文称为电子布告栏，它是互联网上热门的服务项目之一，你只要通过远端登录的方式，就可享有在远端主机上张贴布告、网上交谈、传送信息等功能。这种方式发布信息的成本几乎为零，但影响力有限，也不利于塑造公司的形象。

（4）在企业主页发布招聘信息。

如果企业有实力，可以依托企业的网站建立自己的招聘主页，这样企业可以在自己的网站上发布招聘信息，同时将企业文化、人力资源政策以及更多的想让求职者了解的信息发布在主页上，既可达到宣传目的，又能吸引来访问的求职人员，使他们在了解企业的实际状况后，有针对性地选择应聘岗位，所以招聘的人员质量比较高。企业还可以应用在线填简历的功能，这样就可以很方便地建立自己的人才储备库，方便查询。从行业分布来看，在全球500强企业中，运用主页发布招聘信息的，保健行业、运输行业、批发行业达到100%，制造业为98%，消费行业为97%，高科技行业为92%，自然资源和公用事业行业为91%，金融行业为90%。

企业不仅可以利用互联网向外发布招聘信息，还可以利用企业内部的局域网对内发布空缺的职位，从企业内部选拔。这不仅最大限度地节约了成本，还有利于提高员工的满意度、工作热情。这种通过局域网的招聘方式对一些跨地区的企业更为有利，通过内部网络可以在第一时间知道企业的人力资源状况，合理配置人力资源，从而促进组织的发展。

2.搜集信息与安排面试

招聘信息发布以后，要及时注意反馈，从众多的应聘者中挑选出符合条件的求职者安排面试。

（1）搜集、整理信息。

企业在招聘网站注册后，可以利用这些招聘网站的在线系统搜集求职者主动投递的简历，同样可以利用招聘网站的人才简历库进行搜索，即通过定制查询条件，搜索符合要求的应聘者的联系方式，主动与之接洽。企业接收的简历往往良莠不齐，重复投递的现象非常严重，导致企业内部招聘人员的精力大量浪费在简历的筛选上。另外，企业主动从数据库中搜索出来的候选人往往对企业的主动接洽兴趣不高，成功概率较低。所以，在简历的搜集和整理方面，有必要借助招聘系统的帮助，比如屏蔽掉不符合企业要求的候选人，并用电子邮件的方式礼貌地拒绝，然后分类储存那些符合公司要求的求职者的简历，保持一定频率的沟通，这样才能节约企业招聘工作人员的时间，提高招聘效率。

（2）安排面试。

挑选出符合条件的求职者后，接下来就可以安排面试。最为常规的方式是利用网络，这样可以便捷地通知候选人相关的面试信息。由于网络招聘无地域限制，在不同地理位置的招聘者、求职者可以利用互联网完成异地面试。面试人员即使不在一起也可以通过互联网合作，利用网络会议软件同时对应聘者进行考查。根据不同的求职者安排好面试人员后就可以通知求职者进行电子面试，互联网的发展使企业可以有多种选择来进行电子面试。

3.电子面试

招聘信息的发布与搜集整理仅仅是网络招聘的开始，电子面试更能体现网络招聘的互动性、无地域限制性。电子面试的应用才是网络招聘中最重要的组成部分，也是未来必然的发展趋势。但目前由于网络技术等各种原因，电子面试的实用案例较少。

（1）利用电子邮件。

电子邮件（e-mail）是网络上应用最多的功能，它具有快捷、方便、低成本等优点，越来越多的人远离了传统的邮寄方式，开始利用电子邮件交流。招聘者与求职者利用电子邮件交流，可以节省大量的时间，进而提高招聘的效率。招聘者还可以通过求职者的e-mail来了解他们的文字表达能力，为是否录用提供依据。但利用电子邮件的局限在于书面表达方面，一般只能运用在面试前后的信息联络和沟通上。

（2）利用聊天工具。

企业可以利用一些聊天软件或者招聘网站提供的聊天室与求职者交流，招聘单位可以一家占用一个聊天室，在聊天室里进行面试。就像现实中一样，企业可以借此全面了解求职者，也可以顺便考查求职者的一些技能，比如电脑常识、打字速度、网络知识等。求职者也可以向企业就职业问题进行提问，实现真正的互动交流。但是这种文字的交流还是有一定的局限性的：一方面，它反映不出求职者的反应速度、思维的灵敏程度；另一方面，求职者也可能会请人代替其进行面试，在虚拟的网络世界里，企业无法识别求职者的真伪。为了能够在第一时间得到应聘者的回答，用人单位还可以在语音聊天室利用语音聊天软件与求职者交流，这样既可以见到求职者的文字表述，又可以听到求职者的声音。

（3）视频面试。

声音的传送已经无法满足现代人沟通的需求，即时、互动的影像更能真实地传送信息。视频会议系统（video conferencing，有时又称为“电视会议系统”）是指两个或两个以上不同地方的个人或群体，通过传输线路及多媒体设备，将声音、影像及文件资料互传，达到即时、互动的沟通。与在聊天室进行面试相比，利用视频面试不仅能够听见声音，还可以看到应聘者的容貌，避免了聊天面试的缺点，具有直观性强、信息量大等特点，因此使网络招聘比传统招聘方式更具优势。随着公司的国际化人才梯队建设，很多候选人都通过视频面试的方式与招聘经理进行远程交流，并最终与公司确定是否加入，这样既节省了面试差旅费用，也免去了车马劳顿之苦。

（4）在线素质测评。

随着素质测评日益受到企业的重视，有一些网站开始将素质测评作为自己的在线服务项目之一。网络招聘是一种虚拟的招聘方式，在面试之前招聘者只能从简历中了解应聘者的情况。事实上，很少有简历能够直接告诉招聘者所关心的应聘者的素质，特别是那些从网上下载的简历，因为求职者只能按照招聘网站提供的统一格式填写，信息量有限，所以在招聘者决定约见一位应聘者进行面试之前，通过简历往往不能获得所需要的甄别信息，而在线素质测评的应用可以为企业解决这一难题：求职者可以在测评频道中进行测试，然后自动生成一份测评报告，它使招聘者在面试之前就能洞悉每一位求职者的整体素质。这样可以为招聘者节省大量的时间，从而进一步提高招聘的效率。

11.3 猎头招聘

11.3.1　猎头公司分类和业务模式

1.猎头公司的分类

（1）国际猎头和本地猎头。

从地域维度来看，猎头公司可分为国际猎头和本地猎头。国际猎头是指总部在国外，在本地设有分支机构的猎头公司。国际猎头往往有以下几个特点：知名度高，历史比较悠久，有相对稳定的客户，猎头顾问经验丰富，人脉资源广，分支机构多，流程规范，系统完善。本地猎头是指总部设在国内，分支机构主要在国内的公司。其特点是：历史较短，对国内人才市场非常熟悉，猎头顾问水平不均衡。

（2）综合猎头和行业猎头。

从客户范围来看，猎头公司可分为综合猎头和行业猎头。综合猎头是指服务的范围较广、跨多个领域、其客户处在多个行业、收入来自多个行业的猎头公司。行业猎头则往往在某一行业具有非常大的优势，其收入来源也主要来自一个行业。行业猎头可进一步分为金融猎头、房地产猎头、IT猎头等。比如，总部设在中国香港的Grammytech是专注于IT行业的猎头公司，国内的腾驹达公司是活跃在房地产领域的猎头公司。

（3）高端猎头和中低端猎头。

从接受招聘委托的岗位性质来看，猎头公司可分为高端猎头和中低端猎头。高端猎头只承接高端职位，如董事、CEO、高级副总裁、副总裁级别的职位，或是承接年薪不低于某一数额的职位。中低端猎头承接职位的幅度较宽，经理、主管的职位也可承接。

2.猎头公司的业务模式

从主要工作流程的角度看，猎头公司开展业务的模式如下：

步骤一：分析、评估客户需求。猎头公司与客户进行充分沟通，共同对空缺岗位进行分析，总结该岗位的职责、任职资格及相应的薪酬水准，同时对客户的企业文化、历史、产品、管理风格进行深入了解。

步骤二：制订并实施搜寻方案。根据岗位的具体要求，为每一空缺岗位制订详细的搜寻方案，依据搜寻方案，利用候选人数据库、与各行业有关机构及人士的网络关系，凭借专门技巧，与每一位潜在的候选人进行接触。

步骤三：筛选候选人。对所有接触到的候选人的信息进行分析、过滤，包括候选人的岗位现状、沟通能力、离职可能性与动机、薪酬水准等，筛选出基本符合要求的候选人，并安排面试。

步骤四：面试、评估候选人。依据专为此岗位编制的测评指标对候选人进行面试，主要测评候选人的性格、管理能力、专业知识与技巧、工作成就、长处与不足、离职原因等，对候选人进行综合评价。

步骤五：推荐候选人并安排面试。将评估过的候选人综合信息提供给客户，根据客户的要求安排候选人与客户面谈。在候选人通过面试后，协助双方就具体聘用条件进行有效沟通。

步骤六：咨询与后续服务。向被录用的候选人提供辞职方面的人事咨询与帮助，与客户保持不间断联系，协助双方解决试用期间可能遇到的困难与障碍，确保候选人试用成功，使双方都满意。

以上是猎头公司的基本服务流程，不同公司在细节和处理上有一些差别。通常而言，猎头公司会分析行业排名靠前的公司，部分公司作为客户，其他公司作为人才库进行猎取。

11.3.2 猎头公司的运用

1.选择猎头公司

(1) 确定评选标准。

招聘部门确定猎头公司作为招聘合作伙伴，首先应对自身进行全面的分析，包括本公司哪些职位需要通过猎头公司实施招聘、对这些职位任职人员有什么要求、招聘预算范围如何等。如果前期和猎头公司有合作，还需评估合作情况。

在分析的基础上，确定合作猎头的评估标准和权重，考虑的范围包括行业经验、规模实力、顾问水平、对本公司的熟悉了解程度、收费标准等多种因素。

确定评选标准后，应建立招标委员会，委员会由来自采购部门、招聘部门、用人部门等经验丰富的人员组成。

(2) 邀标与评标。

确定标准后，向一些目标公司发出邀请，目标公司名单有多种来源，包括猎头排名、有过合作经历的公司，以及其他招聘同行推荐的公司。

招标委员会通过目标公司的讲解、质询、评估，各自独立给目标公司打分，最终对所有参加招标的公司进行排序。

(3) 签署协议。

招标委员会根据招标情况，最终确定合作伙伴组合，本着双赢的原则，通常选择2~3家伙伴，签署协议约定双方的权利和义务。

2.实施委托

(1) 分析待招岗位。

待招岗位出现后，招聘人员应先评估该岗位的性质、任职条件，初步判断应该从哪里去找目标人员，评估哪种渠道更加适合，比如网络广告、报纸广告、内部转岗等。一般而言，符合以下一个或多个条件时，使用猎头渠道的效果会比较好：

①有比较充足的招聘预算。使用猎头渠道在所有招聘渠道中成本最高，猎头收费往往是该岗位年薪的20%~30%，甚至更高。高收费带来的收益也比较明显，猎头公司提供的候选人有一定的针对性，因而质量较高。同时，猎头公司也可以帮助影响候选人，使之愿意考虑本公司的岗位。

②岗位级别较高。一般而言，猎头公司承接的岗位都是中高级管理岗位，或是技术专家类岗位。对于更低的职位，猎头公司往往不予承接，即使承接，用人部门也会感觉其收费和所招岗位价值不相符，不值得投入。

③目标人员明确。如果用人部门非常明确自己要聘用的人员，该人员可能在竞争对手公司中担任要职，也可能是业务合作伙伴的骨干，或者在第三方公司，用人部门主管或公司招聘人员直接出面挖人不妥，且可能会带来尴尬，影响相互关系，那么，委托猎头公司出面帮助撮合往往是稳妥可行的方法。

④符合要求的人员不会主动求职。其他渠道往往对主动求职者效果明显，但有

的人工作状态很好，从不看招聘广告和参加招聘会，甚至连个人简历都没有，而这样的人恰恰是公司所需人才，那么，通过猎头渠道锁定这部分人群，主动推销公司的职位和工作机会，成功的概率会更大一些。

⑤符合要求的目标人群数量很小。有些特殊岗位虽然级别不高，但工作内容比较专，所以符合要求的目标人群数量很小，在研发领域该种情况比较常见，比如散热工程师、噪音工程师、电磁兼容工程师。在这些领域，有经验的人员往往在特定的行业、公司、部门才存在，而且数量稀少。

⑥需求急迫，如果人员不能迅速到位对工作影响很大。在这种情况下，委托一家或多家猎头公司，往往在短期内能提供数量较多的候选人，会加快招聘进度，减轻业务压力。

（2）确定委托方式。

分析岗位以后，决定启用猎头渠道，还需明确用哪种方式与猎头公司合作，一般而言，有两种合作模式：

①独家委托。该职位只委托一家猎头公司，猎头公司在启动招聘前会收取预付费，并根据职位要求设计搜选方案，在规定时限内提供合适人选。一般而言，独家委托的猎头公司往往实力较强，且和委托方建立了必要的信任关系，其接受委托后承担必须完成的压力。目前，国际和国内实力较强、规模较大的公司往往只接受独家委托。

②多家委托。该职位由2～3家甚至更多家猎头公司同时操作，最终按照录用人员来源向其中一家猎头公司付费。该种委托方式的好处是短期内可吸引多个候选人，不足之处是多家猎头公司同时找人可能会“撞车”，有些猎头公司中途放弃可能导致招不到人的风险。在岗位需求急迫，或是对猎头公司实力缺乏评估时往往采取多家委托的方式。

（3）确定委托公司。

确定委托方式后，则根据猎头合作公司名单中各猎头公司的实力、强项，以及目前承接职位情况，选择确定与哪家或哪几家公司合作。合作公司承接的职位应比较均衡，要避免一家公司同时承接的职位过多，影响招聘效果，也要避免某家公司一直没有职位，最终合作关系破裂的风险。

（4）安排与用人主管沟通。

确定合作公司后，招聘人员应尽量安排猎头顾问与用人主管见面或电话沟通，就职位的职责范围、胜任条件、薪酬范围、吸引力、挑战、发展前景等进行深入沟通，对人才市场状况、候选人关心的问题、搜寻方向、沟通方式等内容进行讨论。

通过沟通使猎头顾问对公司文化、战略、岗位要求甚至用人主管风格等有所把握，在后续寻找、筛选和提供候选人时可以有的放矢，提高效率。同时，也使用人主管对人才市场有所把握，避免产生理想主义和不切实际的想法。

（5）分析简历、安排面试。

猎头顾问开展工作一段时间后会提供简历，招聘人员帮助分析和评估，安排与用人主管的面试，面试之后安排用人主管与猎头顾问沟通，反馈信息，修正找人方向。一般而言，以第一轮面试的2～3人为标杆，修正后续方向、确定标准后，比较顺利的话在第二轮的2～3人中能找到合适人选，但实际操作中常常还需第三轮或更多轮才能完成。

（6）过程协调。

招聘人员在整个招聘过程中的协调非常重要，要帮助用人主管明确需求，如果用人主管不止一名，不同主管对所招人员的要求和评价标准可能会不一样，招聘人员应该相互协调，找到“共同解”。招聘人员还应该与猎头顾问保持密切的沟通，时时了解进展情况，出现问题及时预警，避免意外发生。必要时，招聘人员还要和候选人沟通，吸引和说服候选人选择公司。

总之，整个过程中招聘人员都要发挥积极主导作用，这样才能最大限度地保证招聘的成功。

3.猎头公司绩效评估与反馈

（1）绩效记录。

招聘部门应对每家合作公司的工作绩效进行系统记录，包括委托岗位数量、成功找到人员的数量、简历提供数量、首次提供简历的时间、简历质量、过程中的合作情况等，为进行绩效分析提供基本的数据。

绩效记录一般通过招聘系统进行管理，如果公司没有系统，可设计Excel表格进行管理，定期维护数据。

（2）绩效分析。

招聘部门每季度、半年或至少1年应结合绩效记录对合作公司的情况进行分析，设定评估标准和权重，在选择猎头公司时也应同时明确该项标准和权重。每季度、半年、全年都计算和分析这些数据，对合作公司进行排序，确定未来的渠道策略。

（3）绩效反馈。

绩效评估结果应定期反馈给合作公司，对其中存在的问题要予以明确，在下一个评估周期中分析改善情况。

每年还可根据合作公司的业绩情况进行排名，确定战略性公司、策略性公司及一般性公司等。对战略性公司重点支持，在费用、岗位委托、结算等方面优先保证。对表现不佳且无改进的合作公司可不再续签合同，并引进新的合作公司予以替代。

本章小结

企业进校园招聘主要有3种方式：第一种是企业直接到相关学校的院系招人；第二种是企业参加学校举办的专场人才招聘会，或通过校园网站发布招聘信息；第三种是企业派出专门人员，到校园举行专场招聘会或宣讲会。

实习生计划、职业技能或商业大赛、奖学金计划可视为校园招聘的延伸形式。

校园招聘的程序通常如下：招聘宣传—举办校园宣讲会—筛选简历—笔试面

试—录用签约。

校园招聘要避免招聘会、筛选简历、笔试、面谈、招聘结果反馈等方面的误区。

企业有多种渠道可以用来招聘，比如招聘会、报刊广告、猎头、人才中介、内部员工推荐、校园招聘、网络招聘等。网络招聘充分利用互联网技术具有的结构化、个性化、智能化、交互性、无地域性等特征，大大提高了招聘的效率。网络招聘常通过招聘网站、BBS、公司网站发布招聘信息，在搜集信息、筛选简历后安排电子面试。电子面试的应用是网络招聘中最重要的组成部分。

猎头招聘主要针对高端管理岗位和稀缺技术人才使用，其开展业务的主要工作步骤是：第一，分析、评估客户需求；第二，制订并实施搜寻方案；第三，筛选候选人；第四，面试、评估候选人；第五，推荐候选人并安排面试；第六，咨询与后续服务。以上是猎头公司的基本服务流程，不同公司在细节和处理上有一些差别。通常而言，猎头公司会分析行业排名靠前的公司，部分公司作为客户，其他公司作为人才库进行猎取。

第11章基础知识测评

复习思考题

1.什么是校园招聘？它有什么特点？

2.校园招聘的流程有哪些？

3.校园招聘适合哪些性质的工作岗位？

4.什么是网络招聘？网络招聘与传统招聘方式有哪些区别？

5.请举例分析各类招聘渠道的特点及优缺点。

6.请列举各类招聘网站的长处和局限性。

7.在什么条件下采用猎头渠道招聘效果会比较好？

8.如何委托猎头公司招聘职位？为何要对猎头公司的工作进行评估？

案例分析题

卫某的难题

卫某，1955年生人，恢复高考后，1978年考上大学，在本科毕业当大学老师两年后考上一所名校读研究生，1986年进入一家有一定知名度的大学当老师，1990年做了副校长，分管基建、总务工作，可谓是年轻有为。

在工作中，他结识了一位房地产老板，两年后被老板说动，跳槽到这位老板的公司做副总裁，并直接担任当时非常大而知名的项目的总经理，事实上他干得也不错。三四年后那位老板犯事入狱，他又跳槽到另外一家房地产公司做总经理，随后又跳过两次槽，一直做总经理，最后在一家房地产集团做执行总裁。2005年5月，正值50岁的他辞职创业，开了一家房地产投资咨询公司，2006年10月公司破产关门，前后共18个月。

至于为什么辞职创业？猎头顾问得知，主要原因是当时他通过关系找到一幢写字楼，老板答应他把写字楼运作包装转卖后，按差价也就是毛利部分的2%给他本人作为奖励提成，他把写字楼运作了一年半，赚取差价6 000万元，但老板不兑现最初的承诺，理由是还有2 000万元的尾款没有收回，等全部收回后再提，同时老板还说，写字楼的买进价是3亿元，卖出价是3.6亿元，3亿元的资金，一年半的时间成本是多少？言外之意，这个项目是赔了。“我给老板赚了6 000万元，他不但不兑现承诺，连一句肯定的话都没有，反而批评项目赔了。一生气，不干了，我也不计较了，辞职走人。”卫某于是赌气创业。在18个月的创业过程中，卫某通过朋友联系了不少房地产咨询项目，但大多数项目都是免费咨询，因为这个行业不规范，签订了四五个项目，但都不给钱，只是前期给很少一部分，就几万元钱，连最基本的成本都不够。

为了赚钱，卫某联系了某省一家房地产公司做楼盘销售，组织了近20人的销售团队，楼盘卖得不错，合同佣金300多万元，然而迟迟结不了款，前后总共只拿到10多万元，连最基本的员工工资都不够，加上房屋水电费、各种管理费、财务费用等，公司一直亏损，200万元的家底都花光了，而销售人员的卖房提成一直开不出来。员工不干，说：“卖房子是我们的事，要账是您的事，我们把房子卖完了您就得给我们提成。至于您怎么搞到钱那是您的事情。”

卫某用尽各种办法都结不回钱，也借不到钱，走投无路，带着近20位销售人员到开发商处去讨债。闹了几天后，开发商老板出面说：“你问我要钱，我问谁要钱，我这个楼盘还差10多亿元，其他楼盘也都因没有资金停着呢！你要是能帮我搞到10多亿元，让我把项目立即启动起来，我就一分不少地立即给你代理佣金！”卫某说：“我到哪里搞10多亿元，即使能搞来，那成本何止300万元？”卫某的销售经理说：“再不给钱我们告你去！”开发商老板说：“这话说得好，欢迎去告，我等着你。反正欠的钱多了，你们这300万元根本就不算钱，要告我的人多了，我等着被告，关起来，还有人管饭，省得目前这样被追债，烦死了！”

无奈之下，卫某只得欠着员工的提成费，让公司破产关门。员工无可奈何地走人，卫某也开始重新寻找工作，但前后反差如此之大实在令他吃惊。他说过去从未因找工作发过愁，都是企业主动找自己，是猎头追自己，但眼前找了两个月了，还没有找到合适的，对职位没有过高要求，不一定要求当集团公司的什么总裁，甚至其中的一项目公司的副总都行；也没指望是过去的50万元年薪，只要一个月有1万元的收入就可以；也不像过去要求必须在一线城市工作，二三线城市也行；也不像过去要求必须是多大规模的公司，只要差不多就行。然而，两个月下来，一直没有找到像样的工作。卫某自我慨叹道："老了，没人要了。"

资料来源　景素奇．"知命"总裁不知命的创业凄凉［N］．大众日报，2007-05-22.

讨论题：

（1）如果您是猎头顾问，您会给卫某什么建议？

（2）如果您是猎头顾问，您下一步会如何行动？

（3）如果您是一家房地产公司的招聘负责人，您是否会给卫某提供工作机会？

第11章案例分析提示

推荐阅读资料

1.李晓莉．新互联网时代招聘实战［M］．北京：清华大学出版社，2018.

2.许明月．招聘与人才测评［M］．天津：天津大学出版社，2017.

3.彭荣模．慧眼识才［M］．北京：北京大学出版社，2012.

4.冯颖．HR招聘实务手册［M］．北京：化学工业出版社，2012.

5.阿瑟．员工招聘与录用：招募、面试、甄选和岗前引导实务［M］．卢瑾，等，译.北京：中国人民大学出版社，2015.

6.克林维克斯，奥康内尔，等．现代企业招聘实务［M］．孟加，周锋，孟家其，译．北京：中国标准出版社，2005。

7.猎聘网．大猎论道：真实世界的猎头艺术［M］．北京：人民邮电出版社，2015.

8.郑孝领．猎术：猎头核心技能［M］．北京：中国发展出版社，2014.

网上资源

1.智联招聘，https：//www.zhaopin.com。

2.中国人力资源网，http：//www.hr.com.cn。

3.中华英才网，http：//www.chinahr.com。

4.前程无忧，https：//www.51job.com。

第12章 招聘与录用新形式

学习目标

✓了解弹性用工、劳务派遣等招聘与录用新形式的基本理论；

✓理解弹性用工的特点、优势和作用；

✓掌握劳务派遣的操作技巧；

✓重点掌握弹性用工和劳务派遣在就业中的作用。

引例

劳务派遣用工第一案

案情：在肯德基工作了11年的老员工徐某因为工作中的疏忽被肯德基辞退，徐某起诉要求肯德基支付自己的当月工资和2万元解除劳动合同的经济补偿金。法院经审理后认为，徐某与时代桥公司签订有劳动合同，确立了双方之间的劳动关系，后徐某作为时代桥公司的职员被派遣到肯德基工作，但他与肯德基之间并没有形成事实劳动关系，故判决驳回了徐某的诉讼请求。

法官解析：劳动者应当分清提供劳动力的对象和建立劳动关系的对象。本案存在三方劳务派遣关系，即劳动者（徐某）、用工单位（肯德基）与劳务派遣单位（时代桥公司）。在劳务派遣关系中，依法设立的劳务派遣单位和劳动者订立劳动合同后，依据与接受派遣单位订立的劳务派遣协议，将劳动者派遣到接受派遣单位工作。因此，根据我国《中华人民共和国劳动法》和《中华人民共和国劳动合同法》的规定，徐某应向劳动合同相对方即时代桥公司主张解除劳动合同经济补偿金。

被称为中国"劳务派遣用工第一案"的被辞员工诉肯德基案，引起了新闻媒体和社会公众的广泛关注，此案也引发了社会各界对"劳务派遣"这一招聘与录用新形式的合法性和合理性的热烈讨论。

资料来源　佚名．劳务派遣中应当注意的法律问题［EB/OL］．［2015-12-21］．http：//www.mingong123.com/news/lwpq/2007-9-17/101222426464736.html.

是否所有行业、所有的就业人员都适合劳务派遣这种用工形式？时代变革还带来了哪些新的用工形式？如何通过法律规范新的用工形式，以保护劳动者的合法权益？这是在新的招聘与录用形式下必须思考的问题。

12.1 招聘与录用新形式概述

随着制度环境、市场环境、法律环境、技术环境的不断变化，特别是人才跨区域流动的速度加快，企业的招聘渠道、招聘方式也经历了从传统到现代的极剧变革。

企业的招聘一般包括内部招聘和外部招聘两种渠道，这两种渠道各有特点。传统的人力资源招聘模式一般都有以下流程：首先由用人部门提出申请，通过人力资源部发布招聘信息和组织招聘测试，共同进行人事决策。传统的招聘模式的特点是被动性和滞后性，很难及时为空缺岗位招聘到所需人才。

以互联网为核心的企业新型招聘模式则彻底改变了传统招聘模式的滞后性和被动性，同时解决了招聘方和求职方时间、地域上的差异问题，为人力资源跨区域流动提供了平台基础。互联网技术的出现和普及、人力资源跨区域流动的加快、诸多障碍因素的消解及劳动力市场的逐步成熟与整合，使得基于互联网技术的远程招聘和跨区域人才租赁作为企业新型招聘模式得以建立和快速发展，不但逐渐成为企业新型的招聘渠道，从某种程度上说也标志着最本质意义上的人力资源服务产业的形成。

新的招聘与录用方式包括弹性用工、劳务派遣等。

12.2 弹性用工

12.2.1 弹性用工概述

1. 弹性用工的定义

弹性用工是指在劳动时间、收入报酬、工作场地、保险福利、劳动关系等方面不同于建立在工业化和现代工厂制度基础上的传统主流用工方式的各种用工形式的总称。

弹性用工也称灵活化用工。其主要特征如下：

第一，岗位设计弹性化和个性化。如按照小时和工作日设计工作岗位和招工条件，灵活地聘用非全职人员。

第二，建立弹性劳动合同制。根据弹性用工的需求，将劳动合同的期限进行分解，如1/ 2合同（1/2合同即每周工作20小时，也就是40小时的1/2）、1/4合同等。

第三，弹性员工福利。为全职职工和非全职职工制订不同标准的福利计划，如不同的缴费基数或缴费率。

弹性用工制度应当由灵活的工作岗位、灵活的劳动合同和灵活的管理规则构成，以适应灵活多样的就业形式，在不增加人工成本的基础上最大限度地满足单位的用工需求，增加就业机会，同时满足劳动者的择业需求。

2. 弹性用工的分类

弹性用工涵盖的领域十分广泛，大致可分为两大类：

一是在劳动标准方面（包括劳动条件、工时、工资、保险及福利待遇等）、生产的组织和管理方面以及劳动关系协调运作方面达不到具有现代化大生产特征的企业标准的用工形式，如临时工、季节工、承包工、劳务工、小时工、派遣工等。

二是由于科技和新兴产业的发展、现代企业组织管理和经营方式的变革引起就业方式的变革而产生的用工形式，如阶段性用工、兼职用工、产品直销员等。

相对于传统的刚性用工方式而言，弹性用工的就业门槛低，机制灵活，进退方便，对技术、技能和资金的要求不高，且行业门类庞杂，包容性大，用工选择的空间大。弹性用工的基本特征为：服务对象具有很大的随机性，劳动契约比较松散，有的虽属雇佣关系，但基本不签订劳动合同，劳动关系随时可能中止；弹性用工人员收入不稳定，总体水平较低，平均收入仅略高于最低工资水平；劳动时间依其从事的职业的性质，由雇主与劳动者双方协商确定，并可根据实际情况随时更改，如小时工通常在一天中的某个时段工作；工作岗位不固定，组织松散，流动性强，经常更换用工人员；弹性用工不容易进行统计，与社会保障体系几乎没有制度性联系，或者虽有规定但很少被遵守等，要警惕可能存在的用工法律风险。

知识链接

发达国家的非全日制用工

弹性用工制度在世界范围内，特别是欧美发达国家和地区已经十分普遍，而且，这种用工制度的发展在一些特定的服务行业最为突出，诸如家政服务、超市、饭店、宾馆、旅行社、银行等三产领域。在属于二产的制造业和建筑业以及属于一产的农业和牧业等受季节性、时间性和业务发展不平衡性影响较大的领域，弹性用工制度的发展趋势更加迅猛。例如，在服务行业发达的国家，特别是在服务行业与所有行业相比已超过70%的德国等欧洲国家，非全日制类型的弹性用工已占整个就业总量的20%以上，其中荷兰的非全日制用工比例已经超过37%。另外，在非全日制用工的人员中，女性所占的比例特别高，在西欧国家甚至超过了80%（刘须宽，2003）。在美国，很多企业都在不断地降低长期雇佣关系的固定员工人数，大量使用小时工和临时工。例如，近10年来，硅谷所创造的70%以上的工作岗位都是小时工；早在1996年，福特汽车公司在美国本土的16万多名雇员中，小时工就占65%。①

---

① 朱文忠. 人力资源管理中的弹性用工制度及其发展趋势［J］. 经济经纬，2006（1）：68.

12.2.2 弹性用工兴起的原因

20世纪70年代以来，随着知识经济的崛起，各国产业结构、经济结构的调整速度加快，第三产业不断扩大，高科技的飞速发展以及文化理念的不断变化给劳动力市场带来巨大冲击，人们已逐渐不囿于传统刚性的正规用工模式。同与日俱增的多元化、个性化的产品和服务需求相适应，机制灵活的弹性用工形式应运而生，并逐渐上升为占主导地位的用工形式，显示出强大的生命力。

在发达的市场经济国家，仅非全日制就业和临时就业就占到就业总量的30%以上，再加上自营就业、独立就业、兼职就业、远程就业等其他就业形式，弹性就业总量可达就业总量的50%左右（平均值）。在发展中国家，自营就业和家庭就业平均约为就业总量的55%，再加上其他的弹性就业方式，其规模相当可观。弹性就业之所以能够长期存在并不断发展，根本原因在于，它适应市场要求，顺应了产业结构变化和社会经济发展的要求，满足了劳动力供求双方的需要，因此，其不仅受到雇主与雇员的欢迎，而且引起各发达国家政府的普遍关注。

1.弹性用工适应企业应对多变市场的需要

伴随着全球经济一体化脚步的加快，国际竞争日益激烈，市场需求也越来越呈现出小规模和个性化的特征。灵活多样的弹性用工方式可使企业在人员配置上机动地应对变化不定的市场需求，及时得到劳动力供应，降低工资和管理成本，减少法律责任。企业固定配备一定比例的核心员工，当订单增多或产品转型造成人员不足时，再以多种方式灵活雇用非核心员工，快速应对市场需要，实现以低成本获取高效益的企业经营原则。此外，弹性用工方式还可以有效地利用生产设备。在发达国家，雇主多用非全日制工人解决因法定工作时间不断减少而出现的设备使用上的脱节问题。

2.弹性用工适应劳动者就业需求多样化的需要

弹性用工可以使劳动者在工作内容和安排上有更多的自主性和灵活性，有更多的时间处理个人和家庭事务，在职业前景和选择雇主方面有更大的余地，以及可弥补家庭开支不足和其他临时或特殊需要。特别是对妇女、部分青年人和少数民族等群体而言，与正规用工方式相比，弹性用工方式更适合其特点和条件，从而成为他们重要的职业选择。以美国540万从事临时工作的人员为例，从年龄段看，24岁以下的青年人占31%；从性别看，妇女占50%；从种族看，非洲裔和拉美裔等少数民族人口占30%。均明显高于他们在正规就业中所占的比例。

12.2.3 弹性用工的表现形式

弹性用工的表现形式主要有两种：

一是阶段性的弹性用工。如某些单位的生产经营受自然条件或市场影响，出现淡季和旺季。有的工作半年休息半年，有的工作1个月休息1个月，还有的根本就没有规律。对单位来说，这是主客观条件造成的。但对劳动者而言，可能使工资水平波动很大。即使未影响收入，也造成劳动力资源的浪费。因此，在单位放假阶段，应当允许劳动者从事其他适合自己条件的社会劳动，待本单位恢复生产，再回去上班。有的单位招用烤火工等季节性很强的劳动者，双方可以商定下一个工作周期，在本期工作结束、下期工作到来之前，劳动者可以自行安排从事其他职业，届时如期履约。

二是持续性的弹性用工。如从事教育、科研工作的劳动者，一般在完成工作任务的情况下，可以不坐班，自己可支配的时间比较多。这些人劳动能力的社会需求量比较大，应当允许他们从事其他工作或社会职业，发挥他们应有的作用。对于失业人员和下岗职工，实行弹性用工更有意义。

12.2.4 我国实行弹性用工的状况

近年来，我国GDP一直保持较高速的稳定增长态势，但由于体制转轨、经济结构调整、技术进步等多重因素的综合作用，传统用工空间相对缩小，用工弹性持续走低。在全国城镇2.4亿从业人员中，国有、集体等正规单位就业人数逐年减少，而从事短期的、临时的、季节性的等非全日制工作的弹性就业者已达1亿人以上，弹性用工已显示出吸纳就业的巨大潜力，成为一种不可或缺的用工形式。

弹性用工的迅速发展是当前历史环境和经济社会发展的客观要求。改革开放40年来，我国城镇经济生活中出现了两个主要变化，加快了对弹性用工的需求：一是城镇居民收入普遍提高，私人财富的积累使人们产生了提高生活质量的要求，从而引发了深入到私人生活中的劳务需求，如家庭保姆、私人看护等需求前景广阔。二是城市生活服务系统出现了明显的供给“真空”，计划经济体制下的消费品分配系统逐步瓦解，而适应市场经济的城市消费品分配系统和生活服务系统尚未完全建立。市民的服务需求是多层次、多样化和不断变化的，而且遍布于各个社区院落，弹性用工所能提供的服务贴近市场、反应灵敏、低廉便捷，满足了社会多样化的需求。

当前我国的弹性用工主要呈现出以下特点：

（1）量大面广、情况各异、流动分散。弹性用工人员的主要来源结构：一是企业下岗、离岗、失业人员，主要受雇于小规模私营企业和个体经营户，从事临时工、季节工等劳务活动；二是知识阶层和大学毕业生等城市新增经济活动人口中的部分人员，一般具有较高的知识水平或特殊技能，多为自由职业者；三是进城务工的农民工，主要从事建筑、装修、安装劳动，或保安、保洁、绿化管理、饮食摊点、家政服务及其他服务性职业，这类人员目前在大中型城市中的需求量很大。

（2）以自营就业和家庭就业为主。个体私营经济正在成为我国吸纳就业的主渠道，从业人员从1990年的2 263万人增加到2014年的2.5亿人，增长了10倍。调查显示，2014年私营企业平均就业吸纳能力达到12.6人，员工流动性总体稳定，仍然具有一定新增用工需求。

（3）主要分布于第三产业。弹性用工人员从事第一产业中农、林、牧、渔业的，占1.1%；从事第二产业中制造业、建筑业的，占20.9%；从事第三产业中批发零售业、餐饮业、交通运输仓储和邮电通信业、社会服务业的，占74.6%。

（4）弹性用工群体文化程度和技能水平普遍偏低、年龄偏大。

（5）非正规部门是弹性用工人员主要分布的地带。

（6）弹性用工方式是下岗失业人员就业的主渠道。据统计，目前，下岗失业人员中的70%是通过弹性用工方式实现再就业的。

12.3 劳务派遣

12.3.1 劳务派遣的定义

劳务派遣，又称劳动派遣、人事外包、人才租赁，是指由派遣机构与派遣员工订立劳动合同，由派遣员工向实际用人单位给付劳务，劳动合同关系存在于派遣机构与派遣员工之间，但劳动力给付的事实则发生于派遣员工与实际用人单位之间。劳务派遣的最显著特征就是劳动力的雇用和使用相分离。劳务派遣机构不同于职业介绍机构，它成为与劳动者签订劳动合同的一方当事人。实行劳务派遣后，实际用人单位与劳务派遣机构签订“劳务派遣合同”，劳务派遣机构与劳务人员签订“劳动合同”，而实际用人单位与劳务人员签订的是“劳务协议”，劳务派遣人员与用人单位之间只有有偿使用的关系，没有聘用合同的关系。如今，为了节省用工成本、管理成本，越来越多的员工通过劳务派遣的形式被企业雇用。

劳务派遣有3种含义：“劳务派遣”型工作安排、“劳务派遣”组织、“劳务派遣”型就业。

知识链接

什么是劳务派遣合同？

劳务派遣合同是劳动者与劳务派遣公司签订的合同，劳动者被派遣至用人单位工作，它的关系涉及劳动者、劳务派遣公司、用人单位三方，事业单位用得比较多。一般来说，事业单位没有编制但又需要用人的时候就会用派遣人员，而派遣人员是属于劳务派遣公司的人力资源，暂时还不属于用人单位员工，等到用人单位有编制后可以转为用人单位员工，但是所享受的待遇和社会保险与用人单位的正式员工都是一样的。

如果劳动者和用人单位发生辞职或者辞退现象，劳动者首先需要与劳务派遣公司联系，并且了解合同中关于辞职或者辞退现象的处理。一般来说，派遣合同里都没有关于辞退的规定，所以被用人单位辞退是得不到赔偿的。如果是自动辞职，只要劳动者提前一个月通知劳务派遣公司，一般来说也不用赔偿，但是合同另外约定赔偿金的除外。

1.“劳务派遣”型工作安排

“劳务派遣”型工作安排，是一种新的生产要素组织形式，是用人单位通过外在的、只从事营利性的劳务提供业务的组织，来满足一些临时的、非固定的或特殊的工作需要的工作安排形式。

2.“劳务派遣”组织

“劳务派遣”组织是不同于传统企业的一种新的社会资源组织形式。它从事的是单纯经营劳动力资源的劳务活动，通过将员工派遣到用人单位工作的方式赚取利润，以生存和发展。

3.“劳务派遣”型就业

“劳务派遣”型就业是一种非正规就业形式。劳动者是劳务派遣机构的职工，与劳务派遣机构是雇佣关系，但是，劳动者在用人单位工作，并接受相关的管理，用人单位与劳动者是使用和被使用的关系。与各类就业形式相比，“劳务派遣”型就业的特点是固定期限的依附性就业。

12.3.2 劳务派遣的优势

1.降低用人成本支出

用人单位在核算派遣人员的总支出时，一是考虑岗位效益，二是以市场价格制定工资标准，三是不需要为被派遣人员额外支付其他计划外的费用。劳务派遣专用发票可计入用人单位税前成本开支，综合核算单位支出成本比在编员工的支出大大降低。

2.人事管理便捷和专业化

用人单位用人不受户口及学历限制，平时对派遣员工做出相关的管理规定，使用其才能，按分配的工作任务进行管理、考核，而具体的人事管理工作由派遣单位负责完成。用人单位可以在业务增加时增加人员，在业务减少时减少人员，用人方式十分机动灵活。

3.减少劳动纠纷

在我国相关法律、法规和有关政策指导下，用人单位和劳务派遣单位签订派遣服务协议，劳务派遣单位与派遣员工签订劳动（聘用）合同，用人单位与派遣员工只是一种有偿使用关系。这样，用人单位就可避免与派遣员工在人事（劳动）关系上出现的纠纷。

12.3.3 劳务派遣的流程

劳务派遣流程如图12-1所示，具体内容如下：

（1）业务咨询：初步了解双方意向，确认合法资质，交换公司基本情况并加以说明。

（2）分析考察：依据用人单位提出的要求，对实际工作环境、岗位进行了解，如有必要可进行考察。

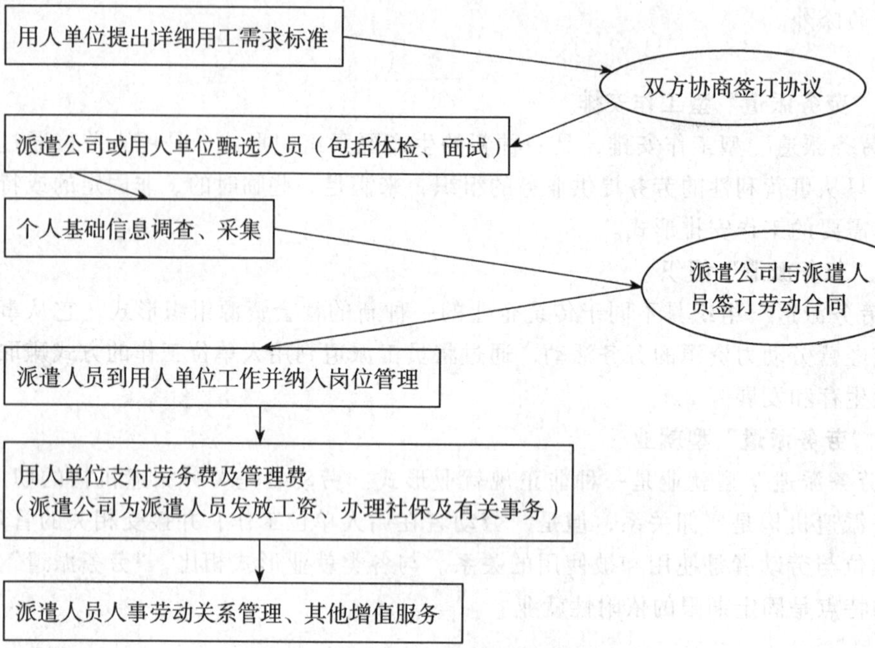

图 12-1　劳务派遣流程图

（3）制订派遣方案：根据不同用人单位的要求及现有状况，制订劳务派遣方案。

（4）洽谈方案：双方研究、协商劳务派遣方案内容，并在合法用工的前提下修改、完善派遣方案。

（5）签订劳务派遣合同：明确双方权利、义务，分清法律责任，依法签订劳务派遣合同。企业内部制定《劳务派遣人员管理办法》。

（6）实施和提供服务：与员工签订劳动合同，严格执行劳务派遣合同中的各项约定。

12.3.4　劳务派遣人员的基本权利和义务

1. 基本权利

（1）依法受到劳动安全、卫生保护的权利；

（2）依法获取劳动报酬的权利；

（3）依法享受社会保险的权利；

（4）国家法律规定的其他各项权利。

2. 基本义务

（1）自觉遵守用人单位各项规章制度和安全操作规程；

（2）服从用人单位的日常管理；

（3）完成用人单位指定的各项工作任务；

（4）参加用人单位的各项劳动竞赛，勇于创新，为用人单位提供优质高效的服务；

（5）国家法律和劳动合同规定的其他各项义务。

12.3.5 劳务派遣在促进就业方面的作用

劳务派遣是劳务经济的一种形式，有利于人力资源开发。从我国的实践看，劳务派遣促进就业的作用体现在以下几个方面：

1.使流动就业组织化

通过以下两种方式，劳务派遣实现了农村劳动力向城镇的有序转移：一是输入地有关部门成立劳务派遣机构，将转移的劳动力集中管理起来，解决住宿等问题，以满足当地对转移劳动力的需要；二是输出地在输入地成立劳务派遣机构，有针对性地帮助输出地劳动力转移就业。

跨地区劳务派遣在促进农村劳动力转移方面主要有以下特点：一是有助于一部分转移能力不足的劳动力顺利实现转移就业；二是使跨地区就业更具有确定性，避免了以往劳务输出中的盲目性；三是使转移就业劳动者的权益受到更好的保障。

总之，跨地区劳务派遣使流动就业组织化，有利于促进我国农村劳动力向城镇非农产业有序转移。

2.使灵活就业组织化

劳务派遣有利于解决供需错位问题，降低风险。以家政服务公司为例，大量的服务公司是中介性质的，即公司收取双方的中介费、押金，供求双方进行交易。中介性质的家政服务对三方的风险都比较大，特别是一些小规模的公司，经常发生服务人员或客户违约的事件。劳务派遣型家政服务公司的出现解决了上述问题，并为服务人员缴纳“五险一金”。

3.促进体制内就业机制转换

劳务派遣在我国的特殊作用之一在于，它被作为一种利用现有资源，把下岗职工、失业人员组织起来进行创业和就业的形式，促进了体制内就业机制的转换。

4.提高用工效率

劳务派遣满足用工单位需求的微观功能是其最基本的作用。劳务派遣并不适合所有企业。只有当企业有用工需求，同时有资金实力、能够租赁得起劳务派遣工时，才会考虑使用劳务派遣用工形式；对于本身没有用工需求，或者虽然需要人，但本身用工成本比较低的企业，自然不会对劳务派遣产生需求。

5.调节劳动力市场供求

劳务派遣作为一种非正规就业形式，对劳动力市场供求形势起到调节作用。劳动力市场机制会通过劳务派遣等方式进行调节，以使劳动力资源得到最大限度的利用。从我国的情况看，劳务派遣的发展有利于降低失业率，促进劳动力资源的充分利用。

本章小结

新的招聘与录用方式包括弹性用工、劳务派遣等。弹性用工是适应政府缓解就业压力、企业应对多变市场、劳动者就业需求多样化的要求应运而生的。劳务派遣的作用体现在使流动就业组织化、使灵活就业组织化、促进体制内就业机制转换、提高用工效率、调节劳动力市场供求5个方面。

第12章基础知识测评

复习思考题

1.如何理解弹性用工的含义及兴起的原因?

2.什么是劳务派遣?

3.劳务派遣有哪些优势和作用?

4.我国的经济新常态对企事业单位用工形式和招聘录用形式有什么影响?

案例分析题

劳务派遣纠纷

王某于2004年10月经过北京外服公司派遣进入某外商独资企业在北京的代表处工作，劳动合同期限为3年，月薪2.3万元人民币，王某担任财务经理。合同履行期间，王某工作认真，为代表处在中国市场的开拓业务工作做出了一定的贡献。2007年10月，合同到期，王某与北京外服公司续签劳动合同，双方约定，劳动合同期限为2年，月薪3.5万元人民币。如果代表处在劳动合同期内退回王某，外服公司有权选择将王某再次派遣至其他单位。王某在失业期间，外服公司将按照北京市月最低工资标准，向王某每月支付报酬。王某由于在代表处工作愉快，新的劳动合同对工资也做了令其满意的约定，于是并未特别在意即签订了合同。

然而，好景不长，该外商独资企业海外母公司由于受次级贷款引发的金融风暴影响，欲将亚太地区子公司出售。2008年1月，该公司在北京的代表处受到影响，为了减员增效，王某所在的职位由于公司结构调整将被取消，因此公司要求王某尽快办理工作移交手续，并提出将给王某4个半月的工资作为经济补偿金。

王某当即表示反对，认为自己在工作岗位上没有任何过错，所在职位在公司中亦属于必要岗位，因此拒收代表处的解除劳动关系通知函；而代表处坚持己见，将王某退回外服公司，并要求外服公司按照有关协议处理。双方发生争议，争执不下，无法解决。后王某向劳动保障部门提出仲裁申请。

资料来源 佚名. 一起由劳务派遣引起的官司［EB/OL］.［2015-12-21］. http://bbs.tianya.cn/post-217-23326-1.shtml.

讨论题：

（1）在发生劳动争议时，王某是否能将外服公司和代表处列为共同被告？理由是什么？

（2）在劳动合同条款中，双方已经协商一致的内容，“如果代表处在劳动合同期内退回王某，外服公司有权选择将王某再次派遣至其他单位。王某在失业期间，外服公司将按照北京市月最低工资标准，向王某每月支付报酬”，该约定是否有效？

（3）失业期间，王某是否应当就此领取有关失业期间的工资，等待外服公司的下一轮派遣？

第12章案例分析提示

推荐阅读资料

1. 中华人民共和国劳动合同法。

2. 中华人民共和国劳动合同法实施条例。

3. 廖泉文. 招聘与录用［M］. 3版. 北京：中国人民大学出版社，2015.

4. 孙宗虎. 人力资源部规范化管理工具箱［M］. 3版. 北京：人民邮电出版社，2013.

5. 孙宗虎，刘娜. 招聘、面试与录用管理实务手册［M］. 4版. 北京：人民邮电出版社，2017.

网上资源

1. 人力培训网，http://www.chrpedu.cn。

2. HR Bar实战人力资源工具分享学习社区，http://www.hrbar.com。

3. 中国人力资源外包网，http://www.hros.cn。

第3篇　员工配置

第13章 员工配置与入职管理

学习目标

- ✓重点掌握员工配置的战略及操作方式；
- ✓理解影响员工配置的主要因素；
- ✓了解员工配置的类型；
- ✓了解跨国公司员工配置的特点及问题；
- ✓掌握新员工入职管理的内容。

引例

知人善任

王老板对其公司的3名员工小牛、小侯、小杨感到不满。因为小牛人太老实，不灵活，在销售部业绩很差；小侯直言快语，天性爱动，在公司的行政部门不能坚守工作岗位；小杨性格火暴，爱与人动粗，于是将3人辞退。李老板听说后，将3人聘请到他的公司中工作。1年以后，王老板与李老板相遇，王老板询问李老板3名员工近来的工作情况。李老板答道：3个人工作得很好呀，近来还被评为优秀员工呢！王老板很诧异，李老板说：我按不同的性格特点及特长来安排工作。小牛人老实可靠，工作认真仔细，我安排他做会计工作；小侯活泼爱动，总闲不住，我安排他做销售工作，小侯现在天天在外面跑市场，从不叫苦，最近业绩提升得很快；小杨到我们那里做了保安，厂区的安全性提高了很多，大家对他的工作也很认可。

本案中，为什么同样的3个人在王老板那里表现不良，在李老板那里却业绩优良呢？

我国拥有数量巨大的人力资源，如何合理配置这些人力资源，使其能够得到充分开发和有效利用，成为我国经济发展和社会进步的新的增长点，已经越来越受到人们的关注。从宏观的角度看，人力资源的合理配置可以提高人力资源的使用效率，优化产业结构，促进国民经济持续、稳定、协调发展；从微观的角度看，人力资源配置是组织中关于人力资源的获取、运用和留任的一项关键职能，是组织对人力资源进行开发和利用的起点和基础环节。

微观的人力资源配置即员工配置既是人力资源管理的起点，又是人力资源管理的终点，其最终目的就是要达到个人与岗位的有效匹配（即能岗匹配），提升组织的整体效能。员工配置效率的高低直接影响着企业其他资源的合理利用和整体配置效率，它是决定企业能否持续、稳定、快速发展的关键性因素。

13.1 员工配置的类型及影响因素

13.1.1 员工配置的类型

按人力资源的基础状态不同，员工配置可分为人力资源存量配置和人力资源增量配置。

人力资源存量配置是指已有的人力资源配置，主要指已就业人员的重新配置。人力资源增量配置是指对新增人力资源的配置，主要指新就业人员的配置。人力资源的存量配置与增量配置在企业的不同发展阶段的比例会有所不同，在企业发展期，人力资源的增量配置比例较高；而在企业稳定期，人力资源的存量配置比例较高。此外，企业人力资源的存量配置与增量配置还需考虑企业文化和组织发展战略等因素。

按人力资源获取的渠道不同，员工配置可分为外部配置和内部配置。

外部配置主要是指组织从外部获取人力资源，如外部招聘；内部配置是指从组织内部获取所需人力资源，如晋升、工作轮换等。员工的内部配置按照劳动者与工作岗位的关系大致可分为3种类型：

1.人岗关系型

根据员工与岗位的对应关系进行配置，见表13-1。

表13-1 **人岗关系型员工配置形式表**

形式	适用情况	内容
内部招聘	人员数<岗位数	在企业内部公开招聘，为工作岗位挑选合适员工
岗位轮换	人员数=岗位数	采取交叉或循环的人事调动来发掘员工的工作潜力，减少岗位抱怨
劳动试用	人员数≥岗位数	让新进员工进行一段时间的试用，考查员工与岗位的匹配程度
竞争上岗	人员数>岗位数	让最适合的员工留在岗位上
裁员分流	人员数>岗位数	将能力差的员工裁去，保持企业的竞争力
双向选择	人员数≈岗位数	让员工自由选择，最后让合适的员工在合适的岗位上工作

2.移动配置型

根据员工的工作绩效来进行岗位的移动，见表13-2。

表13-2 **移动配置型员工配置形式表**

形式	适用情况	内容
晋升	工作绩效优秀，具备一定的领导能力	下级→上级
降职	不能胜任其工作或违反企业规章制度	上级→下级
调动	需要熟悉其他岗位的工作流程或发现更适合的工作	平级

3.再配置型

员工配置从总体上说可以分为新员工招聘和现有员工再配置两部分。员工再配置是组织根据在实际工作中员工与职位匹配程度或员工个人因素，对员工重新评价、重新配置的过程。员工再配置的分类见表13-3。

表13-3 **员工再配置分类表**

再配置原因	手段
根据绩效考核或任职资格考核，发现人事不匹配（高于或低于职位要求）	晋升、降职、辞退
员工职业生涯发展需要	工作轮换
职位空缺，从组织内部招募	竞聘上岗

13.1.2 影响员工配置的因素

1.制度因素

从人力资源宏观配置的角度看，人力资源配置的制度安排主要是确定配置主体到底是政府还是市场。如果人力资源配置的主体是政府，那么人力资源要以政府行政计划的方式配置。如果人力资源配置的主体主要是市场，那么人力资源主要应以市场方式配置。

2.经济因素

根据泰勒制的“经济人”的观点，人到组织中工作是为了获取劳动报酬，因而，个体在考虑选择职业、选择组织、选择就业地区时，都会考虑经济因素。

从经济学的角度考虑，人们在工作中追求利益最大化，因而在岗的员工也会向经济收益比较高的行业或职业转移。

3.文化因素

文化是一种无形的力量，是影响组织经济效益的重要因素，甚至是最重要的因素，因此，一个组织具有好的文化，也成为吸引或者凝聚人才的重要因素。在经济发达国家，员工已不再仅仅看重自身的物质利益，而开始注重自身的发展和自我价值的实现。此外，不同的企业往往有不同的文化，员工或求职者也有自己的价值观，个人的价值观与组织文化是否匹配，也是组织在招聘与配置人力资源时必须考虑的事情。

为了吸引与合理配置人才，从20世纪80年代开始，美国企业在重视物质激励的同时，构建具有自身特色的企业文化，促进价值认同，借以增强企业的内聚力、向心力和能动力，使全体员工协调一致共同努力，为实现企业的共同目标而奋斗。IBM公司每年投入大量的资金，建立比较完善的福利制度，如免费的在职教育、廉价的伙食、全天开放的各种娱乐设施和图书馆等，除为每位员工提供良好而稳定的环境外，还制订了一套完整的员工培训计划。皮尔·卡丹说：“用人不在于学历，也不在于多少，而在于能力。”日本企业的用人机制强调对人的尊重，认为人既是可供企业使用的客体，也是应当受到尊重的主体。终身雇佣制是其典型特征之一，员工对企业“忠诚”“尽忠”“报德”，反对跳槽则成为这种文化的规范。

13.2 战略性员工配置分析

13.2.1 战略性人力资源管理与配置

战略性人力资源管理是21世纪人力资源管理实践与研究的一个重要领域，是组织关于人力资源管理的一种新视野。舒勒认为，战略性人力资源管理主要指的是一体化和适应。它关注的问题是：(1) 人力资源管理要与人力资源战略及企业战略需要相结合；(2) 人力资源政策要与跨区域政策、各层级相结合；(3) 直线经理人员和员工将人力资源实践作为他们日常工作的一部分来调整、接受和应用。

战略性人力资源管理的观点强调，每一项人力资源管理实践活动都应围绕获取组织竞争优势而展开，关注员工目标与组织目标的一致性，强调人力资源管理各项实践活动间的匹配性及捆绑性，即强调人力资源管理各项活动的协同效用。其目的在于通过确保组织获取具有良好技能和有潜力的员工，使组织获得持续的竞争优势，从而形成组织的战略能力，依靠员工实现战略目标并依靠核心人力资源建立竞争优势。

人力资源配置战略是组织战略和人力资源战略相互作用时派生出来的调整人力资源的数量、质量及比例结构的战略。人力资源配置战略是获取、雇用和保留组织劳动力的关键决策。下面将讨论这些决策，其中有关于人力资源配置内容的，也有关于人力资源配置质量方面的。这些决策见表13-4。

表13-4 **人力资源配置战略决策**

人力资源配置内容	人力资源配置质量
获取或发展人才 外部或内部招聘 核心或灵活劳动力队伍 雇用或留任 国内或国际配置 吸引或工作场所变更 配置超编或配置不足 雇用与并购	人-岗匹配与人-组织匹配 杰出或可接受的劳动力质量 特殊或一般KSAO（KSAO是人力资源管理中对员工职业岗位资质的描述模型） 积极或被动的多样化

13.2.2 战略性员工配置的内容

1. 获取高质量的人才

为了满足工作要求的需要，组织的员工配置战略应专注于获取有经验的、一到工作岗位就能很快发挥作用，并在短期内达到巅峰绩效的新员工。这些员工能够给工作带来新的变化，而不需要或很少需要培训。对于关键职位和新出现职位，考虑到时间的紧迫性，重点可能在于获取人才。

2.外部或内部招聘的选择

当出现空缺职位或新职位时，组织可以从外部或是内部进行配置，有时，也会将内部和外部招聘结合使用。当组织从培养稳定、忠诚的劳动力队伍的角度思考，就需要重视内部招聘，这将使员工看到职业晋升的可能，从而更好地在组织内部进行长期的职业生涯规划。当组织希望引入新的思想、新的理念、新的组织氛围时，外部人员的进入是一个较好的选择。

3.整体人才的配置——雇用或并购的选择

有时组织通过兼并或并购来整体获得人才，这比通过正常的人员配置获取人才更为有效。并购的优点在于能快速获得大量合格员工，并且允许组织发展新的或更好的项目与业务单元。此战略的缺点是花费高昂，而且并购来的新员工可能与本组织产生文化冲突。

4.国内或国际配置

组织可以选择在国内配置员工，也可以考虑国际化招聘。随着贸易壁垒和移民限制的逐步弱化，全球人力资源配置的可能性大大增加。组织通过配置外国员工来避免劳务短缺的数量、提高质量，或控制过高的劳务成本的可能性加大。比如，在印度有大量的技术工人可以被雇用，软件开发企业将更容易获取印度的技术员工。①

5.既有岗位的人员留任或新雇用

对人力资源配置来说，“留任”和“雇用”也存在权衡问题。从极端的角度来说，组织能够接受所有水平的人员调整，并雇用替换者来顶替空缺职位；反之，组织也能寻找到最小化的人员调整办法，以使人力资源配置替换成本降到最低。因为这两种战略都具有相应的成本和好处，组织应分析、决定与争取一种理想的雇用与留任组合。通过这种方法，组织能够通过控制人员的流出（留任）来控制人员流入的需求（人力资源配置替换）。

6.配置超编或配置不足

当大多数组织寻求合理的人力资源配置时，有些组织却选择配置超编或配置不足。配置超编可能发生在外部环境对组织产品或服务的需求下降时，而组织为保险起见仍然雇用同样多的人，或者组织从储备人才的角度考虑，旨在为企业进一步发展奠定基础，但这种情况会造成用工成本偏高。配置不足可能发生在组织面临长期劳务短缺时，如在某些行业或某些地区，会出现获取劳动力困难的问题。另外，组织预测到经济低迷，可能导致组织故意配置不足、降低工作效率，以避免将来短期裁员。

---

① 赫尼曼，贾奇．组织人员配置［M］．王重鸣，陈学军，译．4版．北京：机械工业出版社，2005：13-14.

13.2.3 战略性员工配置的质量

1.人-岗匹配与人-组织匹配

在管理实践中，区分人-岗匹配和人-组织匹配有点困难，但二者无疑是同一事物的两个方面。因而，理想的做法是组织的人员配置系统对人-岗匹配优先考虑，这将有助于明确责任和达成雇佣关系，在人-岗匹配的基础上，再进一步考虑人-组织匹配。因为人-组织匹配对于提高匹配的满意度，提升员工的工作绩效、工作满意度、忠诚度，以及降低员工的离职率，都具有重要作用。

2.杰出或可接受的劳动力质量

从战略角度来讲，组织在进行人力资源配置时有两种战略可供选择：杰出战略和可接受战略。追求杰出战略的组织将致力于吸引、储备“最优秀和最聪明”的人，并期待这个杰出人才库带给组织真实而卓越的绩效。可接受战略意味着雇用一般而不是特别高效的劳动力，这时的雇用成本相对较低。

3.特殊或一般KSAO

组织在配置人力资源时，是应该关注具有特殊技能的人还是具有一般KSAO的人？前者意味着关注工作胜任力，通常指工作知识和技术技能。后者需要关注跨多种工作所需的包括现在与将来的KSAO。这些KSAO内容包括灵活性和适应性、学习能力、口头和书面表达能力以及数学、统计能力。

4.积极或被动的多样化

无论在人口统计学方面，还是在价值观、语言方面，劳动者队伍正日益变得多样化。组织是在人才市场积极追求劳动者队伍的多样化，还是更为被动地接受这种多样化呢？主张积极多样化战略的学者认为，不但从法律和道义上来说是合适的，而且多样化劳动者可以让组织更为协调地去适应客户多样化的需求。那些更倾向于被动多样化战略的学者认为，劳动者多样化还需时日，因为这需要一个规划和融合的过程。

13.3 员工配置的操作

企业人力资源配置指经组织决定而改变员工的工作岗位、职务、工作单位的人事变动，即做到人的能力与岗位的要求相匹配，保证事得其才、人尽其用。

在进行系统的企业人力资源配置之前，首先应该明确它的前提假设：第一，每一职务都有相对稳定的对人的能力的要求；第二，每个人都有相对稳定的能力特长；第三，职务与人员的能力特征是能够匹配的；第四，人与岗位之间的良好匹配会产生较好的工作效率或其他的组织绩效，如降低迟到率或离职率等。

上述假设还隐含着更深一层的意思，即职务所要求的特征和人的能力是随着时间的变化而改变的（尤其是管理工作）。因此，在人-岗匹配的过程中，需要对职务和个体的能力进行精确的测量。

13.3.1 员工配置过程

企业对员工进行配置的过程，一般可以划分为3个阶段：

1.职务规范的分析阶段

职务规范是指任职者要胜任该职位所必须具备的资格和条件，因此首先应通过工作分析，得到工作说明书或职务规范，明确职位对候选人的要求。

2.人力资源的能力测评阶段

人力资源的能力测评是指企业根据发展的需求、职位的要求，采用多种科学的测评技术，测试出人才的知识、技能水平等。虽然说科学的测试方法是进行合理配置的前提条件，但并不一定就能产生人事匹配的效果。要想更好地进行配置，还应该注意：

（1）在进行配置时，企业可根据自身的实际情况，加入其他一些考核指标，如工龄、学历、业绩水平等。

（2）在采用各种测试方法对候选人进行评价时，最好能进行量化，每种方法都得出分数，为下一步进行科学配置奠定基础。

（3）虽然各种测试方法都有其科学的原理，但需要根据不同职位、不同环境选择不同的测试方法。选择不同的测试方法包含两层意思：第一，根据职位要求的不同，选择不同的测试方法组合，如技术类人力资源的测试方法就应与管理类的有所不同；第二，对于相同或不同组合的内部，应赋予各测试方法不同的权重。

3.员工配置阶段

在上述前提条件具备之后，企业就可以进入员工配置阶段，它包括两种决策模式：单一决策模式和复合决策模式。在配置时，假设综合得分能正确地反映人力资源的知识、能力、兴趣和价值观等，并且与人力资源的工作效率具有较高的相关性，那么，在某职位上得分高的人力资源将更能适应该职位。

（1）单一决策模式。

单一决策模式是从多个人力资源中选取一个或若干个适合某一职位或某类性质相似的职位的任职者。一般来说，这种模式比较简单，可根据候选人员综合得分的高低，从高到低进行配置。假设企业经过初步筛选后，要在剩下的3个候选人中选拔1人任企业的市场部经理。从该职位的职务规范中可以了解到，一个合格的市场部经理需要具备较强的领导能力、人际交往能力以及分析、预测能力。最后企业对他们进行各种测试，测试得分见表13-5。

表13-5 **候选人各项测试得分表**

候选人	工龄	面试	职业兴趣	职业能力倾向	管理游戏	无领导小组讨论
1	78	81	80	71	68	82
2	75	60	80	73	72	65
3	50	77	85	80	80	81
权重	0.05	0.20	0.15	0.20	0.15	0.20

此时，3名候选人的得分分别为72.9，66.15，74.85，因而选择候选人3最合适。

（2）复合决策模式。

该模式是指从众多人力资源中为若干个职位选择合适的任职者，即多对多的配置。如上例，在将人力资源配置到市场部经理的职位上的同时，还会导致原来担当职位的空缺，这就需要对多个候选人进行测评、配置。如果还是按照上述方法——按得分从高到低进行筛选的话，就会产生一系列问题：第一，从职位角度出发，可能出现一个人在多个职位上的综合得分都是最高的情况，这时应该将其配置到哪个职位上呢？第二，还可能出现多个人力资源在同一个职位上的得分都是最高的情况，这时应将该职位给谁又是一个问题。这就需要组织从整体出发，运用系统的观点，实现人力资源使用效率的最大化。常用的方法是匈牙利法。

应用匈牙利法解决员工任务合理指派问题时，应当具备以下两个约束条件：①员工数目与任务数目相等。②求解的是最小化问题，如工作时间最小化、费用最小化等。

例：匈牙利法的应用实例

假定某单位有甲、乙、丙、丁、戊5个员工，需要在一定的生产技术组织条件下，完成A、B、C、D、E5项任务，每个员工完成每项工作所需要耗费的工作时间见表13-6。

表13-6 **各员工完成任务的时间汇总表** 单位：小时

员工 任务	甲	乙	丙	丁	戊
A	10	5	9	18	11
B	13	19	6	12	14
C	3	2	4	4	5
D	18	9	12	17	15
E	11	6	14	19	10

请问：员工与任务之间应当如何进行配置，才能保证完成工作任务的时间最短？

解：

1.以各个员工完成各项任务的时间构造矩阵一。

矩阵一

$$\begin{vmatrix} 10 & 5 & 9 & 18 & 11 \\ 13 & 19 & 6 & 12 & 14 \\ 3 & 2 & 4 & 4 & 5 \\ 18 & 9 & 12 & 17 & 15 \\ 11 & 6 & 14 & 19 & 10 \end{vmatrix}$$

2.对矩阵一进行行约减，即每一行数据减去本行数据中的最小数，得矩阵二。

矩阵二

$$\begin{vmatrix} 5 & 0 & 4 & 13 & 6 \\ 7 & 13 & 0 & 6 & 8 \\ 1 & 0 & 2 & 2 & 3 \\ 9 & 0 & 3 & 8 & 6 \\ 5 & 0 & 8 & 13 & 4 \end{vmatrix}$$

3.检查矩阵二，若矩阵二各行各列均有“0”，则跳过此步，否则进行列约减，即每一列数据减去本列数据中的最小数，本例属于后一种情况，经变换得矩阵三。

矩阵三

$$\begin{vmatrix} 4 & 0 & 4 & 11 & 3 \\ 6 & 13 & 0 & 4 & 5 \\ 0 & 0 & 2 & 0 & 0 \\ 8 & 0 & 3 & 6 & 3 \\ 4 & 0 & 8 & 11 & 1 \end{vmatrix}$$

注意：也可先进行列约减，再进行行约减。

4.画“盖0”线，即画最少的线将矩阵三中的0全部覆盖住，得矩阵四。

矩阵四

4	0	4	11	3
6	13	0	4	5
0	0	2	0	0
8	0	3	6	3
4	0	8	11	1

操作技巧：从含“0”最多的行或列开始画“盖0”线。

5.数据转换。若“盖0”线的数目等于矩阵的维数则直接跳到第7步，若“盖0”线的数目小于矩阵的维数则进行数据转换，本例属于后一种情况，应进行转换。操作步骤如下：

(1) 找出未被“盖0”线覆盖的数中的最小值λ，例中$\lambda=1$。

(2) 将未被“盖0”线覆盖住的数减去λ。

(3) 将“盖0”线交叉点的数加上λ。

本例结果见矩阵五。

矩阵五

$$\begin{vmatrix} 3 & 0 & 4 & 10 & 2 \\ 5 & 13 & 0 & 3 & 4 \\ 0 & 1 & 3 & 0 & 0 \\ 7 & 0 & 3 & 5 & 2 \\ 3 & 0 & 8 & 10 & 0 \end{vmatrix}$$

6. 重复第4步和第5步，直到"盖0"线的数目等于矩阵的维数。本例最终矩阵见矩阵六。

矩阵六

$$\begin{vmatrix} 0 & 0 & 4 & 7 & 2 \\ 2 & 13 & 0 & 0 & 4 \\ 0 & 4 & 6 & 0 & 0 \\ 4 & 0 & 3 & 2 & 2 \\ 0 & 0 & 8 & 7 & 0 \end{vmatrix}$$

7. 求最优解。对n维矩阵，找出不同行、不同列的n个"0"，每个"0"的位置代表一对配置关系。具体步骤如下：

（1）先找只含有1个"0"的行（或列），将该行（或列）中的"0"打"√"。

（2）将带"√"的"0"所在列（或行）中的"0"打"×"。

（3）重复第（1）步和第（2）步至结束。若所有行列均含有多个"0"，则从"0"的数目最少的行或列中任选1个"0"打"√"。

其结果如矩阵七所示，即员工甲负责任务A，员工乙负责任务D，员工丙负责任务B，员工丁负责任务C，员工戊负责任务E。参照表14-6各员工完成任务时间汇总表，得出如表13-7所示的员工配置最终结果。

矩阵七

$$\begin{vmatrix} 0\surd & 0\times & 4 & 7 & 2 \\ 2 & 13 & 0\surd & 0\times & 4 \\ 0\times & 4 & 6 & 0\surd & 0\times \\ 4 & 0\surd & 3 & 2 & 2 \\ 0\times & 0\times & 8 & 7 & 0\surd \end{vmatrix}$$

表13-7 员工配置最终结果 单位：小时

任务＼员工	甲	乙	丙	丁	戊
A	10				
B			6		
C				4	
D		9			
E					10

另外，关于匈牙利法的推广应用还应注意，当员工数目与任务数目不一致，或求最大化问题时，可通过对问题进行改造使之满足匈牙利法的要求。[①]

① 中国就业培训技术指导中心. 企业人力资源管理师［M］. 北京：中国劳动社会保障出版社，2007：93-103.

13.3.2　员工配置的方法

员工配置的基本方法主要有3种：以人员为标准进行配置、以岗位为标准进行配置和以双向选择为标准进行配置。①

假设在一次招聘中分别测定众多求职者，并要把他们安排到多种不同性质的岗位上去。这是岗位和人之间相匹配的过程，既包括对人员的选择，也包括对人员进行合理的安置，适用于同时招聘多人，此方法成本也较低。表1-8列出了多位应聘者的综合测试得分。

表13-8　　10位应聘者在5种岗位上的综合测试得分

岗位＼应聘者	A	B	C	D	E	F	G	H	I	J
1	4.5	3.5	2.0	2.0	1.5	1.5	4.0	2.5	2.0	1.0
2	3.5	3.0	2.5	2.5	2.5	2.0	3.5	2.0	2.5	0.5
3	4.0	2.0	3.5	3.0	0.5	2.5	3.0	3.0	1.0	1.5
4	3.0	2.0	2.5	1.5	2.0	2.0	3.5	2.0	0.5	0.5
5	3.5	4.5	2.5	1.0	2.0	2.0	1.5	1.5	1.0	0.5

假设岗位1、岗位2、岗位3、岗位4、岗位5所需的最低测试分数分别为3.5，2.5，2.5，3.0，3.5，要从这10个人中选出5人来担当不同的岗位，有多种方法，由于其录用决策依据不同，录用结果也不同。

1.以人员为标准进行配置

以人员为标准进行配置，即从人的角度，按每人得分最高的一项给其安排岗位。这样做可能出现同时多人在该岗位上得分最高，结果只能选择1个员工，而使优秀人才被拒之门外。根据表13-8的数据资料，其结果只能是A（4.5）从事岗位1，E（2.5）或I（2.5）从事岗位2，C（3.5）从事岗位3，B（4.5）从事岗位5，岗位4空缺，分数计为0，具体见表13-9。

表13-9　　员工配置表一

岗位＼应聘者	A	B	C	D	E	F	G	H	I	J
1	4.5	3.5	2.0	2.0	1.5	1.5	4.0	2.5	2.0	1.0
2	3.5	3.0	2.5	2.5	2.5	2.0	3.5	2.0	2.5	0.5
3	4.0	2.0	3.5	3.0	0.5	2.5	3.0	3.0	1.0	1.5
4	3.0	2.0	2.5	1.5	2.0	2.0	3.5	2.0	0.5	0.5
5	3.5	4.5	2.5	1.0	2.0	2.0	1.5	1.5	1.0	0.5

① 孙联中. 人力资源配置开发理论在企业管理中的应用研究［D］. 东营：中国石油大学（华东），2003.

若考虑空缺岗位的影响，其录用人员的平均分数为：

（4.5+4.5+3.5+2.5+0）÷5=3

若不考虑空缺岗位的影响，则其录用人员的平均分数为：

（4.5+4.5+3.5+2.5）÷4=3.75

2.以岗位为标准进行配置

以岗位为标准进行配置，即从岗位的角度出发，每个岗位都挑选最好的人来担任。但这样做可能会导致一个人同时被好几个岗位选中，无法兼顾。尽管这样做的组织效率最高，但只有在允许岗位空缺的前提下才能实现，因此常常是不可能的。根据表13-8的数据资料，其结果只能是岗位1由A担任（在岗位3上A的得分最高，但一人不能从事二职，因此岗位3出现空缺），岗位2或岗位4由G（3.5）担任，岗位5由B（4.5）担任，具体见表13-10所示。

表13-10 **员工配置表二**

岗位＼应聘者	A	B	C	D	E	F	G	H	I	J
1	4.5	3.5	2.0	2.0	1.5	1.5	4.0	2.5	2.0	1.0
2	3.5	3.0	2.5	2.5	2.5	2.0	3.5	2.0	2.5	0.5
3	4.0	2.0	3.5	3.0	0.5	2.5	3.0	3.0	1.0	1.5
4	3.0	2.0	2.5	1.5	2.0	2.0	3.5	2.0	0.5	0.5
5	3.5	4.5	2.5	1.0	2.0	2.0	1.5	1.5	1.0	0.5

若考虑空缺岗位的影响，其录用人员的平均分数为：

（4.5+4.5+3.5+0+0）÷5=2.5

若不考虑空缺岗位的影响，则其录用人员的平均分数为：

（4.5+4.5+3.5）÷3=4.17

3.以双向选择为标准进行配置

由于单纯以人为标准或者单纯以岗位为标准进行配置均有欠缺，因此可采用双向选择的方法进行配置，即在岗位和应聘者之间进行必要调整，以满足各个岗位人员配置的要求。采用双向选择的配置方法，对岗位而言，有可能出现得分最高的员工不能被安排在本岗位上；而对员工而言，有可能出现没有被安排到其得分最高的岗位上工作。但该方法综合平衡了岗位和人员两个方面的因素，既现实又可行，能从总体上满足岗位人员配置的要求，效率较高。根据表13-8的数据资料，其结果只能是岗位1由A（4.5）担任，岗位2由E（2.5）或I（2.5）担任，岗位3由C（3.5）担任，岗位4由G（3.5）担任，岗位5由B（4.5）担任，具体见表13-11。

表13-11　　员工配置表三

岗位＼应聘者	A	B	C	D	E	F	G	H	I	J
1	4.5	3.5	2.0	2.0	1.5	1.5	4.0	2.5	2.0	1.0
2	3.5	3.0	2.5	2.5	2.5	2.0	3.5	2.0	2.5	0.5
3	4.0	2.0	3.5	3.0	0.5	2.5	3.0	3.0	1.0	1.5
4	3.0	2.0	2.5	1.5	2.0	2.0	3.5	2.0	0.5	0.5
5	3.5	4.5	2.5	1.0	2.0	2.0	1.5	1.5	1.0	0.5

其录用人员的平均分数为：

（4.5+4.5+3.5+3.5+2.5）÷5=3.7

13.3.3　员工配置过程的标准化

员工配置过程需要标准化，其原因在于：首先，标准化保证所有的工作申请者接受相同的工作需求和报酬信息。其次，标准化将提高申请者对人力资源配置系统公平性的认知，提高他们对组织决定的认知，让申请者感觉他们被公平对待，这对组织来说是十分重要的。申请者会开心地谈论他们的经验，当他们开始工作时，会以一种非常积极乐观的心情加入到组织中。

对人力资源配置系统的标准化评估可分为以下步骤：首先，画出配置过程的流程图，用来表示一个特定工作或工作种类；其次，开发一个连贯性的行动步骤；最后，有一个详细的流程术语描述的配置程序，以及在这个程序中发生的具体事件和行为。这是组织配置的一般过程。

13.3.4　人力资源与其他资源的均衡配置

怎么改变企业人力资源配置的不合理现象？我们可根据多种投入要素最佳组合原理来进行。多种投入要素最佳组合原理说明：多种投入要素相结合生产某种产品，当各种投入要素每增加一单位货币的投入所增加的边际产量都相同时，其投入要素达到最佳比例。数学表达式为：

$$\frac{MP_1}{P_1}=\frac{MP_2}{P_2}=\cdots=\frac{MP_i}{P_i}=\cdots=\frac{MP_n}{P_n}$$

其中：P_i、MP_i分别表示第i种要素的价格与边际收益（i=1，2，…，n）。

因此，生产者均衡的必要条件是每单位货币的边际收益均等。当考虑两种资源劳动力L和资本K时，上述公式为：

$$\frac{MP_L}{P_L}=\frac{MP_K}{P_K}$$

根据多种投入要素最佳组合原理可知，如果各种投入要素每增加一个单位货币所增加的产量不同，假设$MP_L<MP_K$，那么，从每单位货币边际产量较小的投入要素

L中抽出资金，用来增加每单位货币边际产量较大的投入要素K的投入。由于劳动投入量L减少，MP_L就增加；资本K增加，MP_K就减少，最终达到均衡条件。这就能在成本不变的情况下使产量达到最高，或者在产量一定的情况下使成本达到最低。针对某些国有企业的现状，劳动力（这里指一般的劳动力）这一投入要素的边际产量远低于资本的边际产量，因此必须抽出投入到劳动力上的资金转而投入到资本上去。在某些企业中劳动力结构也不合理，科技人员的待遇问题得不到解决，致使科技人员流失，因而各种劳动力配备也不均衡。①

13.4 新员工的入职

企业的发展需要有新生力量的加入，而对这些新生力量如何进行管理，如何把握他们的心理，进行良好的沟通，使其迈出职业生涯第一步并保持工作热情？如何消除工作中的阻力，帮助他们融入企业并取得长期稳定的进步？这些都是需要及时解决的问题。这些问题解决好了，既有助于充分发挥新员工的能力，同时对他们自身的职业生涯发展也是至关重要的。

《职业》杂志所进行的一项“职场新人快乐指数调查”显示：初入职场喜忧参半，有56%的被调查者是快乐多过烦恼，有44%的人则是在郁闷与不悦中度过那段时光的。除了5%的被调查者感到战战兢兢、如履薄冰，怕因为犯错误失去工作外，绝大多数的新人都是初生牛犊不怕虎，勇敢地迈出了职业生涯的第一步。第一份工作毕竟承载了太多的梦想和希冀。②

13.4.1 员工入职心理

对新员工而言，职场是一个完全新鲜而陌生的环境，他们对此充满了希望和憧憬，同时也会感到忐忑不安。组织的企业文化、管理行为将直接影响他们在工作中的态度、绩效、人际关系等，他们的行为举止、内心体验和感受都会因此而发生一些或大或小的改变。针对这种情况，把握好新员工的入职心理，对做好入职管理将会起到非常重要的作用。新员工一般会担心哪些问题呢？主要有以下几个方面：

1.是否会被群体接纳

每个人在进入新环境时，往往会担心能否被这个组织的成员接纳。有的大学生在接受职业访谈时谈到：“在学校时，同学们都认为工作中的关系比较难处理，不少杂志上的文章也反映工作中人际关系复杂。我现在也很担心，不知道同事们会不会喜欢我、我是否会被人说闲话、是否会得到上级的赏识。”无疑，这名学生处于上述疑虑中，其心态需要调整，这是充分展示自己聪明才智的基础。

① 余长春．我国企业人力资源配置机制和效率研究［D］．南昌：江西财经大学，2004．
② 《职业》杂志社．初入职场时，你快乐了吗？［J］．职业，2006（9）．

2.工作环境如何

工作环境不仅包括工作的条件、地点，也包括企业的人际关系、工作风格，甚至企业文化等。新的环境是吸引新人还是排斥新人？同事们是否会主动与新员工交往并告诉他们必要的工作常识和经验？第一项工作是否有人指导？他们是不是完全明白自己的工作职责？为了完成工作，他们得到必要的工作条件了吗？上述问题将直接影响新员工对企业的评价和印象。

3.企业当初的承诺是否会兑现

有不少企业为了吸引优秀的人才，在招聘时许以美好的承诺，而一旦进入企业，便出现了不能履行诺言的情况，或者对员工的要求过多，给予员工的过少。相对于员工的工作准则、企业的历史及目标来说，新员工更关心自己的工资、福利、假期、发展前景等。只有自己的切身利益得到保障之后，他们才会从心理上接受企业文化，融入企业的群体中；否则他们会表现消极，即使是积极的，也是在积累工作经验，假以时机跳槽。

13.4.2 “现实冲击”分析

当新员工开始工作之后，如果通过招聘广告、面试人员的宣传、企业的网络资料等途径获得的企业形象与他们的实际心理感受有很大的差异，那么他们会在心理上产生一种失落感，这种感受无论是对企业还是对员工来说都是不利的。许多新员工在入职后的一段时间内，甚至在上班的第一天就会遭遇“现实冲击”。如果这种“现实冲击”越来越大，最终超过员工心理承受的极限，员工也许就会离开企业。

一般来说，以下几个方面会影响新员工的心理感受：

1.忽略了新员工的第一感受

这是产生“现实冲击”的最直接因素。选择一份工作，对新员工而言是一个重大决定。许多人在第一天上班就开始寻找迹象来证实自己的决定是正确的，而这种寻找往往是通过“感受”来进行的。因此，当新员工满怀憧憬和热情踏进企业时，往往希望自己的到来能受到企业管理层和部门同事的重视和欢迎。但许多企业往往忽视他们的这一心理需要，有的对新员工的到来无动于衷，不做任何安排或准备，这让新员工感到自己的“突然”出现“打乱”了大家的正常工作。对新员工来说，只要有一点和预期不一样，就会引起懊悔，而这种懊悔甚至会导致新员工离职。

2.用错误的方式欢迎新员工

目前，许多企业“欢迎”新员工的方式不合时宜，使新员工无法建立起对工作的浓厚兴趣。比如，以流水线方式让新员工了解组织情况；让新员工参加一个个冗长的座谈会，不停地填表格；忽视新员工或随便让他们去读企业手册，没有“一对一”的交流；把新员工了解组织的过程完全交给人力资源部门。这些错误的做法往往让新员工误以为企业是在“应付”他的到来。

3.工作岗位描述不清

对工作岗位的描述不清，自然会使新员工工作压力过大。有些企业在招聘期间没有清晰的岗位职责描述，等新员工报到后就任意地给新员工增加工作量。有的老员工将自己手头上的繁杂事务“托付”给新员工或让新员工无故受过，使新员工感到体力、精神疲惫不堪。

4.企业内部人际关系复杂

有些企业在招聘时故意隐瞒企业本身复杂的人际关系。有时企业从外部招聘是内部关系处理不好时的一种折中选择，希望通过“外来和尚”来缓解或中和内部的复杂关系。如果周围的同事感觉新员工处处占先、得到领导的“恩宠”，必将产生心理上的不平衡，有可能表现出与新员工不合作的现象，在工作上设置障碍。复杂的人际关系是产生“现实冲击”的重要原因之一。

5.分配给新员工的最初工作缺乏意义和挑战性

大多数企业家认为，企业能够做的最重要事情之一就是争取做到为新员工提供的第一份工作既富有意义又具有挑战性。许多企业往往将枯燥、繁杂却又遥遥无期的工作分配给新员工，或让新员工长期承担一些简单的工作和任务。由于新员工大都对工作和自己的能力充满了幻想，这样做往往会磨灭新员工的工作热情，导致绝大部分新员工感到自己是“大材小用”，不能发挥自己的特长。

13.4.3 入职管理的主要工作

不少组织深谙新员工的激励之道，在新员工的入职上下了很大功夫：企业会提前告知全体员工新同事的到来；人力资源部门在新员工到来的那天会尽量减少其他事务以便全力接待新员工；安排有关人士介绍公司的情况，把新员工介绍给公司的重要领导；尽量让新员工能在第一天到来时就有自己的名片和邮箱地址；教给新员工一些顺利开始工作的方法、技巧；邀请新员工和其他同事一起吃午餐；下班之前和新员工进行简短交流……这虽然只是一些细节，却能让敏感的新员工感受到公司的温情和自己的重要性，愿意为成为企业所需要的人才而努力。

组织的入职管理工作可以从以下几点入手：

1.使新员工感受到大家庭氛围

有人将上班第一天称为“最重要的8个小时”。这种说法不无道理，因为这8个小时会使员工对企业产生第一印象，这种印象往往会影响他们以后的工作效率和工作热情。在上班的第一天，如果企业已经给新员工配备了必要的工作设施，再加上一些精彩的“欢迎节目”，如指定一名热情的老员工在新员工报到当天陪同其一起用餐，指定一名热情、有责任心的老员工担任新员工的“联络人”，帮助其解决在工作之初碰到的一些日常问题，准备一张高层领导签名的欢迎卡或欢迎信等，一定会使新员工为之一振，马上意识到企业对自己给予了高度重视，从而使他们在上班的第一天就能鼓舞起高昂的士气。

2.重视新员工的岗前培训

加强对新员工的培训引导工作，尤其是有关企业文化、价值观、使命和愿景以及企业的行为规范等内容，这种培训具有多方面的效果。通过培训，可以帮助新员工尽快熟悉工作环境，减少陌生感，增加亲切感和使命感，认同企业文化，提高个人素质，培养职业道德、敬业精神和团队意识。更重要的是，岗前培训可以使新员工了解他们所关心的切身利益问题，使他们卸下“包袱”，全身心投入到工作中。

3.给新员工足够的发展空间

给新员工足够的职业发展空间的常用办法有：第一，为新员工提供一份富有意义或具有挑战性的工作；第二，为新员工提供阶段性的工作轮换，使其工作丰富化，让他们获得一个评价自己资质和爱好的机会；第三，为新员工提供以职业发展为导向的工作绩效评价，对新员工的工作绩效要及时做出评价，要将评价结果反馈给新员工，并及时调整工作偏差；第四，为新员工提供“师徒制”机会，企业可以安排一位在某一领域富有经验的员工来培训和指导新员工，使新员工能在最短时间内掌握业务和其他必要的信息。[①]

本章小结

员工配置是组织为实现战略目标、有效地获取人力资源，并根据组织和岗位的特征和需求，分配和使用人力资源的过程。人力资源配置的一般过程可分为3个阶段：职务规范的分析阶段、人力资源的能力测评阶段、人力资源的配置阶段。人力资源配置阶段包括两种决策模型：单一决策模式和复合决策模式。人力资源配置的基本方法有3种：以人员为标准进行配置、以岗位为标准进行配置和以双向选择为标准进行配置。入职管理从新入职员工的心理分析入手，探讨了为更好地接纳新员工，组织所应做好的工作。

第13章基础知识测评

复习思考题

1.什么是战略性人力资源配置？操作中有哪些内容？

2.影响员工配置的因素有哪些？人力资源配置的方法主要有哪些？

3.如何提高员工配置的有效性？

4.新员工入职管理主要从哪些方面入手？

---

① 马前进. 做好企业新员工的入职管理［J］. 航天工业管理，2005（8）.

案例分析题

《西游记》中的人才配置

要完成西天取经这一使命，关键还是人才。人才资源必须组织与配置。唐僧取经团队的人才配置是一个典型的范式。

德者居上——不会用人的领导累死活该，把握不了方向盘的舵手，船翻了白搭。技术型的人才做不大，事务型的人才做不好。唐僧既非擒妖能手，又不会料理行程上的事务，只要坚持取经不动摇，嘴里会念紧箍咒，便一切OK，他是许多董事长、总经理的光辉榜样。

智者在侧——说猪八戒是智者，主要有以下两条理由：第一，猪八戒从不掩饰自己的个人要求和欲望，对自己的权益十分看重，是一个自由主义的特立独行者。他的观点、立场基于个体生命的真实感觉，没有专心取悦唐僧的动机。第二，他从不忽视自己言论自由的权利，取经路上谈笑风生，而且多是反对意见——这是关键的关键。

能者居前——孙悟空大闹天宫时是“核弹”，取经时是“核电厂”。孙悟空是优秀的职业经理人，需要关注的是他和唐僧（总经理）以及观音（执行董事，代表资方）的信用关系。孙悟空在团队里是不可替代的。

劳者居下——沙僧和白龙马提供的“犬马之劳”非常出色，如果说猪八戒和孙悟空还有缺陷的话，对沙僧完全可以打100分，“劳者”大多爱在领导身边闲言碎语，最难做到的就是闭嘴不叫，沙僧做到了。

资料来源　佚名. 西游用人：能者在前，智者在侧 [EB/OL]. [2015 12 21]. http://news.xinhuanet.com/fortune/2006-04/07/content_4396510.htm.

讨论题：

（1）运用所学人力资源配置的理论谈一下你对《西游记》西天取经团队的看法。

（2）分析《西游记》西天取经团队中的劳动分工问题。

第13章案例分析提示

推荐阅读资料

1.姚裕群. 人力资源管理概论 [M]. 大连：东北财经大学出版社，2017.

2.戈梅斯-梅西亚，鲍尔金，卡迪. 人力资源管理 [M]. 刘宁，蒋建武，张正堂，译. 8版. 北京：北京大学出版社，2018.

3.贝尔德维尔，等. 人力资源管理 [M]. 4版. 胡昱，等，译. 北京：经济管理出版社，2011.

4.郭玉玲. 迈好职场第一步：新员工守则［M］. 北京：机械工业出版社，2010.

5.日本商务实务研究会. 入职第一课：新员工商务实务手册［M］. 龙蔚婷，译. 北京：东方出版社，2008.

网上资源

1.美国人力资源配置协会，http：//www.staffingtoday.org。

2.中国人力资源网，http：//www.hr.com.cn。

3.美国人力资源管理协会，http：//www.shrm.org。

4.17HR人力资源论坛，http：//bbs.vsharing.com/management/hrm/1097615-1.html。

第14章 新员工培训

学习目标

- 了解新员工入职培训的概念和意义；
- 理解新员工入职培训需求分析的作用；
- 理解培训与员工职业发展和职业成功的关系；
- 掌握新员工入职培训的内容和方式；
- 重点掌握新员工入职培训的实施技巧和过程。

引例

两位新员工的不同感受

原晓轩：第一天上班，我提前15分钟来到人力资源部，等了1小时后，我被领到了一间会议室。一位工作人员通知轮到我面试了。我惊奇之余解释说我是来报到上班的新员工，对方一阵道歉后，领着我去见主管。见到主管，他看了我一眼，随即叫来一个文员，让他带我转转。文员告诉我"你可以随便看看，有什么事再找我"，转身就回到了他自己的办公桌前。吃午饭时，我问能不能请求调到别的部门去。他们说6个月后才能调动。我觉得该换工作了。

李瑞：第一天到了公司以后，我被带到休息室。喝过咖啡，吃过点心，我拿到一本员工手册，上面告知了公司的绝大部分福利及政策。接着，放了一段有趣的电影，介绍了公司的历史、设施、重要人物及各部门的联系。随后，我们沿着厂区做了个小的旅行，最后，公司请我们吃午饭。午饭时，我的主管加入进来，边吃边介绍我们的部门，并回答了一些问题。饭后，主管把我介绍给同事们。我的第一天棒极了！

资料来源　张晓彤．如何选、育、用、留人才［M］．北京：北京大学出版社，2004.

以上两位新员工的入职经历说明：入职培训直接影响新员工的自尊心、自信心、对企业的认同感以及是否愿意继续留在公司。由此，要做好招聘与配置工作，必须做好新员工培训。

如何做好新员工培训？关键在于企业是否关注新员工初进企业的心理状态、是否理解他们的担忧与不安，并以此为基础来设计新员工培训方案。

14.1 新员工入职培训初析

14.1.1 新员工的类型

企业相关部门在具体实施入职培训之前，要针对不同背景和不同资历的新员工，分析其工作经验、知识水平及能力，并与企业和工作的要求相比较，从比较中总结出差距，进而设置不同的培训内容，避免发生类似“不需要某种培训的人参加了培训，需要某种培训的人却没能参加培训”的情况。

1.有工作经验的新员工

有工作经验的新员工是指那些从另一家企业进入本企业、拥有相关工作经验的新员工。对于这些员工来说，企业需要其快速地从一种企业文化进入另一种企业文化。有时，一些在校大学生在三、四年级到企业长期实习，甚至担任基层主管，他们拥有很好的职业素质，此时，本企业的企业文化、管理理念等内容将会影响这类新员工在未来工作中的动机、态度及业绩等。

2.全新的毕业生

对于刚从学校毕业的“三门”（即从家门到校门，又从校门刚刚进入单位大门）新员工而言，其职场经验一片空白，面临的是与学校完全不同的环境。企业在指导这类新员工适应工作的同时，还承担着将其从“学校人”转变为“企业人”的责任，对其进行职业道德教育也是企业的一项重要责任。

在对新员工的培训工作中，需要考虑的是这些毕业生以前从未参加过工作，他们除了需要接受一些常规培训外，还必须熟悉工作的环境，并学会使用一些辅助设施，如复印机、传真机和电脑等。

14.1.2 新员工入职培训

新员工入职培训（new employee induction training），又称新员工培训、岗前培训、职前教育，是企业帮助新员工融入企业的第一步。培训的目的主要是帮助新员工了解企业，培养新员工的认同感，引导新员工了解企业各种规章制度和岗位工作要求，熟悉企业环境，使之尽快融入企业。

由于新员工来自不同的企业（学校），工作经历和经验各不相同，有的已经工作几年，有的刚刚毕业；有的有相关工作经验，有的虽然已工作了几年，但从未从事过本行业。新员工的来源五花八门，他们具体的培训需求到底如何？他们需要在哪些方面进行再学习？这些都是新员工入职培训需要解决的重要问题。

14.2 新员工培训需求

传统的新员工入职培训是从企业自身的角度出发的，入职培训要求新员工被动适应。目前，为了使入职培训更加具有针对性和有效性，企业应该从培训需求分析开始。

14.2.1 培训需求分析

1.培训需求分析的概念

所谓培训需求分析（training demand analysis），是指在规划与设计每项培训活动之前，由培训部门、主管人员、工作人员等采用各种方法与技术，对组织及其成员的目标、知识、技能等方面进行系统的鉴别与分析，以确定是否需要培训及培训内容的一种活动或过程。[①]它既是确定培训目标、设计培训计划的前提，也是进行培训评估的基础，因而成为培训活动的首要环节。

培训需求分析的实质就是通过分析组织及其成员的现有状况与应有状况之间的差距，来确定是否需要培训以及培训的内容。

2.培训需求分析的作用[②]

培训需求分析作为现代培训活动的首要环节，在培训中具有重要作用，具体表现为：(1) 描绘现实与理想的差距。(2) 确定员工的知识、技能需求。(3) 明确培训的主要内容。(4) 获得极其关键的支持。(5) 决定培训的价值和成本。(6) 找到根本性解决工作中问题的方法。(7) 提供评测培训效果的依据。

14.2.2 新员工入职培训需求的层次

1.入职培训需求的组织分析

入职培训需求组织分析，主要是从组织要求的角度出发，分析新员工对于组织这一层面都有哪些培训需求。此分析的目的在于解决新员工面临的第一个疑问："我将要为一家什么样的公司服务？"

一般来说，与企业实体相关的入职培训需求分析主要应从以下3个方面展开：(1) 企业概况及外部环境、战略目标。(2) 规章制度、相关法律文件。(3) 商务礼仪与技巧、卫生安全措施、企业内部环境。

以上3个方面都需要通过入职培训传达给新员工，以增加其对企业的了解，减少新员工由于对企业环境陌生而产生的紧张感和工作上的不便，增强新员工的自信心。

---

① 郭京生，潘立．人员培训实务手册［M］．2版．北京：机械工业出版社，2005：22.
② 于秀芝．人力资源管理［M］．3版．北京：中国社会科学出版社，2006：187.

2.入职培训需求的工作分析

工作分析主要用于解决新员工面临的另外一些疑问："我将要从事的工作是什么样的？我能不能胜任？新同事容易相处吗？"

与工作岗位相关的入职培训需求分析，主要是围绕新员工将要从事的工作展开的：

（1）同事与部门环境。同事及工作氛围对新员工的影响很大，如老员工的心态、职业精神会影响新员工对企业的整体认识和工作热情。另外，关于部门内部"不可为"的行为和相关规定，也需要向新员工说明。

（2）工作职责及要求。根据员工岗位说明书，分析新工作对新员工的知识和技能的要求，从而有针对性地确定入职培训的内容。

（3）工作流程。为了使新员工能较快地熟悉本职工作，了解其他相关部门的职责，并培养新员工在工作中合理支配时间的观念，对工作流程的介绍是有必要的。同时，还需要让新员工了解部门内部的分工协作及沟通方式。

（4）工作绩效考核标准。一般来说，新员工在了解企业、工作相关情况之后，都迫切想知道自己能否胜任工作以及怎样才算胜任。因此，让其获悉本部门工作绩效的考核标准也是入职培训的内容之一。

14.2.3 培训需求分析的方法①

工作任务分析可用于确定从事新工作的员工的培训需求。对低层次工作而言，通常是雇用没有工作经验的人员并对他们进行培训。在这种情况下，培训的目的是保证良好的工作绩效，进行必要的技能和知识储备，因此，通常根据工作任务分析——详细研究某项工作以确定需要什么专业技能，如装配工的焊接技术、主管人员的面谈技巧等来开展培训。

有些企业还使用任务分析记录表，将某项工作的任务集中在一张表上，这有助于确定培训需求。任务分析记录表包括如下信息：①该项工作的主要任务和子任务。②说明执行任务和子任务的频率。③各项任务和子任务的完成标准。④说明在什么条件下完成任务和子任务。⑤列出完成每项任务和子任务所必需的技能和知识。⑥说明在岗学习还是脱产学习。

14.3 新员工入职培训操作

14.3.1 新员工入职培训的内容

1.新员工入职培训的类别

进行有针对性的培训是保证培训效果的一个重要前提。根据研究与分析，新员

① 于秀芝. 人力资源管理［M］. 3版. 北京：中国社会科学出版社，2006：189.

工入职培训内容主要包括下述4类：①

（1）团队类培训。团队类培训的主要目的是通过训练减少团队成员之间的陌生感，建立初步的信任，同时建立集体荣誉感。团队类培训往往在培训的第一个项目即开始，渗透在各个培训项目中。

（2）公司经营类培训。公司经营类培训主要以公司业务和项目介绍为主，同时介绍公司理念、经营管理方法、流程等。公司经营类培训的主要目的是通过培训让新员工快速了解公司运营模式、与本职位有关的流程和工作方法，熟悉公司办理各种日常事务的工作标准。

（3）业务类培训。业务类培训主要以流程和关键点操作技巧为主。业务类培训是新员工入职培训的重要组成部分，一般由部门专家组成讲师团队进行培训。通过业务类培训，使新员工了解具体岗位需要完成的工作任务、需要遵守的工作流程，以及需要掌握的相关工具、方法等。

（4）基础管理类培训。基础管理类培训主要是指针对将作为管理人员的新员工开展的培训。基础管理类培训以提升管理技能为主，包括项目管理、人员管理、资源管理、财务管理等。

2.新员工入职培训内容清单②

新员工入职培训的内容与其他培训项目相比，其特点是内容繁杂而分散，较少集中进行课堂讲授，因而其培训的地点、方法和参与者也具有多元的特点。由于方方面面需要交代清楚的事项太多，为了不致遗漏，建议制定培训内容清单。

（1）公司概况。

有效的新员工培训首先应让员工全面了解、认识公司，减少陌生感，增加亲切感和使命感。公司概况既包括有形的物质条件，如工作环境、工作设施等，也包括无形的内容，如公司的创业过程、经营理念等。一般来说，公司概况应包括如下信息：

①工作场所与设施。带领新员工参观公司的工作环境，并介绍新员工的工作场所，对于洗手间、餐厅、休息室、复印室、邮局的地点，附近的银行、紧急出口、电话的使用及交通工具的存放地点和安全性等细节也要进行介绍。

②企业历史、使命与前景规划。人们往往忽视对这些信息的介绍，因为他们以为凡是来公司应聘求职的员工肯定都了解公司的情况。事实上，由于中国的就业信息渠道不畅通，很多员工对企业的了解是非常少的。通过描述公司是一家什么样的公司，是如何白手起家的，在创业过程中发生过什么大事，创业者有什么动人的故事，公司的优良传统是什么，该公司要求员工具备的优良品质是什么等，会使新员工对公司产生感情，在一定程度上建立忠诚感。除此之外，还要告诉新员工，本公司的近期、远期目标具体是什么，实现这些目标存在的问题是什么，新员工将对公司目标的实现有何重要作用以及新员工如何加入这一奋斗过程等。

---

① 苏进，刘建华．人员选拔与聘用管理［M］．北京：中国人民大学出版社，2005：176.
② 姚裕群，刘家珉．就业市场与招聘［M］．长沙：湖南师范大学出版社，2007：243.

③企业的产品、服务及工作流程。企业的产品和服务都有哪些种类，工作流程即产品的生产过程或服务的运作过程等工作流程有必要让新员工心中有数。

④企业的客户和市场竞争状况。要让新员工充分了解企业的客户及市场竞争状况，增强危机感和使命感。

⑤企业的组织结构及重要人物。企业的组织构架如何，有多少分公司和职能部门，上下级关系如何，高层管理者的辉煌历史、职责及分工，新员工的直接上司是谁，这些问题都是新员工急于想知道的问题。

（2）员工待遇。①

①薪酬待遇。它包括：工资水平、工资构成和工资范围；节假日补贴；轮班制；薪水发放的方式；购买内部产品的特权及折扣；工资预支；从银行贷款情况；纳税方法。

②额外福利。它包括：保险；福利；加班补贴；残疾；赔偿；节假日；休假（病假、家人生病或丧亡、怀孕、临时事件、紧急事务、长期休假）；退休计划；在职培训机会；咨询服务；自助餐厅；娱乐和社会活动；公司其他服务。

③职业安全与卫生。它包括：填写紧急情况卡；健康和临床急救；锻炼和娱乐中心；安全预防；事故报告；火灾预防和控制；意外事故处理程序和报告；职业安全与卫生条例；体检。

④雇员的权利和义务。它包括：雇用条件和环境；分配、重新分配和晋升；见习期和上岗后的在职表现；病假和迟到报告制度；管理者的权利；合同政策与条款；业绩的监督和评估；纪律和申诉；合同终止（辞职、临时解雇、解雇、退休）；人事记录的内容和检查；沟通（上级和下级沟通渠道、建议系统、在公告栏公示信息、交流新想法）；卫生处理和情节；安全设备、徽章和制服的配置、携带物进出门手续。

（3）岗位知识与技能培训。

新员工在上岗前要了解岗位知识，掌握工作所需的工作技能。只有在岗位技能培训合格以后，新员工才能正式上岗。

①岗位知识培训。新员工的岗位知识培训包括职位说明和职业必备两方面。职位说明就是要向新员工描述出恰当的工作行为，并做出示范，做出制定日程安排，并在规定的时间内让新员工掌握工作方法和工作技能，要回答新员工提出的问题并给予必要的指导。对于绩效考核、晋职、加薪等规定也要详细加以说明。职业必备是指新员工应掌握的具体工作中的同事联络方法、上司的管理风格、必要的保密要求、公司中的一些“行话”等。

②岗位技能培训。岗位技能培训包括新员工岗位的工作标准及操作要求、产品判定、与上下游流程的关系及对他人的影响等。岗位技能培训应多辅以成功的个案，运用“榜样教学法”比较好。

---

① 许丽娟. 员工培训与发展［M］. 上海：华东理工大学出版社，2008：215.

（4）法律文件与规章制度。

法律文件是指劳动合同、公司身份卡、钥匙、考勤卡、社会保障等方面基于法律和有关规定而签署的文件。规章制度是新员工工作和行为的准则、考勤制度、职称评定制度、岗位责任制度、请假制度、人员进出制度、技术和业务等各种管理制度，以及财务制度。这些通常载于内部刊物或员工手册中。

培训清单中项目的重要性和紧迫性的程度是不平衡的，新员工入职培训应该将重点放在那些特别重要的或必须立即知晓的内容上。重要的内容如公司的创始人、决策层和各主要办事部门的主管与大家见面，表示对新员工的欢迎和尊重，说明组织对员工的需要和期望，希望员工在组织提供的舞台上有所作为，介绍公司的理念、使命和社会责任等；紧迫的内容如工作安全条例等。总之，对于培训清单上的内容，有些可以让员工慢慢看资料，或向有关部门、人员咨询，有些则必须亲口告知，并反复地、多渠道地强化信息，以确保新员工已经知晓。

3.新员工入职培训的内容设计[①]

为实现新员工入职培训的目标，新员工培训要在符合企业文化和战略要求的基础上，解决新员工的后顾之忧。

（1）融入企业培训——培养新员工成为企业人。

无论新员工是应届毕业生还是有过工作经验的人员，在加入本企业之前，他们都属于本企业以外的社会人。新员工入职培训的首要目的就是把新员工由社会人培养成为企业人。融入包括文化融入、团队融入和工作环境融入。融入比起业务技能培训来说更为重要，一般是由公司的高层管理者或是资历深的优秀员工、人力资源部和各部门负责人授课。当然，在融入企业大环境的基础上，新员工也应保留自己的一些思维和行为方式，可以给企业注入新鲜血液。

（2）岗位技能培训——培养新员工成为岗位人。

岗位技能培训主要是让新员工了解自己将要承担岗位的工作要求，以及需要具备的知识和技能，让新员工做好上岗前的技能准备。培训的主要内容如下：

①岗位职责。岗位的使命是什么，在公司组织结构中的位置和价值；岗位的具体职责要求，包括岗位所要求的工作成果和具体衡量标准；岗位的上下级关系以及今后要跟公司内部哪些部门和外部哪些机构打交道。

②岗位技能。首先是进行企业所在行业的基础知识培训，如国家相关政策、行业标准、法律法规、行业发展趋势和竞争对手情况。然后根据不同岗位设置相关的技能培训课程。

（3）职业化培训——培养新员工成为职业人。

职业化培训主要是针对大学生新员工的培训，培养新员工对职业的责任感，用成熟的情感去对待工作。在职场中需要遵循什么样的规则，需要树立什么样的意识和态度将影响每个新员工的工作业绩，职业化培训是引导他们去思考从事工作的职

---

① 甘斌．员工培训与塑造［M］．北京：电子工业出版社，2008：142.

业态度、职业意识以及培养职业习惯的培训。

（4）职业生涯规划设计——留住新员工的法宝。

企业是否可以给新员工提供良好的发展平台是新员工担忧的一大问题，而在职业发展培训中的职业生涯规划设计则是可以留住他们的最佳方法。企业在培训中介绍企业可以提供的职业发展通道，同时鼓励新员工进行自我规划，人力资源部以及其他成员要对新员工进行必要的帮助、引导，帮助他们确定志向和目标以及理解如何让目标完成绩效。

14.3.2 新员工入职培训的方法

组织进行培训，培训内容固然重要，然而针对成人学习的特点，选择合适的培训方式也是非常重要的，根据培训目标、课程特点、学员特点，设计并整合一定的培训方式能够保证培训效果。

1.培训方式清单[①]

（1）讲授。讲师根据课程大纲及内容进行系统性讲解，讲授一般是单向沟通。

（2）案例分析。在培训中将学员分成几个小组，对特定的案例进行讨论分析，实现培训目标。案例讨论需要学员互动。

（3）小组任务。将学员分成几个小组，以完成特定任务。完成的任务可以是与工作直接有关的，也可以是与工作无关的，如组织团队参与拓展游戏等。

（4）模拟演练。运用电视、录像机等辅助设备，演示特定的操作步骤和流程，让学员现场演练和实习相关的步骤，讲师在旁指导。

（5）头脑风暴。组织小组对特定解决方案进行讨论，通过提出尽可能多的创造性观点，实现解决特定问题的目标。

（6）小组辩论。将学员分成两个小组，让其就某个问题进行辩论，以揭示一个问题的各个方面。

（7）讨论。针对特定问题组织学员进行讨论，以得出结论。

（8）实地考察。把学员带到某地，观察一个具体的操作流程，并让学员根据观察结果进行讨论或者写心得。

（9）游戏。通过组织特定的、有难度的游戏，让学员体验一定的管理思想、为人处世之道等内容，提升个人认识。

（10）组织仪式。通过组织一定的仪式，如唱歌、宣誓、喊口号等，提升团队士气和凝聚力。

（11）听课。让学员去听其中一个学员的讲述，做记录、准备问题、提出问题，进行充分沟通。

（12）提问和回答。在课堂上提出问题，让学员来回答。

（13）阅读。给学员布置待阅读的资料（选定的书籍或者文章），并让其谈谈心

---

① 苏进，刘建华. 人员选拔与聘用管理［M］. 北京：中国人民大学出版社，2005：184.

得及体会。

（14）放录像。播放特定的授课主题录像，新员工采取自学方式。

（15）通过看电影、短片学习。通过观看电影、短片学习特定的知识，如项目管理等。

2.培训的具体方式[①]

针对新员工的特点，采取什么样的方式来培训，使新员工放下防范心理，从心底接纳企业、融入团队，是新员工入职培训中的重点。即使培训内容设计得再精彩，如果没有好的培训方法去传授，新员工的担忧和顾虑也很难解除，更有甚者是培训方式选取不当而导致新员工对企业的防范加深，直接影响他们以后对待工作的态度。

（1）企业高层领导亲临授课。

高层领导不仅拥有精深的专业知识、丰富的经验，熟悉公司的情况，而且大多是企业的创始人或者是工作多年的老员工，他们对企业充满着自豪感和情感，一般新员工入职培训中关于公司历史、文化及前景展望等方面的内容如果能由公司高层来讲述，将会起到特殊的作用。

（2）老员工现身说法。

新员工面对新环境，难免会有生疏感和疑惑，他们极其期待前辈们传授经验，给他们提点建议和忠告，对新员工来说，最好的老师便是企业的老员工。

（3）新员工培训OJT法。

OJT法（on-job training）是经由工作本身或与工作相关的事情来进行教育的过程，是一种体验式学习。新员工培训OJT法要根据新员工的特点而设计，最好是安排新员工在岗位上锻炼，并给他们安排指导老师。新员工在实际操作中能加快对岗位职责的认识，发现问题能得到及时解决。

（4）企业团队活动。

新员工刚进入企业，与其他员工之间会有很强烈的隔阂感，这种感觉让他们行事如履薄冰，如何增强他们的归属感和认同感，比较实用的方式是举行各种团队活动，如迎新晚会、户外拓展、篝火晚会、联欢晚会等，这些方式对增强员工之间的感情效果很明显。

团队活动让新员工在陌生而新鲜的环境中感受到团队氛围和团队精神，加强了新老员工之间的沟通和了解，提高团队的协作、沟通能力，增强新员工对团队的认同感、信任感和归属感。

（5）入职导师。

新员工的入职导师是新员工心中的学习榜样，新员工培训的入职导师可以由企业有经验的老员工以及新员工的上级来担任，“以老带新”是最常见的培训方式。企业在选择新员工入职的导师时应考虑亲和力、善于沟通与交流、耐心、细心谨

① 甘斌．员工培训与塑造［M］．北京：电子工业出版社，2008：145．

慎、责任感强、熟悉公司的情况、对企业有深厚的感情、具有深厚的专业基础知识和相关技能、具有丰富的工作经验和阅历等方面。

（6）e-learning网络学习。

如企业能很好地运用网络技术，将会使新员工入职培训更加高效和丰富多彩。新员工进入公司之前，公司就已经为其准备好了所有的办公设施，第一天进入公司会收到一封来自公司的电子欢迎信；专为新员工设立欢迎网页，新员工可以从中了解公司的组织结构、规章制度、薪酬福利政策等概况，提升个人技能的课程也可在网上选择；部门要给新员工准备第一天的时间表，包括与人力资源部的沟通、介绍同事、共进午餐等，以免新员工面对新环境不知所措；在网上开办"互帮互助"论坛，可以成为引领新员工进门的最重要的措施。

（7）特殊创意。

新员工的特点在于"新"，很多知名企业都十分重视新员工的心理感受，在针对他们进行培训设计时，每个步骤的设计都要考虑到会对新员工产生什么影响。在选择培训方式的时候，企业更注重在这个方面的创新，给新员工一种全新的体验，让他们在企业的第一次培训成为职业生涯中最美丽和最深刻的回忆。

14.3.3 新员工入职培训的实施

1.新员工入职培训实施的准备[①]

新员工入职培训的效果直接影响新员工入职后的工作绩效，也关系到企业下一个阶段的工作进程和工作效率。培训能否取得良好的效果，关键在于入职培训的准备是否充分、计划是否周全等。新员工入职培训的实施就是通过设计和执行计划，使任务清单上的项目得以完成的过程。入职培训的实施涉及时间、地点的安排以及培训方式和培训师的选择等。

（1）选择培训场地。

一般情况下，根据企业规模的大小和组织结构的层次，入职培训可分为3个阶段：企业总部的培训（集中培训）、分支机构的培训（部门培训）和实地训练。

在不同的培训阶段，入职培训的需求和具体内容不同，因此选择的地点也不同。培训场地选择的首要原则就是保证入职培训的过程不被打扰。

（2）安排培训讲师。

入职培训的讲师最好是企业的内部人员，因为企业内部人员才是最熟悉企业的人。企业高层领导、人力资源部经理、部门主管、专业技术员都可以被邀请来就不同的内容对新员工进行入职培训。

对培训讲师最基本的要求是：在培训前要做充分的准备，非常熟悉入职培训的相关内容和企业的实际业务情况。

（3）选择培训方法。

---

① 孙宗虎，李艳．招聘与录用管理实务手册［M］．北京：人民邮电出版社，2007：235.

入职培训方法的选择要根据培训目标、培训内容及培训讲师的特点来决定。

对于新进企业的人员，通常采用课堂讲座、多媒体教学和工作指导等方法，也可以采用角色扮演法来促使其学习和提高一些基本技能；对于调岗和职位晋升者，既可以运用工作指导、角色扮演及工作轮换的方法来提高他们的基本技能，也可以运用多媒体教学来演示技能操作场景。

(4) 配备培训设备。

入职培训应配备各色书写板、白板笔、麦克风等基本教学用具，根据实际情况还可能用到电脑、投影仪、幻灯机等。培训部要事先与讲师沟通，在培训之前将需要的设备准备齐全并落实到位。

(5) 准备培训资料。

①新员工培训资料袋。根据新员工培训需求，培训部应该准备好相关的资料，如企业的背景资料、企业产品知识、企业员工手册、新员工入职培训课程表、新员工岗位培训检查表、新员工培训教材及企业相关图片等，将这些资料放在设计精美的资料袋内，在新员工来企业报到时发放给新员工，让每一位新员工从中感受到企业管理的正规性以及对新员工的重视。

②新员工背景资料。这主要是给培训部门自身准备的，让培训部门或人员了解其所培训对象的基本情况，如社会背景、工作阅历、学历水平等，依此来确定培训课时的长短、培训内容的深浅及培训方式等。

③新员工培训课程日程表。有些企业在给新员工培训时只是让新员工来参加培训课，没有告诉新员工上课的内容或日程表等，让新员工觉得很被动。因此，在上课前应给每位新员工提供一份培训日程表，让新员工能主动参与到培训课程当中，如新员工知道要培训的课程，便能有意识地去阅读相应的内容；对培训人员而言，可以将培训的时间缩短。

④签到表。在培训课前须打印一份新员工入职培训确认表，将培训项目罗列出来，在上课前或每上完一节课让参加培训的员工进行签名确认，证明其已接受过相应的培训课程，并分期归入培训档案当中。[①]

2.新员工入职培训的具体实施

从过程的角度看，新员工入职培训一般分为两个阶段。第一阶段由人力资源部门负责统一实施，主要是了解整个企业组织的概况，包括企业文化、管理制度和各种政策等；第二阶段由各个部门分散进行，内容涉及部门工作环境和岗位规范、技能等。

(1) 企业的集中培训。

新员工集中培训的一项任务是帮助其尽快进入角色，内容包括让新员工了解公司概况、工作条件、人员关系、工作环境、工作内容、规章制度、职位说明及职业必备等。其作用是让新员工熟悉和了解组织，这是进入角色的基本条件。此项工作

---

① 滕宝红，廖天男. 培训经理岗位职业技能培训教程 [M]. 广州：广东经济出版社，2007：206.

通常由人力资源部门和新员工所在部门共同负责，通过简单的口头介绍和发放工作手册的形式来完成。

新员工集中培训的另一项重要任务是灌输企业文化。该任务的最佳实施者是总经理等公司高层管理者。企业文化表现为组织的经营目标、管理哲学、公司理念和价值观等。这方面的培训可以使新员工感受和理解企业的文化底蕴，形成与企业文化一致的心理定势，使员工在规范和制度没有涉及的场合和条件下，也能主动、自觉地从组织的目标和利益出发行事。

（2）各部门的分别培训。

新员工都有自己具体的工作部门和工作岗位。在了解了整个组织的概况后，需要进一步熟悉自己的工作岗位和工作的小环境，掌握履行职责的程序、技能和要求等。这方面的培训通常由新员工所属的部门主管负责实施。

①业务技术的培训。针对具体岗位应具备的基本知识、工作程序、工作要求和操作要领进行培训，使新员工顺利开展工作。同时还要对其进行工作安全的培训，对工作中可能发生的各种意外事故给予详细的说明，告知各种事故预防和处理的原则和步骤。这方面的培训在结束时通常需要进行正式的测试，以保证新员工确实已经达到要求。

②岗位培训。其基本内容是在工作上建立辅导关系，由新员工的直接领导或同事担任师傅，便于新员工从老职工或优秀员工那里学习工作技巧、办事方法，了解工作作风和业务内容等。当然，新员工也可以从其他同事那里得到所需的信息。在岗位培训时，要注意尽量通过正式或非正式的途径将新员工的工作绩效反馈给本人，使其明确哪些行为是应该强化的，哪些是应该避免的，尤其是对良好的工作表现要及时给予肯定，以增强新员工的工作信心，消除紧张情绪。岗位培训还包括将新员工介绍给同事、通过集体活动或建立团队来培养新员工的团队意识等。[①]

3.新员工入职培训的监控[②]

对新员工入职培训的监控主要有以下手段：

（1）培训课程效果调查问卷。对新员工进行不记名的问卷调查，就培训课程设计、培训方法、培训时间和地点、培训师对课程的掌握与培训效果等进行调查，如此可达到几个目的：其一，有效监督培训师，这对培训师是一种实际的考核。对培训师而言，新员工就是宾客，培训师就是服务员，服务员所做的一切是否能让宾客满意？宾客是否觉得从中可以学到很多的东西？其二，可以客观地发现培训当中存在的问题，以便及时弥补或改进日后的培训工作。

（2）理论考核。在进行了理论授课后，必须对新进员工进行闭卷考试，以检查其对知识的掌握程度。没有考核的培训就像是没有验收的工程，考核是培训工作不可或缺的一环。但这里要强调一点，那就是理论考试应有一个试题库，备有多套试题，这样可以避免发生漏题等现象。

---

① 孙宗虎，李艳．招聘与录用管理实务手册［M］．北京：人民邮电出版社，2007：241.
② 滕宝红，廖天男．培训经理岗位职业技能培训教程［M］．广州：广东经济出版社，2007.

（3）岗位培训项目检查表。确保每位新员工都能接受充分的培训是培训部的职责，培训部人员除了确保自己的培训之外，也应承担起确保员工接受相应部门培训的义务，因为这也是培训的工作内容。在新员工经过考核合格后，给每位新员工发放岗位培训项目检查表，以便使新员工心中有数，同时督促各部门承担起培训义务，从而起到双重作用。

（4）培训座谈会。在培训课程结束后应召开一次座谈会，让新员工坐在一起，这时应营造一种平和的氛围，使其感到轻松，同时也可收集一些意见与建议，及时解决新员工在培训期间遇到的问题，增进大家的沟通和理解。充分体现以人为本的企业文化，有助于培养员工的忠诚度，使员工情系企业。

（5）入职岗位培训跟踪。新员工入职培训不仅局限于上岗前的几天培训，还应包括新员工分配到相关部门试用后再转正。在这一过程中有两项重要的工作需要培训部人员去处理：其一是对各岗位培训的跟踪与督导，以及对新员工日常言行举止定期或不定期的抽查、巡查；其二是新员工到岗两个月后再举行一次新员工座谈会，对其近期的表现进行评估，让新员工也谈谈他们对工作的感受、意见、建议等，尽快纠正其错误，帮助他们树立正确的工作意识。

（6）转正考核。严格控制员工转正考核也是新员工入职培训监控的重要手段，其包括以下几点：①培训部的考核。由培训部拟定企业产品知识考核。②部门业务知识考核。由新员工所在的部门提供多套岗位考试试题，组成岗位业务试题库，由培训部从中抽取。③培训部与相应部门共同开展的业务实操考核。

4.新员工入职培训的效果评估[①]

与一般的培训项目一样，新员工入职培训也需要进行效果评估，以确认本次培训的质量，并为以后更好地开展此类培训提供依据。

新员工入职培训的效果评估要重点考查入职需求的满足程度，可参考入职培训需求清单。与一般的效果评估一样，新员工入职培训的效果评估可以从4个层面展开，每一层面的评估都有其特殊的内容。

（1）反应层面评估的内容。反应层面的评估主要了解入职培训的内容是否必要和全面；报告、讲授的内容和文字资料是否明白、容易理解；培训是否激发了员工的兴趣和热情；培训活动的安排是否高效和经济等。此项评估应该在培训结束趁新员工对培训活动还记忆犹新时立刻进行，具体形式可以是召开新员工座谈会、针对新员工的问卷调查等。其信息反馈主要用于帮助培训师和培训部门提高今后此类培训的质量。

（2）学习层面评估的内容。学习层面的评估主要是考查公司的文化、理念被记住和正确理解的程度；公司管理制度和政策程序等被了解和理解的程度；对工作程序、岗位规范和安全生产条例等掌握的程度；新员工岗位知识和技能改善的程度等。此项评估也要在培训结束后及时进行，可以由培训师、指导人和培训部门的人员实施，其具体形式可以是书面测试、模拟演练或实际操作等。此项评估的信息应

---

① 许丽娟．员工培训与发展［M］．上海：华东理工大学出版社，2008：230.

及时反馈给培训师和新员工，作为对其工作、学习肯定和改进建议的依据，并登记存档，妥当保管，便于今后使用。

（3）行为层面评估的内容。行为层面的评估主要是了解入职培训对新员工工作行为的影响程度，如新员工是否按照规定的程序进行操作、能否有效地与同事沟通而得到工作上的帮助等。此项评估通常要在培训结束后的一段时间内进行，如在试用期结束时进行。评估的主体可以是新员工的直接领导、同事、下属等。评估所得信息和分析结论应及时反馈给组织的决策层和各职能部门及新员工的部门主管，以体现入职培训对个人工作绩效和组织绩效的影响，使更多的人认可入职培训，支持入职培训。

（4）结果层面评估的内容。结果层面的评估常用的指标是新员工一年或两年后的主动离职率降低的程度、新员工像老员工一样有效进行工作的过渡期缩短了多少等。结果评估可以通过货币形式，如投资收益率体现出来。它以简单、明白的数据说明入职培训的价值大小，是确定入职培训在各类培训和组织各项工作中的地位的最有说服力的依据。

知识链接

新员工入职培训表格范例

1.入职培训需求分析表（见表14-1）

表14-1　**入职培训需求分析表**

组织分析	工作分析	新员工分析
（1）企业概况、环境、战略目标 （2）规章制度、相关法律文件 （3）企业内部环境 （4）商务礼仪与技巧 （5）卫生与安全等	（1）同事、部门环境 （2）工作职责及要求 （3）工作流程 （4）工作绩效考核等	（1）有工作经验的新进员工 （2）毕业生 （3）升职者、调岗者 （4）休长假后复职者 （5）兼职者等

2.新员工培训成绩评核表（见表14-2）

表14-2　**新员工培训成绩评核表**

填表日期：　　年　月　日　　　　　　　　　　编号：

姓名		专长		学历	
培训期间		培训项目		培训部门	
（1）新进人员对所施予培训工作项目了解程度如何？					
（2）对新进人员专门知识评核。					
（3）新进人员对各项规章、制度了解情况。					
（4）新进人员提出改善意见评核，以实例说明。					
（5）分析新进人员工作专长，判断其适合工作情况如何，列举理由。					
（6）辅导人员评语。					

总经理：　　　　　　经理：　　　　　　评核者：

3. 新员工培训调查表（见表14-3）

表14-3　　新员工培训调查表

您对入职培训（课程）的期待是什么？
您希望得到什么样的培训？
您希望自己的个性怎样得到尊重？（即希望别人如何看待您）
理想中的您是一个什么样子？（您怎样描绘自己）
您理想中的上司应该是怎样的？
写出两位您喜欢与之工作的同事。在这些人身上，哪些品德使您喜欢？您与他们共事时有什么样的感触？
在工作或学习中，您自己有什么与众不同的地方？您是如何去表现您的责任感的？
您最想了解企业哪些方面的事情？请列出3件。
您认为企业的发展前途如何？
您可为企业做哪些事情？请列出3件。

4. 企业新员工培训实施记录表（见表14-4）

表14-4　　企业新员工培训实施记录表

姓名		报到日期		培训日期		培训部门	讲师
月份	项次	安排培训工作项目	培训人员	起止日期	实施培训及异常原因说明（培训人员填写）	讲师意见	经理批示

费用预算：　　　　每人分摊：　　　　费用：

14.4 新员工的职业成长

14.4.1 员工职业发展的含义[①]

对于新员工的成长，从个人角度看，即职业的成长，管理实践中常使用“职业生涯发展”的范畴。员工职业生涯发展（employee career development）一词包括两层含义：一是对员工个人而言，为了在工作中得到成长、发展和满意感，他们不断地追求理想的职业，设计自己的职业目标和职业计划；二是从人力资源部门工作的角度看，对员工制订个人职业计划应予以重视和鼓励，并结合组织的需要和发展，给员工以多方面的咨询和指导，还要创造条件帮助员工实现个人职业目标。

良好的职业生涯发展计划对组织具有多方面的作用：①使组织在目前和将来对人力资源的需要能得到及时的补充和满足；②使组织和个人更加清楚组织中潜在的职业方向；③通过协调和统一人力资源管理中的人员选择、工作安排和能力开发等活动，使现有的人力资源计划最充分地发挥作用；④企业关心员工职业生涯发展计划，会使员工感觉到自己是企业整体计划的一部分，从而影响员工的工作态度，改善员工的士气，提高劳动生产率，使组织变得更加高效。

14.4.2 员工职业管理

职业管理是组织根据工作目标、工作内容和工作要求，以及各岗位中个人的具体特点，对员工所从事的工作进行有效的安排、调整和培训，促使员工努力工作，最大限度地发挥其能力的全过程管理。

1.员工职业路径

职业路径是组织为内部员工设计的自我认知、成长和晋升的管理方案。职业路径在帮助员工了解自我的同时使组织掌握员工的职业需要，以排除障碍，帮助员工满足需要。

职业路径的主要内容有3点：职业阶梯、职业策划和工作进展辅助。

（1）职业阶梯。职业阶梯是决定组织内部人员晋升的不同条件、方式和程序的政策组合。职业阶梯可以显示晋升机会的多少、如何去争取，从而为那些渴望获得内部晋升的员工指明努力的方向，提供平等竞争的机会。

（2）职业策划。职业策划是在员工进行个人评估和自我评估时给予他们有效的援助，帮助员工确认自身的能力、价值、目标和优势。

（3）工作进展辅助。工作进展辅助是组织为帮助员工胜任现在的工作，顺利完成各项工作任务而做出的各种辅助行为。工作进展辅助的途径有主要：①满足员工

① 储成祥. 现代企业人力资源管理［M］. 北京：人民邮电出版社，2003：128.

特定的价值或目标；②激发员工的某些能力和优势；③改善或弥补员工在职业生涯发展中反映出来的弱点。

2.指导员工尽快适应自己的职业

（1）专心于自己的目标。新员工进入组织后，所面临的是纷繁复杂的职业工作情景，员工应当选定目标，努力去适应。员工只有专注于某项职业活动，才能进入职业角色，提高工作能力，并总结工作技巧，才能与该职业群体的人相交，彼此相知，融洽相处。

（2）让员工清楚适应是一个动态过程。一个人的职业选择不可能是一劳永逸、一成不变的，每个人应对企业的发展和环境的变化有足够的心理准备，对新兴事物持开放和吸收的态度，同时，还要进行知识技能的储备，及时更新知识、技能，培养动态的科学思维方式和判断能力。

（3）适应职业环境。它包括：一是适应新的工作，就是端正工作态度，熟悉和遵守该工作的角色规范，迅速掌握工作技能，提高工作效率；积极参加职业培训，虚心向有经验的人或同事求教。二是适应新的人际关系。

（4）能力替代或补偿。职业适应的关键是员工的能力结构。个人具有的能力多种多样，不同能力之间可以相互替代或补偿，从而保持或维持职业活动的正常进行。

（5）培养员工的职业兴趣。兴趣是员工职业活动的心理动力，是个性倾向性的重要内容。它能培养员工积极进取、主动热情的心境。这种必要的心理动力和情感上的支持能有效地增强员工的职业适应性，提高工作效率。

（6）脚踏实地、安心工作。职业目标的实现不是一蹴而就的，通往职业目标的路往往是漫长的，只要以良好、积极的心态，安于承担简单的或枯燥单调的工作，就能够对富于创造性和挑战性的工作深度适应。

本章小结

新员工入职培训只有从入职培训需求分析开始，才能保证培训更加有针对性。新员工入职培训内容主要包括团队类培训、公司经营类培训、业务类培训、基础管理类培训4类。新员工培训的内容设计要让员工在融入企业文化的前提下，努力成为满足胜任要求的员工。新员工入职培训后可以利用各种手段实现监控。对新员工入职培训的效果评估可以从反应层面、行为层面、学习层面、结果层面4个方面展开。新员工入职培训与员工职业发展和职业管理密切相关。

第14章基础知识测评

复习思考题

1.如何进行新员工入职培训需求分析?

2.新员工入职培训的基本内容有哪些?

3.新员工入职培训的实施在公司与部门之间是如何分工的?

4.对新员工入职培训项目的效果评估一般使用哪些指标?

5.“一个考虑周全的新员工入职培训对于有很少或者没有工作经验的员工来说是非常重要的。”你是否同意这种观点,为什么?

6.新员工入职培训对新员工职业发展的作用有哪些?如何帮助新员工更快地适应新的工作?

案例分析题

宁峰入职的前五天

情景介绍:

人物:宁峰,浙江大学应届毕业生。

事件:宁峰被一家很有实力的公司录用,即将到该公司网络中心报到上班。

第一天:宁峰首先来到人事部,人事部确认宁峰已经来到公司,就打电话给网络中心的张经理。过了好久,张经理派自己的助手小陈过来,小陈客气地伸出手,说:“欢迎你加入我们公司!张经理有急事不能来,我会安排你的一些事情。”进入网络中心,宁峰被带到一张堆满纸张和办公用品的桌子前,小陈说:“这位刚辞职走了,我们还没有来得及收拾桌子,你先整理一下吧,以后你就在这里办公。”说完,小陈去忙自己的工作了。到了中午,小陈带宁峰去餐厅用餐,告诉他下午自己去相关部门办一些手续、领一些办公用品。

第二天:张经理见到宁峰,把他带到自己的办公室开始分派任务。当张经理说完之后,宁峰刚想就自己的一些想法同张经理谈一谈,一个电话来了,宁峰只好回到自己的电脑前开始构思他的工作。他的工作是网络数据维护。他知道,他需要同不少人打交道,但他还不知道谁是谁,只好自己打开局面了。

第三天:张经理让宁峰送一份材料到楼上的财务部,宁峰送去之后,就又继续做自己的工作了。过了一会儿,张经理走了过来,问他:“交给财务部了吗?是谁接过去的?”宁峰回答:“交去了,是一位女士接的,她告诉我放那儿就好了。”张经理一脸不悦地说:“交给你工作,你一定要向我汇报结果,知道吗?”宁峰心里有些不满,但当张经理问他有什么意见时,宁峰掩饰说:“张经理教导得很对,希望您以后多多指导!”

第四天、第五天:宁峰结识了两个同事,对自己还算热情。宁峰问他俩:“难道公司总是这样接待新员工?”同事对他说:“公司就是这种风格,让员工自己慢慢适应,逐步融入公司。”“公司的创始人是几个工程方面的博士,他们认为过多的花样没多大用处,适应的就留下来,不适应的就走人。不少人留下来是因为公司的薪水还不错!”那个男孩对他说。

周末：宁峰约了同学出来吃饭，谈起自己的第一周工作。宁峰望着窗外明媚的阳光、川流不息的车辆，茫然地说：“糟糕极了!”

讨论题：

（1）新员工的特点是什么？

（2）什么是新员工入职培训？它的基本内容是什么？

（3）你认为新员工宁峰进入组织最需要解决的问题是哪些？

第14章案例分析提示

推荐阅读资料

1.权锡哲．新员工培训管理实务手册［M］．3版．北京：人民邮电出版社，2017.

2.宋晓宇．新编常用员工培训全书［M］．北京：中国法制出版社，2016.

3.孙宗虎，刘娜．招聘、面试与录用管理实务手册［M］．4版．北京：人民邮电出版社，2017.

4.孙宗虎，姚小风．员工培训管理实务手册［M］．4版．北京：人民邮电出版社，2017.

5.石金涛．培训与开发［M］．3版．北京：中国人民大学出版社，2013.

网上资源

1.中国人力资源开发培训网，http：//www.hrkf.cn。

2.中国企业培训网，http：//www.chinacpx.com。

3.中国培训网，http：//www.china-train.net。

第15章 主管人员的选拔任用

学习目标

- 了解主管人员的概念；
- 重点掌握主管人员招聘标准的制定；
- 掌握选拔标准的概念；
- 掌握主管人员应具备的能力和素质；
- 理解甄选主管人员中需要注意的问题。

引例 **Q公司中层主管的招聘**

背景资料

主营汽车销售、零配件供应的Q公司急需招聘新主管人员10人，招聘岗位包括总经理1人、部门经理9人。

测评内容

中层管理者主要考核个性特征、言语理解能力、判断推理能力、管理潜能、管理常识、公文能力、观察能力、合作精神、组织能力、应变能力、创新意识、尽职能力、适应能力。

高层管理者主要考核预测性、主动性、影响力、灵活性、管理理念、尽职能力、决策能力、计划能力、组织协调能力、开拓能力、统筹能力。

测评工具及时间

中层管理者：

(1) 采用人机对话方式测评，包括16PF个性测评、职业适应性测评、管理人员综合素质测评（90分钟）。

(2) 半结构化面试（30分钟）。

(3) 无领导小组讨论（50分钟）。

高层管理者：

(1) 采用人机对话方式测评，包括16PF个性测评、职业适应性测评、管理人员综合素质测评、领导能力结果测评（120分钟）。

(2) 半结构化面试（30分钟）。

(3) 无领导小组讨论（50分钟）。

测评方式及步骤

2015年12月5日、6日两天招聘。5日进行第一轮测评，测评专家组对100多名应聘者进行人机对话测评（16PF个性测评、职业适应性测评、管理人员综合素质测评），由测评专家组综合评估测评报告并进行履历分析后，选拔出中、高层管理者候选人35人。6日上午，测评专家组对中、高层管理者候选人进行半结构化面试，从中选拔出15人参加部门经理的角逐，5人参加总经理的角逐。6日下午，测评专家组对角逐中、高层管理者的人分组进行无领导小组讨论。在此测评过程中，对照素质选拔模型，测评专家们即时评分，最后确定部门经理和总经理人选。

测评结果

至2017年12月，被录用的人员仅有1人流失，用人单位反映经过测评技术选拔出来的人才比较稳定、工作尽职勤奋、能力强、容易沟通、绩效表现良好。

上述案例说明，企业对不同层次、不同类型的主管人员的具体素质要求是有区别的，因此选拔和任用的标准、测评的工具和方式都不同。

15.1 主管人员选拔概述

15.1.1 主管人员概述

主管人员是在社会共同活动中，经过选举、任命或从群体中脱颖而出的、能够指导和协调群体成员向着既定目标努力的、有影响力的个人或集体。主管人员是一个组织正常运作和发展的发动者和推动者。“推动帆船前进的，不是帆，而是看不见的风。”实际上，主管人员就是推动帆船前进的风。主管人员通过计划、组织、指导和监督群体成员的活动，发展和维持成员之间的团结关系，以及调动其工作积极性，使之成为一个有机的整体。[①]

15.1.2 选拔标准的含义

人才选聘成功与否的标准引导着整个人才选聘工作。这里的标准主要是指与岗位要求相关的胜任素质标准。它代表着成功员工的标准。这一标准是与行为有关的，也与其个性及特质有关，或与过去获得的技能、个体动机、与他人的交往方式、解决问题的思维方式有关。

选拔标准与胜任素质具有密不可分的联系。胜任素质理论的始创者McClelland对胜任素质的定义为：“胜任素质可以是动机、特质、自我概念、态度或价值观、具体知识、认知或行为技能，也就是可以被准确测量或计算的某些个体特征，这些特征能够明确地区别出优秀绩效执行者和一般绩效执行者，或者说能够明确地区别

① 朱斌，李君．主管人员能力和素质考评［J］．商业研究，2004（8）．

出高效率的绩效执行者和低效率的绩效执行者。”[①]为了区分绩效平平者和绩效优异者，McClelland把胜任素质类型分为基准性胜任素质（threshold competency）和鉴别性胜任素质（differentiating competency）。基准性胜任素质是指较容易通过教育、培训来发展的知识和技能，是对任职者的基本要求；鉴别性胜任素质则是指在短期内较难改变和发展的特质、动机、自我概念、态度、价值观等高绩效者在职位上获得成功所必须具备的条件，是能够将绩效平平者与绩效优异者区分开的胜任特征。因此，主管人员的选拔标准的制定应该主要从胜任素质的角度来选择。

选拔标准可以通过工作分析、关键事件访谈、座谈会等方式来识别，最后所制定的标准既不能过于一般化（适合于所有人），也不能仅仅适合于某一具体的工作。这里的标准可被定义为成功的素质描述，因为几乎没有候选人在所有的标准上都能满足要求，一些标准被用于评价某个方向上的成功，而不是全部，标准在招聘测评中被分配到不同的面试或情景模拟测评中。标准的定义要措辞严谨、简短，没有概念循环，是描述性的，是不给出具体的事例的。选拔标准要能够区分成功与失败的绩效，并且可以通过情景模拟的方式来加以评价。

标准可以根据被测群体的实际工作情况来分析设计，有些标准具有共性，可适用于所有的群体；有些具有特殊性，所以要根据不同的被测群体来分别对待。比如对计划和组织能力的考查就具有共性，即便是这样，它的内涵随着被测群体的变化也要有相应的改变。对一线管理者更注重具体的工作任务的计划组织性，对高层管理者更注重对长期目标的计划和组织能力，因此正确确定素质标准及定义标准的内涵并分等级对每个素质标准进行行为性描述是测评工作开始前的重要步骤，具体案例形式可参考下面“主管人员选拔标准的描述”部分。

15.1.3 主管人员的素质要求

主管人员的素质要求是我们制定主管人员选拔标准的基础，因此，要制定主管人员的选拔标准，首先要了解主管人员的素质。

美国管理学家哈罗德·孔茨认为主管人员应该具备的管理能力包括4类：（1）技术能力，指在业务方面的知识和掌握的熟练程度。（2）人事能力，指同员工共事的能力。它是组织协作、配合，以及创造一种能使员工安心工作，并自由发表意见的环境的能力。（3）规划决策能力，指遇到问题能从全局着眼，认清形势，统筹规划，果断地做出正确决策的能力。（4）认识问题、分析问题与解决问题的能力。

以上能力随着管理层次的不同，其相对重要性也不同。一般来说，人事能力和认识问题、分析问题与解决问题的能力对每一层次的主管人员来说都是重要的。而其他两种能力则是随着组织层次的上升，技术能力所占的比重变得相对较小，规划决策能力所占的比重变得相对较大。

Boyatzis（1982）对12个工业行业的公共事业和私营企业的41个管理职位、

① MCCLELLAND D C.The knowledge-testing educational complex strikes back［J］. American Psychologist, 1994, 49（1）: 66-67.

2 000多名管理人员的素质进行了全面分析，使用了行为事件访谈、图画-故事技术和学习风格问卷等方法，分析了不同行业、不同部门、不同管理水平的素质模型的差异，提出了管理人才素质通用模型。它包括6个特征群，它们分别是：[①]（1）目标与行动管理群，包括效率导向、生产力、分析运用概念、关注影响。（2）领导群，包括自信、运用口头简报、逻辑思考、概念化。（3）人力资源群，包括运用社会权力、正面思考、管理团体流程、精确的自我评价。（4）指导属下群，包括启发他人、运用单向权力、自发性。（5）专注他人群，包括自我控制、认知的客观性、精力与适应性、关注亲密关系。（6）专门知识群，包括记忆、专门知识。

日本企业家协会也列举了选拔优秀管理者的14条标准：（1）有威望，能合群，能起榜样、模范作用；（2）品德高尚，见识广博，工作勤奋；（3）头脑灵活，有预见性和洞察力；（4）有人情味，能吸引人，有管理才能；（5）既能把上面的意见向下面传达，又能充分了解、反映员工的要求，并提出解决问题的建议；（6）严守承诺，恪守职业道德，不贪恋浮利；（7）具有把企业与全体员工融为一体的能力；（8）果断、勇于实践，具有坚韧不拔的意志；（9）具有独创和进取精神；（10）敢于面对困难，并善于迎接挑战；（11）对上级不阿谀奉承；（12）不文过饰非；（13）先公后私；（14）排斥他人、用虚伪的手段向上爬者是不合格的。[②]

哈佛商学院的Katg教授认为，不同层次的管理人员所应具备的素质要求是不同的，见表15-1。[③]

表15-1　**不同层次管理人员在能力上的侧重要求（%）**

	专业技能	人文技能	理念技能
高层管理人员	17.9	39.4	42.7
中层管理人员	22.8	42.4	34.8
基层管理人员	50.3	37.7	12.0

注：（1）专业技能是指对生产产品或提供服务的特定知识、程序和工具的理解和掌握。

（2）人文技能是指在组织中建立融洽人际关系并作为群体中的一员有效工作的能力。

（3）理念技能是指从整体上把握组织目标、洞察组织与环境的相互关系的能力。

对高层管理人员而言，理念技能是最重要的，占到其能力构成的42.7%；对中层管理人员而言，人文技能是最重要的，占到其能力构成的42.4%；对基层管理人员而言，专业技能是最重要的，占到其能力构成的50.3%。

总之，对不同层次、不同类型的主管人员具体素质的要求是有区别的，Katg教授得出了各级管理人员能力的最佳组合，具体见表15-2。[④]

① 伍德，潘思．职能招募与选才［M］．蓝美贞，姜佩秀，译．汕头：汕头大学出版社，2003：36.

② 林泽炎，李春苗，等．激活企业高层管理者——高级人才资源管理理论与操作实务［M］．北京：中国劳动社会保障出版社，2005：16.

③ 中国就业培训技术指导中心．企业人力资源管理师（二级）［M］．北京：中国劳动社会保障出版社，2007：172.

④ 中国就业培训技术指导中心．企业人力资源管理师（二级）［M］．北京：中国劳动社会保障出版社，2007：172.

表15-2　不同层次管理人员所应具备的能力组合

管理层次	能力组合
高层管理人员	观察能力、决策能力、创造能力、统筹能力、批判能力、个人品德、自我控制力、自我学习能力、概念思维、战略眼光、团队领导、发展他人的能力等
中层管理人员	批判能力、领导能力、协调能力、沟通能力、专业能力、目标设定能力、业绩考核能力、教练与咨询能力、解决团队问题的能力、向高层经营者提供信息的能力等
基层管理人员	专业能力、计划能力、指导能力、沟通能力、理解能力等

15.2 主管人员选拔的标准

15.2.1 主管人员选拔标准的描述

不同类型、不同层次的主管岗位的素质选拔标准是不同的，下面概述主管人员选拔中常用的标准。

1.成就素质

（1）主动性。主动性是指个人在工作中不惜投入较多的精力，善于发现和创造新的机会，提前预计到事件发生的可能性，并有计划地采取行动提高工作绩效，避免问题的发生，或创造新的机遇。这种品质也被称为决断力、策略性的未来导向和前瞻性等。

（2）成就导向。成就导向是指个人具有成功完成任务或在工作中追求卓越的愿望。成就导向的人的行为表现为：关注后果、效率、标准，并追求改进产品或服务，在组织中力求资源使用最优化；希望出色地完成他人布置的任务，在工作中极力达到某种标准，愿意承担重要的且具有挑战性的任务；在工作中有强烈地表现自己能力的愿望，不断地为自己设立更高的标准，努力不懈地追求事业上的进步；不满足已取得的业绩，完成工作之后为自己设立更高、更具有挑战性的目标。

（3）学习创新。学习创新是指个体积极寻求和把握学习与提高自身能力的机会，并将所学知识与技能运用于工作实践。其具体表现为：迅速掌握新的思想、观点、方法与技术，并应用于工作中；善于总结经验教训，持续不断地改进工作方法和流程；对自身的长处和弱点有清晰的认识；积极寻求来自各方面的反馈，并根据反馈调整自己的行为；敢于打破惯性思维，鼓励他人尝试新技术、新方法，并允许失败。

2.影响与沟通素质

（1）影响力。影响力主要是指说服或影响他人接受某一观点，或从事某一具体行为的能力。它主要基于个体对他人施加具体影响的愿望，如自己设定的议程等，是一种给他人留下具体印象的愿望，或希望他人采取的一系列行动。影响力的最高表现为根据情况影响他人所采取行动的复杂性。

（2）沟通能力。沟通能力是指针对一定的受众对象，通过倾听、清晰表达自己的意见，公开进行反馈，与他人进行信息传递的能力。其主要表现为：有与他人沟通的愿望；善于倾听，理解他人的观点，并能向他人清楚表达自己的观点。

3.认知思维素质

（1）系统思维。系统思维是指把握复杂事物关系的能力，在分析和处理问题时，能够掌握全局，系统分析各部分和各环节中的复杂因果关系，把复杂事物分解成更简单的组成部分，并考虑它们如何构成整体系统，选择和制订系统的方案和计划。

（2）分析问题能力。分析问题能力主要是指能够系统地收集相关信息；全面考虑问题或问题的因素；善于抓住问题内部的复杂关系；善于从别人那里寻求解决问题的信息；在分析问题时，能够进行精确的逻辑推理；在对复杂问题进行分析后提出多种解决方案，并能进行合理的比较评估。

（3）判断能力。判断能力主要是指能够适时地进行正确决策；在不确定条件下能够进行正确、果断的决策；对既有的和收集到的信息进行综合概括，从而产生对具有共性的问题的总结，对潜在的问题和事物未来发展趋势预先评估。

4.组织管理素质

（1）培养人才。培养人才是指在需求分析的基础上，带有一定想法地筹备长期人才培养的计划。其关键在于培养人才的意愿和影响力。其具体表现为：对他人表达正向期待；给他人提供建设性的反馈意见；当他人遇到困难时给予安慰和鼓励；通过各种指示、建议或其他指导方式培养他人。

（2）领导能力。领导能力是指有意做一组人或一群人的领导，希望领导其他人。领导能力往往以一个正式的权威位置来体现，尽管不一定全是这样。其具体表现为：能有效地安排会议；确保员工得知必要的信息；增强团队的工作效率；关心组织的形象；用激动人心的预见激励大家。

（3）解决问题的能力。解决问题的能力是指按照设定的工作目标，科学地收集、分析和筛选信息，选择有效的实施方法推进既定的工作计划，尽可能准确、全面、完善地解决问题。其主要表现为：面对问题能动用多种资源、使用多种方法，灵活地处理并完满解决。

（4）组织协调能力。组织协调能力是指根据工作目标合理配置资源，协调各方关系，调动各方积极性，及时处理和解决目标实现过程中各种问题的能力。其关键点是：对组织中的人、财、物等资源进行有效组织和合理调配。

（5）指挥监控能力。指挥监控能力是指指令他人（下属或受检查部门）按照规则的要求完成任务，并对完成的过程和结果加以监控。其具体包括：对下属的工作提供指导与支持；对布置给下属的工作进行跟踪，要求其及时反馈，并根据情况提出相应对策。

（6）团队管理。团队管理主要是指能根据团队的整体目标，为团队成员制定职责与目标，在工作中对他们进行激励与辅导，不断提高团队的凝聚力与战斗力。其具体表现为：明确本部门或团队的整体目标和使命，并明确各成员的职责；了解团队成员的能力特长和个人特点并正确评价，分配具有挑战性的任务；帮助下属制订能力发展计划并提供必要的指导，激发他人的工作热情；及时、适当地给予鼓励和奖励；创造良好的团队工作氛围，使每个人都能将自己的能力最大限度发挥出来。

5.个人素质

（1）自信。自信是一种相信自己有能力完成某项任务和采用某种有效手段完成任务或解决问题的信念。其主要表现为：对自己能力的自信；能独立自主行事；选择富有挑战性的工作；在问题难度加大时不会轻易沮丧和妥协。

（2）坚韧性。坚韧性也叫耐受力、压力忍受力、自我控制和意志力等，是指能够在非常艰苦或不利的情况下，克服外部和内部的困难，坚持完成所承担的任务。其具体表现为：能够在受到挫折的情况下控制自己的不良情绪，使自己不采取消极的行动；面对他人的敌意时保持冷静和稳定的情绪状态；能够忍受艰苦的工作条件和较大的压力，使其工作业绩不受外界压力、挫折和个人消极情绪的干扰。

（3）合作精神。合作精神主要是指愿意与他人分享知识、信息、资源、责任及成就，能通过各种方法与别人建立相互信任的合作关系。其具体表现为：尊重、理解别人的观点并珍视所有团队成员的贡献；关心他人并愿意帮助同事解决问题和困难；主动与他人分享工作进展或成果；以合作态度处理人与人之间的矛盾，将整体利益置于个人利益之上；跨越各种组织边界，不断致力于发展和培养重要的工作关系。

以上素质标准的描述由于不是针对具体的某个管理岗位，因此在涉及具体某个管理岗位的素质描述时，需要根据岗位特点加以适当修改和完善。

另外，以上素质描述在应用于招聘选拔前最好再进一步将较为概述性的定义划分为不同水平等级的行为描述，有的称为行为锚（behavioral anchors），这些等级描述的是素质的水平因素，用于测量员工需要展示或具备的指定能力的不同程度。这是提高素质标准可操作性的关键，具体等级描述形式可参考图15-1，这样的标准在招聘甄选中才便于使用。

通过上面这些素质描述标准，已经确定了将在测评中心考查的基本素质描述的要求，如何把这些素质描述要求通过情景模拟测评体现出来是素质描述的关键问题。通过分析把素质描述和相应的测评项目匹配起来，确定哪些标准要在哪一个模拟测评中测试，然后相应测评工具的开发就基于所含的素质描述要求而进行。通过不同的模拟测评，应该把所有的素质标准全面测试到，每个模拟测评中所测试的素质要求应该以5～7个为好。太少不利于多角度地观察评价候选人的潜在能力；太多会使评委观察评价起来有一定的困难，容易引起偏差。开发时，也应时刻注意同公司的实际工作情况相结合，使其内容贴近生产管理的实际情况。

解决问题

定义：按照设定的工作目标，科学地收集、分析和筛选信息，选择有效的实施方法推进既定的工作计划，尽可能准确、全面、完善地解决问题

等级1	等级2	等级3	等级4
• 能够根据工作目标及既定的方案组织具体实施 • 能够察觉到工作计划执行中问题的出现，运用常规方法进行信息收集，查找问题产生的直接原因 • 能够判断执行中的偏差，确保判断准确、公正和科学 • 能够在分析问题的基础上提出初步的解决方案或努力方向 • 对待问题拥有积极的态度和解决的信心	• 能够根据工作目标和现有资源形成解决问题的基本方案 • 收集执行过程中的问题并进行分析，找出问题的根源，为决策提供依据 • 使用多样的分析工具和方法，诊断问题存在的相关因素，梳理可能产生问题的各种直接或间接原因 • 分析各种解决方案，以及这些方案对相关联工作的影响及促进 • 将解决问题的方案细化为分步行动的计划，确保有效实施	• 能够根据工作目标灵活调整解决方案及相关计划，准确、全面解决工作计划中的细节 • 具备能将复杂问题和流程细分成简单单元的能力，并能够与其他执行者进行很好的沟通 • 习惯使用假设的思考方式，创造性地提出解决方法并预期可能出现的结果 • 综合考虑各种限制因素，对解决问题可选方案的优缺点进行评价，并制订具体的行动计划 • 不满足于部分解决问题或纠正错误，准确把握产生问题的主要根源	• 全面考虑关联问题，在准确、全面解决问题的基础上尽可能完善工作目标和计划 • 系统分析对工作可能产生影响的每个因素，理清复杂问题的头绪 • 能够在部分或不完整信息的基础上逻辑推理，补充缺失的信息以便做出判断，找到解决问题的方法 • 在寻求解决方案时，从多角度思考问题，发挥更多人的智慧，促使团队做出解决方案 • 在问题的解决和相关思路上指导他人，关注判断、决策的实施情况

图15-1 解决问题素质标准描述

15.2.2 确定主管人员选拔标准的方法

主管人员的选拔标准就是能够鉴别出优秀主管人员的标准与规定，或鉴别出符合特定核心岗位要求的标准与规定。要有效地选拔主管人员，就要求选拔人清楚地了解该职位的性质和目的，这样就要客观分析该职位的要求。确定招聘甄选标准，一般采取职位分析法、行为事件访谈法和专家小组讨论法。

1.职位分析法

职位分析法也叫工作分析法、岗位分析法，在本书第5章有详细介绍，这里不再赘述。

目前，对主管人员多用胜任素质做选拔标准，这样就要用样本关键事件访谈。根据企业确定的招聘岗位，在全企业范围内针对各个职级、职类的不同职位，抽选相同数目的优秀绩效样本主管和普通绩效样本主管，进行访谈调查。通过比较分析，得出各个职位胜任素质要素的初步描述。

2.行为事件访谈法

在确定胜任素质标准时，行为事件访谈法（BEI）是较有效的方法。行为事件

访谈法的具体内容可以参考本书第5章的相关介绍。在行为事件访谈结束时最好让被访谈者自己总结一下成功或不成功的原因。这可以让访谈者甄别被访谈者的个性与“认知风格”，评估某些能力，包括成就动机或思考解决问题的逻辑方法。最后，通过专门的编码分析技术就可以建立相应岗位的胜任素质标准。

3.专家小组讨论法

由优秀的领导者、人力资源管理者和研究人员组成专家小组，对能出色完成某类管理工作所需要的各种素质与能力进行讨论。小组成员需要掌握基本素质和能力要素的定义及行为特征，以免得出的素质与能力要素不全面或不准确，甚至把重要的基本素质与能力要素遗漏。

另外，还有直接观察法、问卷调查法、工作日写实法、专家信息库法等方法，这里不再赘述。

15.2.3 确定不同主管人员的选拔标准模型

对于不同岗位、不同层次的主管人员，选拔标准的内容和重要程度是不一样的，因此在选拔前要根据岗位需求建立相应的选拔模型。表15-3、表15-4分别为经理人员和企业家通用的胜任素质标准模型。[①]

表15-3 **经理人员通用胜任素质标准模型**

权重	胜任素质
6	影响力、成就欲
4	团队协作、分析性思维、主动性
3	发展他人
2	自信、指挥、信息寻求、团队领导、概念性思维
阈限	权限意识、公关、技术专长

表15-4 **企业家通用胜任素质标准模型**

权重	胜任素质
6	成就欲、主动性、捕捉机遇、坚持性、信息寻求、质量与信誉意识
5	系统性计划、分析性思维
4	自信、专业经验、自我教育
3	影响力
2	指挥
1	发展下属、公关

① 王继承. 人事测评技术［M］. 广州：广东经济出版社，2001：273.

15.3 主管人员遴选操作

15.3.1 主管人员的遴选途径

在确定企业组织结构中的各个主管职位后，便开始通过招聘、选拔、安置和晋升来获得主管人员。选聘主管人员的途径不外乎两种：从组织内部选聘和从组织外部选聘。两种途径各有长短，一般而言，两种途径应该结合使用。在具体情况下，要视组织的实际情况而定。

1.内部选聘

内部选聘是指通过内部晋升、工作调换、工作轮换、人员重置等方法来选聘人员。

内部选聘的优点有：(1) 准确性高。企业对员工有全面的了解，减少招聘的风险。(2) 适应较快。现有的员工更了解和熟悉本组织的运作模式、业务流程和人际关系等，与从外部招聘的人员相比，通过内部选聘的人上岗后能迅速投入工作。(3) 激励性强。内部选聘能给员工提供晋升的机会，获得晋升的员工能为其他员工做出榜样，激励组织内其他员工的工作士气，提高员工工作热情。(4) 费用较低。内部选聘可以节省高昂的选拔费用，省去一些不必要的培训费用，而且人才离职流失的可能性小。

内部选聘的局限有：(1) 提升的人数量有限，容易挫伤没有得到提升的人，激化同事间的矛盾。(2) 造成“近亲繁殖”现象，存在思维定式，抑制了创新，不利于组织的长远发展。(3) 不能及时满足对急需人才的需要。(4) 不利于新主管建立声望。新主管从同级员工中产生时，自己会受到“是大伙中的一员”的情感束缚，会感到大伙对自己的信任的缺失，使主管无法很好地完成角色转变，不易建立领导声望。(5) 可能在组织内部出现“裙带关系”或“帮派、团伙”现象。(6) 当组织内部对未来主管人员的供需缺口较大，且内部人才储备无法满足需要时，坚持从内部提升，会使组织既失去获得一流人才的机会，又会让不称职者居于主管位置。

2.外部选聘

外部选聘是指从组织外部选聘主管人员，也有人将其称为“空降兵”。

外部选聘的优点有：(1) 有利于组织的发展创新，避免“近亲繁殖”，可以为组织带来新思想、新方法，为企业带来新鲜血液，增强企业活力。(2) 产生“鲶鱼效应”，唤醒内部人员的危机感，激发内部员工的斗志。(3) 较广泛的人才来源，有利于招募到一流人才，节省培训投资，缩短人才成长周期。(4) 外部选聘中的宣传会起到广告作用，有助于树立企业的良好形象。(5) 避免组织内部那些没有得到提升的人的积极性受挫，有助于平息与缓和内部竞争者的紧张关系。

外部选聘的局限有：(1) 甄选难度大，时间长。企业无法在短时间内准确判断应聘者的实际品质和工作能力。(2) 应聘者对组织需要有一个了解的过程，进入角色慢。“外部人员”也有可能出现“水土不服”的现象，无法融入企业文化氛围之中。(3) 招聘成本比较高。(4) 决策风险大，容易被应聘者的表面现象（如学历、资历等）所蒙蔽，而无法清楚了解其真实能力。在管理学经典著作《管理的实践》一书中，德鲁克指出，企业在选拔来自外部的管理者的时候，大约3个中有1个是准确的，即准确率在33%左右。(5) 如果组织内有胜任的人未被选用，从外部招聘会使他感到不公平，士气受到打击，也容易抱有与应聘者不合作的态度，甚至产生“招来女婿，气走儿子”的后果。

15.3.2 主管人员的遴选分析

1.初步甄选

初步甄选可以根据应聘人员的简历或申请表中的信息做出，如年龄、学历和学习培训经历、资历和工作业绩等。为了选准能够胜任待聘岗位的高级人才，外国公司十分重视高级经营管理人才的职业生涯，各个公司对经营管理人才的工作经历一般都做出了明确要求。如美国某公司规定，应聘经营管理人员必须具有以下5种工作经历：一是做过销售工作，担任过公司的销售代表；二是管理过一个单位或部门，比如担任过项目经理、工程经理或人事管理部门经理；三是工作有业绩，负责管理的部门或单位为公司赚了钱；四是有国际工作经验，考查其能否胜任国外工作；五是参加过高级主管的培训。[①]

2.前期的双向信息沟通

在招聘和选拔工作中，信息沟通有双重作用：企业向应聘人员解释公司与职位要求的客观情况；应聘人员向公司提供有关其能力的信息。

企业和其他组织都试图将自身形象描绘得很好，它们强调为个人成长与发展提供的机会和极富挑战性的各种潜在问题，提出晋升的机会，并且透露有关报酬、津贴和职业安全方面的信息。当然如果这种做法过了头，超出企业的实际情况，会在应聘人员心中产生不切实际的想法，长此以往会引起不好的结果，使人对工作不满意，认为自己壮志难酬。当然，企业应该向应聘人员阐明其吸引人之处，但必须实事求是，同时还应介绍该职务的局限性，甚至它的不利方面。另外，主管部门也应了解应聘人员在知识、技术、能力、习惯，甚至动机方面的客观信息，要使用一系列技术和工具来获得这方面的信息，这将在下面进一步讨论。

3.确定甄选方法

如前所述，甄选的方法很多，包括知识测试、情景模拟、行为事件面试、案例分析、工作测试、结构化面试、心理测验、背景调查等。每一种方法都有其特点和适用范围，在甄选时要根据岗位特点和测试标准选择合适的方法。对于应聘者岗位胜任素质的测试，最好的方法是采用行为事件面试法。这种方法的依据是，过去的绩效能很好地预测未来的绩效。具体操作是让应聘者回答那些没有固定答案的问

① 李维平. 国外企业经营管理人才培养选拔机制 [J]. 中国人才，2003 (12).

题，让他们讲述自己过去经历的事件，以证明自己的素质状况。讲述的事件应该是真实的，内容包括发生的时间、地点、背景、涉及的人物，自己当时的想法、做法以及结果等。通过分析应聘者经历的行为事件，能准确地评价其岗位胜任素质。

表15-5是根据专家的分析，对管理干部测试中各种测评方法所适用的测评指标，根据其等级分统计后由高到低排序的结果。

表15-5 **管理干部测评方法与适用性调查**

纸笔考试	适用性排序	面谈	适用性排序	民主评议	适用性排序	情景评价	适用性排序
知识面	1	口头交往技能	1	个人的影响力	1	宏观决策能力	1
业务水平	2	自信心	2	求实精神	2	应变能力	2
书面交往能力	3	成就感	3	领导能力	3	领导能力	3
兴趣广度	4	知识面	4	组织协调能力	4	组织协调能力	4
思想政策水平	5	业务水平	5	精力	5	行政管理能力	5
自学能力	6	兴趣广度	6	主动性	6	决断性	6
科技性向	7	实际工作经验	7	调研能力	7	灵活性	7
实际工作经验	8	竞争意识	8	人际关系技能	8	竞争意识	8
宏观决策能力	9	应变能力	9	激励	9	知识面	9
行政管理能力	10	宏观决策能力	10	行政管理能力	10	创造性	10
创造性	11	思想政策水平	11	宏观决策能力	11	自信心	11
		求实精神	12	口头交往技能	12	主动性	12
		精力	13	实际工作经验	13	业务水平	13
		人际关系技能	14	坚韧性	14	调研能力	14
		行政管理能力	15	冒险程度	15	人际关系技能	15
		领导能力	16	思想政策水平	16	口头交往技能	16
		寻求上级赞同	17	自我管理能力	17	坚持性	17
		科技性向	18	决断性	18	冒险程度	18
		创造性	19	灵活性	19	思想与政策水平	19
		个人的影响力	20	竞争意识	20	个人的影响力	20
		自学能力	21	业务水平	21	精力	21
		灵活性	22	知识面	22	激励	22
		自我管理能力	23	创造性	23	自我管理能力	23
		寻求同事赞同	24	应变能力	24	科技性向	24
				自信心	25	成就感	25
				科技性向	26	兴趣广度	26
				寻求上级赞同	27	实际工作经验	27
				成就感	28	求实精神	28
				自学能力	29	寻求上级赞同	29
				兴趣广度	30	自学能力	30
				寻求同事赞同	31	书面交往能力	31

不同的测评所选拔的员工对未来工作绩效的预测效度也是不一样的，可根据预

测效度来选择合适的甄选方法。亨特（Hunt）等于1984年在《心理学公报》（Psychological Bulletin）上发表了一篇文章，他们在分析和总结了过去50年发表的人事测评研究报告的基础上，得出了不同测量和评价方法的预测效度的结果（见表15-6）。[①]

表15-6 选拔方式的预测效度

选拔方式	预测效度
工作样本测验	0.54
认知能力测验	0.53
同事评定	0.49
过去工作经验评定	0.49
工作知识测验	0.48
试用工作	0.44
评价中心技术	0.43
个人资料问卷	0.37
推荐检核	0.26
工作经验	0.18
面谈	0.14
培训和经验评定	0.13
学业成绩	0.11
教育年限	0.10
兴趣	0.10
年龄	-0.01

4.做出录用决策

从系统的角度统筹考虑后做出录用决策，具体来说包括：管理岗位要求与主管素质相匹配；工作报酬与主管贡献相匹配；主管与主管、主管与上级、主管与下级之间相匹配；主管工作价值观与企业文化相匹配等。

为某一新职位选拔人员的最后决定权在于该候选人未来的上级领导，因为选拔者对入选的候选人未来的工作成绩负有责任。有条件时，应进一步听取其他人的意见，特别是听取那些将与该候选人共事的人的意见，这也是必要的。另外，选拔者的上司应该具有审批权，但并不做最后的选拔决定。这充分说明候选人的资格才是

① 龚文. 人事选拔的测量学研究［D］. 北京：北京师范大学，1997：12.

选择的基本依据，而不是私人友谊。同时，这也进一步证实了负责选拔工作的人员是在选拔合格的、有发展潜力的人才。

15.3.3 主管人员遴选中的几个问题

1.所采用的选聘技术要适合本企业的情况

选拔主管人员，从逻辑上讲，就是从候选人中选择出最符合职位要求的人员。选拔工作可能是为填补某一职位空缺，也可能是为将来对管理人员的需要做准备，所以，一些专家将填补组织职位空缺的选拔和安置办法一分为二。“选拔”是根据具体需要寻找合适的申请人填补空缺，而“安置”则是根据评定的个人的优缺点，为其寻找甚至设计一个合适的职位。“晋升”是在组织内部向更高职位的一种变动，要求比以前负的职务责任更大，也需要更高的技术，通常伴随地位提高的是薪金增加。

当前大部分组织在选聘人才的过程中，喜欢寻求人才选聘方法、程序、工具、专家团队等方面“最优化”的技术方案。技术方案最优，并不能保证人才选聘的成功。只有适合企业现实特点的人才选聘技术方案，并由合适的人才选聘专家团队使用，才能让合适的技术方案表现出“最优性”，确保组织找到自己所需要的人才。

2.平衡主管人员的技能和年龄因素

选拔主管人员还需要考虑另外一些重要因素。主管职位需要各种技能：技术、人事管理、概括分析和解决问题的能力。一个人不可能具备所需的全部技能，必须选拔其他人员来弥补。例如，一位最高层主管人员具有杰出的概括分析和设计能力，那么他可能需要擅长技术的人员的辅助；而一位具有很强的销售和财务工作能力的主管人员，则可能需要一名经营管理专家来弥补他的不足。

在选拔主管人员时，年龄因素也必须考虑。常常出现一个公司中所有的副总裁和中层主管人员都在同一年龄层的情况，于是同一组织级别的几个主管人员同时退休时问题就出现了，一下子需要补充几个主管人员，对人力资源部门来说是很大的挑战。如果在最初招聘人员时就注意考虑年龄因素，就可以避免这类情况的发生，但同时还必须注意避免对年龄的非法歧视。系统地规划员工队伍，可以将各年龄组的主管人员均衡合理地分配在组织结构中。

3.正确处理文凭与水平的关系

学历、文凭与真正掌握和运用某一方面知识的能力并不总是相等的。“高分低能”是一种较为普遍的现象，文凭与水平有关系，但不能画等号。因此，在主管人员的选聘中，应该既看文凭，又不唯文凭，要重视实际掌握和运用知识的能力。

4.注意人的个性特点与岗位及团队结构的兼容

有些应聘者可能在知识层面和经验层面上适合该岗位，但个性特征会限制他们在该岗位上的发展，而个性又是一个相对稳定的素质，难以通过培训而改变，俗话说“江山易改，本性难移”，因此，个性的适配比知识和经验的适配更重要，知识、经验相对容易改变。

能力强、业绩佳、认同组织文化的人才，并不一定就是组织拟聘任的合适人选。试想在一个观念陈旧、员工素质普遍偏低的组织，选聘一个观念超前、能力优异的人才，会出现什么样的结果？因此，在选聘人才的过程中，除了关注人才个体的素质外，还应认真分析人才拟任职团队的结构特点，如团队成员的学历、性别、年龄、观念等。强调人才与其拟任职团队的兼容性，应该减少因拟聘人才的“鹤立鸡群”而带来的不必要的“孤独感”；否则会影响人才能力的有效发挥，甚至会造成人才流失。

5.高度重视人才的文化、价值追求

各类组织中能力杰出、业绩优秀的人才流失的现象时有发生，这不仅会给组织造成经济损失，更会对组织中的其他员工造成不良影响。究其流失原因，主要是人才不认可组织的文化、价值追求，因此，成功的人才选聘应该关注人才对组织文化、价值追求的认同程度。比如，朗讯公司在人才选聘过程中，就非常注重考查人才对全球增长观念、注重结果、关注客户和竞争对手、开放和多元化的工作场所、速度（简称GROWS）等文化价值观的认同。

本章小结

该章主要阐述了主管人员的选拔标准和遴选分析方法。选拔标准主要是指与岗位要求相关的胜任素质标准。对于不同层次、不同类型的主管人员，其具体素质的要求是有区别的。高层管理人员的理念技能最重要，中层管理人员的人文技能最重要，基层管理人员的专业技能最重要。在主管人员甄选和任用过程中有诸多方法可供选择，而适合企业实际情况的就是最好的，最后，要从系统的角度统筹考虑并做出录用决策。

第15章基础知识测评

复习思考题

1.如何理解主管人员？

2.选拔标准的含义是什么？

3.如何确定选拔主管人员的标准？

4.试说明不同层次的主管人员应具备的素质有什么不同。

5.试说明主管人员甄选和任用过程中应注意的问题。

案例分析题

华为选拔管理者的六大原则

华为是我国通信产业著名的“巨、大、中、华”4家公司之一。该公司的发展需要大量的管理者，公司在选拔管理者的过程中形成了以下六大原则：

第一，管理者要具备踏实的办事能力、强烈的服务意识与社会责任感，能够不断提高自身的驾驭与管理能力。

华为要求每个管理者都能够亲自动手做具体的事，那些找不到事做又不知如何下手的管理者，就会面临被精简的命运，华为会将没有实践经验的干部调整到科以下的岗位去。在基层没有做好工作的、没有敬业精神的，是得不到提拔的，任何虚报数字、作风浮夸的干部都会被降职、降薪。

在华为，中高层管理者要具备自我提高的能力，能够很快地适应社会、企业的发展要求。同时，管理者必须充分理解企业的核心价值观，具有自我批判的能力。要关心部下，善于倾听不同的意见，能够和持不同意见的人交朋友，分析这些人的问题，给他们提供帮助。对管理者而言，做员工真诚的朋友很重要，这样，员工就能和你说知心话，可以弥补管理者在工作中的缺陷。

第二，管理者要具备领导的艺术和良好的工作作风。在华为，强调批评与自我批评的工作作风，从高层一直传递到最基层。在公司内部允许员工对自己的上级和部下进行批评；否则人人都顾及影响，都做“好人”，企业管理的进步就无从说起。

第三，要站在公司的立场上综合地选拔管理者，而不能站在小团体、小帮派的立场上选拔。区别某个人是否具有成为合格管理者的潜质，主要看这个人的基础、素质以及能力，不能论资排辈。同时，要允许持不同意见的人存在。华为实行的是干部对事负责制，而不是对人负责制。对人负责制会滋生一些不良风气，会出现很多人说假话、封官许愿、袒护问题、以人画线等一系列问题。华为对管理者有几条纪律：管理者只能以个人名义表达自己的意见，不允许使用联合签名的方式。管理者个人对问题的看法，只能用电子邮件的方式发到专用邮箱反映，而不允许未经批准擅自把电子邮件发上公告栏。当公司认为意见可以公开时，才可以公开发表。不管是正面意见还是负面意见，未经批准，在华为都是错误的。

第四，管理者必须具有培养超越自己的接班人的意识，具有承受变革的素质，这是企业源源不断发展的动力。

企业变革的阻力一般都来自管理层，管理者要以正确的心态面对变革。变革从利益分配的旧平衡逐步走向新的利益分配平衡，这种平衡的循环过程促使企业核心竞争力提升与效益增长。在这个过程中，管理者的利益可能会受到一些损害，大方丈可能会变成小方丈，原来的庙可能会被拆除，这时，管理者要从企业发展的角度出发，用正确的心态对待。就像华为，正处在一个组织变革的时期，许多高中级干部的职务都会相对发生变动。公司会听取管理层的倾诉，但也要求服从，否则变革无法进行。等变革进入正常秩序，公司才有可能按照干部的意愿及工作岗位的需要，接受他们的调整愿望。

第五，企业对候选的管理者要进行深入的了解与沟通。华为要求管理者的个人履历加强透明度，他也可以选择放弃对公司的透明度，这样，公司也会放弃选择他做干部的权利。对管理者个人状况的了解有助于解决管理层的腐化问题。

第六，华为公司还有一个选拔管理者的原则：凡是没有基层管理经验、没有当过工人的、没有当过基层秘书和普通业务员的，一律不能提拔到管理层，哪怕是博士也不行。学历再高，如果没有实践经历，也不可能成为一个合格的管理者。

资料来源　佚名.华为选拔管理者的六大原则［J］. 人才资源开发，2008（5）.

讨论题：

（1）结合案例谈谈华为选拔管理者的特点。

（2）结合案例谈谈华为选拔管理者的六大原则的价值何在。

（3）请谈谈华为选拔管理者的六大原则对我们的启示。

第15章案例分析提示

推荐阅读资料

1.风里．五大品质：卓越领导力心理基因解码［M］．3版．上海：上海财经大学出版社，2013.

2.北京双高人才发展中心．领导人才选拔评价研究与实践［M］．北京：北京出版社，2009.

3.田效勋，柯学民，张登印．过去预测未来——行为面试法［M］．3版．北京：中国轻工业出版社，2018.

4.孙宗虎，庄俊岩．人员测评实务手册［M］．4版．北京：人民邮电出版社，2017.

5.王楠，等．人员招聘面试测评与录用实务手册［M］．北京：化学工业出版社，2018.

网上资源

1.世界经理人互动社区，http：//www.ceconlinebbs.com。

2.拉勾网，https：//www.lagou.com。

3.公招网，http：//www.gongzhao.net。

第16章　招聘与配置的评估

学习目标

- 了解招聘与配置评估的重要性；
- 掌握招聘与配置评估各环节的内容；
- 掌握招聘与配置评估中的常见问题；
- 掌握招募评估的内容及评估的常用方法。

引例

人才需求调查

2008年12月，一家IT公司人力资源部进行了用人部门人才需求调查，共得到35个岗位需求。公司通过中华英才网和当地报纸发布了招聘信息，共收到简历520份。通过简历筛选，公司按照6：1的比例选定了210名求职者进行笔试，按照3：1的比例选定了105名求职者进行面试和心理测试，历时25天，共录取了29名合格的求职者，但最终只有24名求职者最后来公司报到并签订了劳动合同。这24名新员工在2009年年底的绩效考评中，23名为优秀，1名为良好。分析表明：组织的运行需要一定的人力资源作为保证，而组织开展招聘工作正是因为职位有缺口或需要实现一定的资源更替。因此，衡量组织招聘工作成效的最直接体现就是空缺职位填补数量、及时性，新招聘员工与组织、职位的匹配性等。一般认为，通过招聘行为使得组织的职位缺口越少，空缺职位得到填补越及时，新招聘的员工与组织的职位、文化、制度越匹配，招聘工作就越有效。

资料来源　彭移风，宋学锋. 如何评估招聘的有效性 [J]. 人力资源，2008（2）.

这一案例表明：招聘与配置评估工作是非常重要的，能够帮助企业总结招聘工作中的不足和成功的经验，引导和督促企业在招聘的各个环节计划、组织、控制好招聘工作。那么，企业如何进行招聘与配置评估？招聘与配置评估中应注意哪些问题？

16.1　招聘与配置评估概述

16.1.1　招聘与配置评估的内容

企业既可以就招聘工作的流程、某项具体活动、招聘方法、招聘中的相关人员、招聘成本与效用等进行多方面评估，也可从多方面对招聘工作进行系统的评估。

1.招聘工作流程的评估

它是按照招聘工作流程中的各项活动而展开的评估。

2.招聘中某项具体活动的评估

它是对整个招聘过程中某一项具体活动的开展过程和结果进行的评估，如对参加某次校园招聘会的评估、对聘请外部专家进行管理人员甄选活动的评估等。

3.招聘方法的评估

它主要是对招聘工作所采用的某种具体方法的效果进行的评估。其主要涉及招募方法和甄选方法的评估。

4.招聘中相关人员的评估

它是对企业招聘中涉及的人员的评估。这些人员包括人力资源部人员、用人部门主管、面试考官、甄选组织人员及辅助人员、新录用人员等。

5.招聘成本与效用的评估

它是对企业用于招聘工作中的费用进行总量和个量的评估，也是对这些费用所产生的实际效用的评估。

16.1.2 招聘与配置评估的重要性

1.有利于检验招聘计划的有效性

通过对招聘完成比、招聘成本收益、录用人员质量等进行评估，可以检验招聘计划的有效性。如果某岗位在规定时间内难以招募到合适的人员，则说明招聘计划的周期可能较短，以后制订招聘计划时应适当延长招聘周期。

2.有利于正确评价招聘人员的工作业绩

对招聘人员进行相关评估有利于了解其工作质量及效率，了解招聘活动的策划、统筹以及各项费用的使用情况，了解所选候选人的录用比及相关业绩等情况，并可据此进行有针对性的培训和奖惩，调动其积极性。

3.有利于提高招聘工作质量

对招聘工作进行评估有利于评估招聘渠道的吸引力和有效性，有助于改进招聘的筛选方法，有助于检验测评结果的准确性，从而提高整个招聘工作绩效，提高新聘员工的质量，避免招聘工作的短视性，合理配置企业资源。

4.有利于降低招聘费用

通过成本与效用核算，能够使招聘人员清楚地知道费用的支出情况，区分哪些是应支出项目，哪些是不应支出项目，有利于降低今后的招聘费用，从而为企业节省开支。

5.有利于发现企业内部的一些管理问题

做好招聘工作的评估，有助于找出企业内部管理问题的深层次原因，如企业提供的薪酬福利、企业的人力资源战略、企业文化建设等方面存在的问题。企业应该通过招聘工作的评估，深入研究各种问题产生的原因并适时地调整企业人力资源管理的各项措施。

16.2 招募与配置各环节评估

16.2.1 招募工作的评估

招募工作就是吸引或寻找求职者。企业能否在较短的时间内，以较低的费用吸引或寻找到足够的高素质应聘者，是对招募工作的目标性要求，关系到整个招聘工作最终的效果。对招募工作进行评估，一般可以从以下7个方面展开：

1.招募数量评估

一般而言，通过招募工作吸引或寻找到来企业应聘的人员数量越多，企业就越有可能从中挑选出更多的优秀人选，招募工作也就越有成效；相反，来企业求职的人越少，则挑选合适人员的可能性也就越低。所以，能否通过招募吸引或寻找到足够数量的应聘者，是对招募工作成效的一个重要监测指标，我们一般用应聘比这个指标来评估，这个比率说明人员甄选的范围和信息发布的效果。应聘比越大，说明企业的招募信息发布的效果越好，企业可以在较大的范围内挑选求职者，反之亦然。应聘比的计算公式为：

应聘比=应聘人数÷计划招聘人数×100%

2.招募质量评估

企业招聘的最终目的是录用合适的人才，所以，招幕工作能否提供这些候选人，也就成为检验招募工作的一项重要指标。因为企业即使招募到了大量的应聘者，但是在甄选的过程中发现，绝大多数应聘者是不符合企业岗位要求的，那么，这次招募工作也就是失败的。人员招募工作质量的评估一般可用在不同甄选阶段被挑选出来的合格者人数和最终被录用的人数来表示，可以采用以下3个比率：初审合格率、复审合格率、录用比。这3个指标中，初审合格率最能体现招募工作的质量，因为初审基本上是按照招聘需求计划中的要求而进行的，而复审过程难免会掺杂测评者的主观意志因素。一般来说，初审合格率越高，复审合格率越高，录用比越低，招募工作的质量就越高。另外，招聘完成比也能在一定程度上反映招募质量的高低，一般来说，招募效果好，应聘者多且素质高，招聘完成比更有可能接近或超过1。当然，招聘完成比还与甄选标准、甄选人员、甄选时间等因素有关。

上述4个比率的计算公式如下：

初审合格率=通过求职材料筛选的人数÷应聘人数×100%

复审合格率=通过复审测评的人数÷应聘人数×100%

录用比=录用人数÷应聘人数×100%

招聘完成比=录用人数÷计划招聘人数×100%

3.招募成本评估

(1) 招募成本的构成。招募成本是企业为了吸引所需要的人才而发生的相关费用，它由3个部分构成：一是发生在招募人员方面的费用；二是发生在招募“中介”（“中介”在这里指中介机构、媒体等）方面的费用；三是发生在招募对象方面的费用。

(2) 招募成本的具体评估。企业在核算各项招募成本支出的基础上，可以采用3个成本比较标准对招募成本的使用情况进行评估，这3个标准是：预算标准、行业标准和企业历史标准。企业将现实中已经发生的招募成本与这3个标准进行比较时，不能只看数字高低，还应考虑外部经济环境和招募工作的质量。招募成本评估要注重控制招募成本，更要注重提高招募质量，要能及时发现问题和解决问题。

4.招募成本效用评估

招募成本效用说明招募期间的费用支出对于吸引求职者的效用，用应聘人数除以招募期间的费用来表示。该比例越大，说明招募期间费用开支的效用就越高，用于不同招募渠道的费用组合比较理想，能够为企业吸引来大量的应聘者，有利于企业从更大的范围内挑选合适人才；反之，则说明无效的花费较多，效用不佳。

5.招募时间评估

企业能否在较短的时间内吸引或寻找到一定数量的合格应聘者，这是招募工作的效率问题。在这里，我们称为招募时间，即从企业发布招募信息或寻找应聘者开始，到至少收到2倍于计划录用人数的合格应聘者材料数的那天为止的天数。

由于招募对象的类型和数量不同，所采用的招募渠道或其组合不同，岗位职责和招募政策不同等，企业的招募时间也不同。一般来说，高级管理人才和专业技术人才的招募时间比一般操作人员要长；大规模招募人员时，门户网站、电视广告和报纸广告的招募时间要比参加洽谈会的招募时间短，但招募少量专业人才时，参加专业性招聘洽谈会的招募时间会更短；职责要求稍低而待遇却较高的招募广告能够极大地缩短招募时间。

6.招募渠道的对比分析

在前面的章节中，我们了解到有内部招募和外部招募两种招募形式，一般而言，内部招募比外部招募在招募成本、招募时间、甄选的准确度方面更有优势，而在招募数量方面明显存在劣势。鉴于内部招募主要是针对中高层管理岗位，所以，企业的大部分基层岗位的空缺往往是依靠外部招募来解决的，因而对外部招募渠道的招募效果进行比较分析是很有必要的。

外部招募渠道主要有门户网站、专业招聘网站或人才市场（以提供库存信息为主）、招聘洽谈会、代理招募机构、猎头公司、广播电视广告、报纸杂志广告、校园招聘、员工推荐等。对于不同的招募渠道，企业要在招募数量、质量、成本、时间、信度和效度等几个方面进行比较评估分析，找出那些能够为企业招募工作带来低成本、高效率、高效益、高信度和高效度的招募渠道，并在后继的招募工作中加以改进利用。

7.招募广告的分析

招募广告是企业快速有效发布招募需求信息的重要载体，招募广告的成效如何，主要取决于广告媒体的选择和广告内容的设计。

企业若能选择针对性强的广告媒体发布招募信息，就能够以合理的广告费用在较短的时间内吸引到足够数量的合格应聘者。企业在长期的招募工作中，要善于对不同的广告媒体进行对比分析，从而在不同的时期、不同的市场针对不同的招募岗位选择最合适的招募信息发布媒体。这就需要企业在招募工作中不断地收集招募信息，统计与分析招募信息。

招募广告中的岗位要求、应聘方式、待遇与发展信息是3项十分重要的内容，岗位要求决定了应聘“门槛”，应聘方式决定了应聘“便利性”，待遇与发展决定了应聘的“动力”。企业可以运用多种方法来了解自己的招募广告内容的有效性，比如，向专家咨询、让企业员工以潜在应聘者身份来发表他（她）们的看法、对应聘者或被录用员工进行问卷调查或访谈等。

16.2.2 甄选工作的评估

人员甄选工作是一个复杂的过程，它由筛选应聘者材料、笔试、心理测试、面试、情景模拟测试等一系列活动构成，这个过程中招聘工作的成效主要体现在4个方面：一是甄选时间；二是甄选成本；三是甄选成本效用；四是甄选质量。所以，对于甄选工作成效的评估也从上述4个方面展开。

1.甄选时间评估

一般情况下，企业对于要招聘的人员，都希望尽可能早地确定人选或上岗，因此招聘工作人员需要加快人员甄选的速度，提高甄选的效率，尽快挑选出符合岗位要求的人员，让其走上工作岗位、发挥作用。由此可见，对甄选时间进行评估是十分必要的。

甄选时间是指从筛选应聘材料到知识、技能、经验、人品等测试完成而确定录用候选人的时间。甄选时间会因招募的岗位、甄选方法、甄选对象、甄选人员等因素的不同而不同。

一般来说，对高级行政岗位和关键技术岗位应聘者的甄选时间会比一般岗位长些，文件筐测试和无领导小组测试的甄选时间会比笔试、心理测试长些，对求职动机复杂、要求较多的应聘者和“职场老将”的甄选时间会比新入职人员长些。

对甄选时间进行评估，有利于企业在以后的甄选工作中针对不同岗位的应聘者科学地选用甄选方法和甄选人员，有利于日后甄选程序的控制。

2.甄选成本评估

（1）甄选成本的构成。

甄选成本是指在运用科学测试方法对应聘者进行鉴别筛选并做出录用决策的过程中所支付的费用。甄选成本的高低取决于甄选对象的类型、甄选的方法、甄选过程。一般而言，甄选对象应聘的岗位越重要，所采用的甄选方法费用越高，甄选所经历的环节越多，甄选的成本也就越高。另外，招募方式也会影响甄选成本，比如，企业若采用中介机构（包括猎头公司）代理招聘员工，则会增加甄选成本。

对不同的企业而言，所采用的甄选过程不一样，因而所实施的甄选工作也会不同。但是，企业所经历的甄选过程一般包含在以下工作之中：①汇总应聘者材料（应聘者申请表或个人求职简历），并进行应聘者材料的初步筛选；②初步面谈或电话交谈，进一步进行人员初选；③通知并组织初选后的应聘者进行笔试或机试（知识测试和心理测试）；④进行管理能力、人际交往能力、情商等方面的诊断性测试（主要有集体活动、面试、无领导小组测试、文件筐测试等）；⑤根据应聘者材料、知识测试、诊断性测试成绩和测试人员的评价，组织相关人员开会讨论并决定录用人选。

上述各个环节所发生的甄选费用是各不相同的，这些费用可以参考以下公式进行计算：

①应聘者材料甄选费=应聘者材料甄选时间×甄选材料人员的平均小时工资率

②初步谈话甄选费=谈话甄选所花时间×甄选人员的平均小时工资率+谈话甄选所花时间×单位时间的电话费用率

③笔试费用=材料费+命题费+监考费+阅卷费+统分费+其他相关费用

④机试费用=每位测试者的测试费用×参加测试的人数

⑤诊断性测试费用=外聘考官命题费、施测费、测试费和报告撰写费+内部主试人员所花的准备与测试时间×主试人员的平均小时工资率+辅助设备设施及材料费+被测人员的接待费

甄选对象的类型不同，所运用的甄选程序和所采用的甄选方法会不同，因而所发生的甄选成本也不同。一般而言，企业外部应聘者的甄选成本要比内部应聘者高，技术岗位应聘者的甄选成本要比操作岗位应聘者高，管理岗位应聘者的甄选成本要比一般人员高。从总体上说，甄选成本会随着应聘岗位重要性程度的提高而增加。

（2）甄选成本的具体评估。

甄选成本评估是指对甄选工作中所发生的一切费用进行调查、核实、统计，然后参照一定的标准进行分析评价的活动。

企业需要事先做出初步的甄选费用预算，并保留各种甄选费用实际支出的原始数据和单据，然后在核算各项甄选成本支出的基础上做出评估，可以采用3个比较标准对甄选成本的使用数据进行评估：预算标准、行业标准和企业历史标准。企业将现实中已经发生的甄选成本与这3个标准进行比较时，不能只看数字高低，还应该考虑甄选方案的改变和甄选工作的质量。甄选成本评估，既要评估甄选工作的总成本，也要评估单位成本，如平均甄选一位求职者的甄选费用；有时还需分类评估甄选对象的成本，比如甄选高层管理者和一般人员的成本是完全不同的；有时还需要对比分析不同甄选方法的成本。甄选成本评估要注重控制甄选成本，更要注重提高甄选质量，要及时发现问题和解决问题。

3.甄选成本效用评估

甄选成本效用是指在人员甄选过程中所发生的费用的效用。若该比例较低，则说明企业在被选中的较少人员身上投入了较多的甄选费用，即企业运用了较多的测评方法和测评程序来筛选应聘者，被选中的人员素质较高；反之，则说明企业用于每位被选中人员的甄选费用较低，运用的测评方法和测评程序较简单，被选中的人员素质可能不高，或不能达到岗位要求。其公式为：

甄选成本效用=被选中人数÷甄选期间的费用

4.甄选质量评估

甄选是招聘工作中十分关键的一项工作，因为招聘来的候选人只有通过甄选才能决定最终是否录用，所以，从一定程度上讲，甄选工作的质量也就是招聘工作的质量。

甄选的质量应该体现在人员被录用后，这些新员工进入企业后的稳定性、成长性及业绩状况等能够较好地反映甄选工作的质量。

（1）新员工的稳定性。

在市场经济条件下，在人才市场开放的情况下，员工的稳定性受到企业诸多因素的影响，但是一般情况下，员工在3个月内的离职率（这里所讲的离职率包含辞职与辞退）、6个月内的离职率高，说明甄选工作没有做好，或者是录用了“能力素质不适合岗位需要”的员工，或者是甄选中没有向员工介绍清楚企业的实际情况。因此，新员工3个月内或6个月内的离职率能够反映甄选工作的质量，计算公式如下：

新员工3个月内的离职率=3个月内离职的新员工人数÷新员工总数×100%

新员工6个月内的离职率=6个月内离职的新员工人数÷新员工总数×100%

学以致用

为什么半年内这么多人离职

刘凯刚到一家国内知名民营通信企业出任人力资源总监。为进行新一轮的市场扩张，该公司在前一段时间招聘了多名营销经理，但大多数在半年内因为不能胜任工作而先后离职。该公司其他中层行政管理人员的离职率相比同行也较高。

上述职位大都由公司一位副总亲自面试，并最后决定是否录用。

通常面试前，人力资源部只提供应聘者的个人简历及初次面试的评论。虽然公司对这些岗位有简单的工作说明书，但缺乏系统的素质要求描述。这两天，刘凯陪同那位副总一道面试了好几位来应聘的营销人员。以下是副总对其中一位应聘者的发问：

“从简历中可以看到你有比较丰富的销售经验，但你从来没有做过营销经理，你怎么证明自己可以胜任该职位？”

“你觉得你的团队协作能力如何?”

“你认为你的领导风格属于哪一类?”

“你认为应该如何激励销售队伍?”

刘凯发现，这位副总比较喜欢采用“前向发问”，即向应聘者了解他将来的想法。而作为营销经理，实战经验是更主要的考查内容。经过更进一步的了解，刘凯发现，该公司多位新招聘的营销经理离职，与面试时对其能力的判断失误有关。通常从事营销工作的人员口才非常好，在面试中很容易打动考官，尤其是那些不知如何通过合理发问判断应聘者真才实干的考官。

问题：上述案例中公司对营销经理职位应聘者的甄选科学吗?甄选人员是否应该对那些入职不到半年的营销经理的离职承担责任?公司应该如何采取行动?

分析提示：案例表明，营销经理是因为不能胜任岗位工作而离职的，这种现象发生在入职后不到半年的时间内，主要原因是甄选人员没有做好甄选工作，甄选方法不科学。“前向发问”是一种假设，给口才好、思维敏捷的营销人员提供了成功应聘的机会。另外，面试中对于应聘者胜任特征的分析也不够。为了选拔好的营销经理，公司应该先行确定好拟聘岗位的胜任能力和素质要求，然后采用“行为描述式”面试方法，分析了解应聘者过去的工作业绩、领导能力和风格、思维模式及行为习惯。

(2) 新员工的成长性。

新员工的成长性可以用两个指标来衡量：一个是新员工职位晋升的百分比；另一个是新员工技能晋级的百分比。在一定时期内，无论是职位晋升还是技能晋级，这两个百分比越大，说明新员工的综合素质越高，潜力发挥越充分，对企业的贡献度越大，从而说明甄选工作的质量越高；反之，新员工成长性低，就说明甄选工作的质量低。计算公式如下：

一定时期内新员工职位晋升率=晋升新员工数÷新员工总数×100%

一定时期内新员工技能晋级率=晋级新员工数÷新员工总数×100%

(3) 新员工的业绩。

新员工业绩优良率是一个能较好地反映新员工业绩情况的指标。这个比率说明了新招聘员工总体的优秀程度。该比率越大，说明新员工总体素质较高、能力较强；反之，则说明所招聘的新员工总体素质较低、能力较弱。计算公式如下：

一定时期内新员工业绩优良率=业绩优良新员工数÷新员工总数×100%

16.2.3 录用工作的评估

录用工作主要包括拟录用人员的背景调查、体检、录用报到手续办理、劳动合同签订、入职培训等。对录用工作的评估主要从以下3个方面展开：一是录用总成本；二是录用总成本效用；三是录用质量。

1.录用总成本评估

(1) 录用总成本的构成。

①录用成本。录用成本是指企业把通过甄选的合适人员录用到企业中来所发生的费用。录用成本主要有录用手续费、调动补偿费、搬迁费、旅途补助费（主要是交通费、餐费和住宿费）和违约补偿金等。一般而言，被录用者的职位越高、岗位越关键，离职的机会成本越高，企业为之付出的录用成本也会越高。从企业内部录用员工，只属于工作调动，基本上不会再发生录用成本。

录用成本可以参照下面的公式进行计算：

录用成本=录用手续费+调动补偿费+搬迁费+旅途补助费+违约补偿金

②安置成本。安置成本是指为了让被录用人员到具体的工作岗位上好好开展工作而支付的一些费用。安置成本主要有：各种行政管理费用、欢迎新员工入职的相关费用、为新员工开展工作而提供的设备设施和其他办公用品费用、企业为安置新员工而支付的工资等。对于特别重要的被录用人员，企业可能还需要支付其他费用，如住房、配偶安置和子女入学等方面的费用。一般而言，被录用者的职位越高、岗位越关键，家庭情况越特殊，企业为之付出的安置成本也会越高。可以参照下面的公式计算安置成本：

安置成本=各种安置行政管理费+欢迎费+必要的办公用品费+安置人员的工资

知识链接

长春市14家事业单位招聘紧缺人才　上岗给6万元安家费

2015年3月17日，长春市“633”计划事业单位组团招聘活动在吉林大学举行，共有14家事业单位提供30个岗位，共招聘53人，吸引了很多应届毕业生报名。招聘的单位包括长春市人民医院、长春汽车工业高等专科学校、长春市地震速测速报中心等。

据了解，本次招聘采取现场直接面试的方法进行。招聘单位组成3人以上专家面试小组，面试内容主要是考核专业知识及综合素质，面试时间不超过15分钟。面试结束后，根据专家面试小组的综合评定意见，确定拟聘用人选。拟聘用人选毕业后凭就业协议、身份证、毕业证、学位证及相关材料到招聘单位报到。经招聘单位审核通过后，招聘单位按有关规定到长春市人力资源和社会保障局办理相关聘用手续。

被聘用人选一律签订聘用合同，并按相关政策规定实行试用期，试用期一并计算在聘用合同期限内。试用期满考核合格的，予以正式聘用；不合格的，取消聘用。

为了吸引更多的人才到事业单位就业，长春市出台了很多优惠政策，例如，为聘用上岗人员一次性发放安家费：博士毕业生6万元，硕士毕业生4万元，本科毕业生2万元。同时，由市人社部门为有需求的聘用上岗人员统一联系租住公租房，每人一套，每套50～60平方米，月租金每平方米10元，由市财政按月租金总额的50%给予租房补贴。这些都是留住人才的政策。

资料来源 毕成功，张秋磊．14家事业单位招聘53个紧缺人才 上岗给6万安家费［EB/OL］．［2016-02-03］．http：//news.365jilin.com/html/20150318/2119639.shtml.

③入职培训成本。入职培训成本是指企业对于即将上岗的新员工进行企业历史和生产经营概况、企业规章制度、企业文化、安全卫生知识与技术、岗位操作技能等方面的培训所发生的费用。入职培训成本主要有：培训者的讲课费和受训者的工资、培训者离岗的人工损失费用、培训管理费用、培训资料费用、培训住宿及伙食费、培训设备设施折旧费用、外聘专家培训费用等。

入职培训成本可以参照以下公式进行计算：

$$\text{入职培训成本}=\sum\text{企业内部培训者的工资率}\times\left(1+\text{培训引起的生产率降低率}\right)\times\text{受训天数}+\sum\text{新员工的工资率}\times\text{受训天数}+\text{培训管理费}+\text{培训资料费}+\text{培训住宿及伙食费}+\text{培训设备设施折旧费用}+\text{外聘专家培训费用}$$

（2）录用总成本的具体评估。

录用总成本评估是指对录用工作中所发生的一切费用进行调查、核实、统计，然后参照一定的标准进行分析评估的活动。

企业需要事先做出初步的录用总成本预算，并保留各种相关费用实际支出的原始数据和单据，然后在核算各种录用费用支出的基础上，采用以下3个成本比较标准对录用总成本的使用情况进行评估：预计标准、行业标准和企业历史标准。企业将现实中已经发生的录用总成本与这3个标准进行比较时，不能只看数字高低，还应该考虑录用工作的调整和录用工作的质量。录用总成本评估，既要评估录用工作的总成本，也要评估单位成本，如平均录用一位求职者的录用费用；有时还需分类评估录用对象的成本，比如录用高层管理者和一般人员的成本是完全不同的。录用总成本评估要注重控制录用总成本，更需要提高录用质量，要能够及时发现问题和解决问题。

2.录用总成本效用评估

录用总成本效用说明在录用工作中所发生的费用的效用。若该比例较大，说明企业用在每位被录用人员身上的平均录用成本是较高的，这可能是因为录用了企业所需的高级职位员工或过多的重要岗位员工；若该比例较小，说明企业用在每位被录用人员身上的平均录用成本是较低的，这可能是因为企业录用了操作性员工或一般行政管理人员。其计算公式为：

$$\text{录用总成本效用}=\text{正式录用的人数}\div\text{录用期间的总费用}$$

3.录用质量评估

录用质量的高低，直接取决于录用工作的执行情况，即录用候选人的背景审查、体检、录用手续的办理、劳动合同签订和入职培训等。

（1）新员工的满意度。这个比率能够反映新招聘的员工对工作满意的程度。作为刚进入企业1～3个月的员工，如果企业给他们办的入职手续顺畅便利，对他们的工作、生活安置得科学合理，劳动合同让他们满意，入职培训让他们奋进，那么，他们就会有很高的满意度；反之，亦然。其计算公式为：

新员工满意度=对录用工作满意的新员工数÷新员工总数×100%

（2）新员工的离职率。如上所述，新员工3个月内的离职率和6个月内的离职率也能够用来评估录用质量的高低。

（3）新员工的业绩。如上所述，新员工在一定时期内（不超过1年）的业绩也能够用来评估录用质量的高低，企业可采用一定时期内的优秀员工率这个指标。

（4）新员工人均事故率。这个比率说明新员工在一定时期内（一般取1～3个月）的违纪和事故发生情况。新员工刚进入企业，对企业的规章制度了解、熟悉与否，安全技术规程掌握得如何，在较大的程度上取决于企业对新员工所做的入职培训情况。若企业培训做得到位，每个新员工考核过关，那么新员工人均事故率会较低。其计算公式为：

一定时期内的新员工人均事故率=新员工违纪和事故发生数÷新员工总数×100%

16.2.4 其他评估

1.招聘总成本评估

（1）招聘总成本的构成。招聘总成本是发生在招募、甄选、录用、新员工安置和入职培训等招聘环节中的费用之和。

（2）招聘总成本的具体评估。招聘总成本的评估是指对招聘工作中所发生的一切费用进行调查、核实、统计，然后参照一定的标准进行分析评价的活动。在现实中，企业一般参照两个标准进行评估：预算标准或目标标准、企业历史标准。企业在对招聘总成本进行评估时，既要考虑总成本绝对值的大小，又要考虑与相关标准进行比较的相对值大小，还要考虑招聘总成本所产生的实际价值与效用。

2.招聘总成本效用的评估

招聘总成本效用说明全部招聘费用对于实际录用人数的效应，用招聘总成本除实际录用人数来表示。这个比例越大，说明企业投入的招聘费用所获得的效果越好，即单位招聘成本录用的人数越多；反之，则说明企业花费的招聘费用没有获得较好的效果，录用的员工数量不理想，总成本效用较低。其计算公式为：

招聘总成本效用=实际录用人数÷招聘总成本

3.招聘总收益-总成本比的评估

招聘总收益是指所有招聘成本所能带来的收益，包括招募收益、甄选的有效性、实际录用的人数、录用人员的素质与能力、录用人员的工作绩效和贡献、由于新员工的加入所带来的总体性收益增长和文化氛围的改善等。

招聘总收益-总成本比也是对招聘工作有效性进行考核的一个重要指标。这个比值越大，说明招聘工作越有成效。计算公式如下：

招聘总收益-总成本比=招聘总收益÷招聘总成本

16.3 招聘与配置评估常见问题

16.3.1 重视具体实施而忽视评估

很多企业没有认识到招聘评估工作的重要性和必要性，因而没有对所开展过的招聘工作进行评估。有些企业虽然会对招聘工作进行回顾，但是，往往也只限于“是否及时补充人员”“招聘费用高否”“用人部门投诉多否”等方面的简单评估，而且这种评估大多还是非正式的（主要是工作或非工作场合的非正式交流），并没有形成文字性的资料，也没有对后续招聘工作产生任何影响。

招聘评估是对所开展的招聘工作进行的全面总结，能够起到“发扬优点、克服缺点、增强效果”的作用，所以，企业不但要开展招聘评估工作，而且应该认真、全面地做好这项工作。

16.3.2 忽视对招聘工作第一环节——需求确定的评估

招募工作、甄选工作和录用工作确实是招聘工作中的最重要的3项工作，企业往往会对这3项工作的开展过程和效果进行评估，但没有对招募需求的确定这项工作进行必要的评估。事实上，招募需求的确定是企业招募、甄选和录用工作得以开展的理由和基础。招募需求确定得不科学、不合理，必然会给企业招聘的后续工作带来诸多的麻烦，所以在对招聘工作进行评估时，一定要对招募需求的确定进行评估。

16.3.3 忽视对招聘后未来工作效果的评估

“是否及时招聘所需要的人员”“招聘花了多少时间成本、人工成本”“招募、甄选和录用中是否出现问题”等，很多企业十分关注这些当期效果。但是，“新员工的学习和成长情况”“3个月内或6个月内员工的离职情况”“新员工3~6个月内的业绩”“新员工的满意度”等，这些在比较长时间内才能体现出来的效果却没有得到评估。这样必然会导致招聘工作人员的短期行为，也不能很好地分析招聘工作给后续人力资源管理工作带来的影响。

16.3.4 重视招聘结果而忽视对招聘过程的评估

招聘的结果对于企业来说当然是最根本、最重要的，但是，好的招聘结果必须来源于科学规范的招聘过程管理。现实中，很多企业只注重对“招到多少人”“花了多少钱”“多少人参与招聘工作”“新员工和用人部门满意度”等结果性指标的评估，而忽视了对招聘过程的评估，比如，“招聘流程是否科学合理”“招聘方法是否针对性强且有效”“招聘人员是否严格按要求选拔应聘人员”“招聘人员在招聘过程中的工作情况”等。

对于上述问题，企业首先要深刻认识到招聘评估工作的重要性，其次要明确企业需要从哪些方面开展招聘评估工作，最后遵循科学的程序、运用有效的方法开展评估工作。

本章小结

本章介绍了招聘与配置评估的重要性以及招聘与配置评估的内容，主要阐述了招聘与配置各环节的评估，包括招募工作的评估、甄选工作的评估、录用工作的评估和其他评估，并提出企业在招聘与配置评估中经常出现的问题及对策。

第16章基础知识测评

复习思考题

1.企业是否应该进行招聘与配置评估？

2.甄选工作评估主要从哪几个方面展开？

3.如何评估录用工作的质量？

4.招聘与配置评估中常见的问题有哪些？有何对策？

案例分析题

天洪公司的招聘效果

天洪公司是一家发展中的公司，创立15年，拥有10多家连锁店。在过去的几年中，从公司外部招聘来的中高层管理人员中大约有50%不符合岗位的要求，工作绩效明显低于从公司内部提拔起来的人员。在过去的两年中，从公司外部招聘的中高层管理人员中有9人不是自动离职就是被解雇。

从外部招聘来的商业二部经理因年度考评不合格而被免职后，董事长召开了一个由行政副总裁、人力资源部经理出席的专题会议，分析这些外聘的管理人员频繁被更换的原因，并试图找出一个全面的解决方案。人力资源部经理就招聘和录用的过程做了回顾，该公司是通过职业介绍所或者在报纸上刊登招聘广告来获得职位候选人的。人员挑选的工具包括1份申请表、3份测试（一份智力测试和两份性格测试）、有限的个人资历检查以及必要的面试。

行政副总裁认为，他们在录用某些职员时犯了判断上的错误，他们的履历表看上去挺不错，说起话来也头头是道，但是工作了几个星期之后，他们的不足就明显地暴露出来了。董事长则认为，根本的问题在于没有根据工作岗位的要求来选择适用的人才。“从表面上看，几乎所有我们录用的人都能够完成领导交办的工作，但他们很少在工作上有所作为，有所创新。”人力资源部经理提出了自己的观点，他认为公司在招聘时过分强调了人员的性格特征，而并不重视应聘者过去在零售业方面的经验，例如，在7名被录用的部门经理中，有4人是来自与其任职岗位无关的行业。

行政副总裁指出，大部分被录用的职员都有某些共同的特征，例如，他们大都30多岁，经常跳槽，多次变换自己的工作；他们都雄心勃勃，并不十分安于现状；在加入公司后，他们中的大部分人与同事关系不是很融洽，与直属下级的关系尤为不佳。

会议结束的时候，董事长要求人力资源部经理“彻底解决公司目前在人员招聘上存在的问题，采取有效措施从根本上提高公司人才招聘的质量”。

讨论题：

（1）天洪公司管理人员的招聘有什么问题？造成这些问题的原因是什么？

（2）您对该公司管理人员的招聘有哪些更好、更具体的建议？

（3）企业是否应该重视招聘与配置的评估？如何进行招聘与配置的评估？

第16章案例分析提示

推荐阅读资料

1.埃登博洛．招聘、选拔和绩效的评估方法［M］．李峥，译．北京：中国轻工业出版社，2011.

2.周鸿．员工招聘与面试精细化实操手册［M］．2版．北京：中国劳动社会保障出版社，2016.

3.孙宗虎，刘娜．招聘与录用管理实务手册［M］．4版．北京：人民邮电出版社，2017.

4.王丽娟．员工招聘与配置［M］．2版．上海：复旦大学出版社，2012.

网上资源

1.中国人力资源网，http：//www.hr.com.cn。

2.中国人力资源开发网，http：//www.chinahrd.net。

3.HR沙龙，http：//www.hrsalonchina.com。